NOUVEAUX REGARDS CROISÉS

CAP
TOME UNIQUE

W0331668

FRANÇAIS

HISTOIRE GÉOGRAPHIE

ENSEIGNEMENT MORAL ET CIVIQUE

NOUVEAUX PROGRAMMES

FRANÇAIS

Sous la direction d'Adrien David
Solène Billaud
Lise Campy-Weis
Adrien David
Maxime Durisotti
David Martin
Solène Mazas-Verhille
Marie Panter
Estelle Planchon
Fabrice Sanchez
Ada Smaniotto
Marie-Pierre Verhille
Justine Wanin

HISTOIRE GÉOGRAPHIE EMC

Sous la direction d'Éric Godeau
Dominique Colonna
Séverin Ledru-Molin,
Alexandra Monot
Aurélie Tapie
Roland Tissot
Thomas Reyser
Eric Viguier
Charles-Antoine Wanecq

Nathan
TECHNIQUE

© Nathan 2022 – 92, avenue de France, 75013 Paris
ISBN : 978-2-09-167604-3

Avec ce livre, une licence i-MANUEL 2.0

Le i-Manuel 2.0, un outil simple d'utilisation qui reprend l'ensemble des contenus de ce livre sous forme numérique et interactive.

Il permet d'accéder au contenu de ce manuel à tout moment et en tout lieu sur un ordinateur ou une tablette. L'utilisateur peut donc passer du papier au numérique et choisir le support qui lui convient le mieux selon le travail à faire et le lieu où il se trouve.

Une véritable interactivité entre l'enseignant et sa classe

- **Vidéoprojeter** en classe les activités, les documents et les corrections pour animer les cours et travailler collectivement.
- N **Feuilleter le livre papier enrichi et le télécharger** pour un usage sans connexion.
- N Bénéficier d'**une banque de ressources.**
- **Piloter la classe** en assurant le suivi du travail des élèves à distance et en cours (recevoir et envoyer du travail, faire des commentaires, intervenir en temps réel).
- **Intégrer et envoyer à la classe**, à un ou plusieurs élèves, **des documents personnels**.
- **Afficher les corrigés** ou la correction individuelle du travail de l'élève.
- **Imprimer** les documents nécessaires pour mettre les élèves en **situation d'examen**.

Des fonctionnalités innovantes pour favoriser l'intérêt, la motivation et l'implication des élèves

- **Saisir les réponses** en travaillant sur ordinateur ou tablette.
- **Faire les activités et les exercices**, préparer ou réviser le cours **en classe ou à la maison**.
- **Accéder** aux **ressources numériques**, vidéos, fichiers élèves (Word, Excel, GeoGebra...).
- **Sauvegarder** au **format Word** le travail effectué dans un dossier (classeur).
- **Envoyer le travail** au professeur.
- **S'enregistrer** pour les activités orales.
- **S'auto-évaluer**.

Toutes les infos et les tutos sur www.nathan.fr/i-manuel2

Avec ce livre, des ressources numériques en accès direct

Flashez les QR Codes avec votre smartphone ou saisissez les mini-liens associés pour accéder à des vidéos, animations, QCM…

Histoire

La France depuis 1789 : de l'affirmation démocratique à la construction européenne

Thème 1 La France de la Révolution française à la Vᵉ République

Chapitre 1 **La lente construction du modèle démocratique français de 1789 à la IIIᵉ République** 12

CAPACITÉS • Compléter ou réaliser une frise chronologique 14
Connaître les principales notions, les acteurs majeurs et les repères 15
COURS 1 Comment les principes démocratiques apparaissent-ils à partir de 1789 ? 16
COURS 2 Comment la démocratie progresse-t-elle entre 1848 et 1871 ? 18
REGARDS CROISÉS • Abolition de l'esclavage, démocratie et émancipation 20
COURS 3 Comment caractériser le modèle démocratique de la IIIᵉ République ? 22
COURS 4 Comment le Front populaire change-t-il la République ? 24
CCF Je m'entraîne à la première situation de l'évaluation 26
BILAN 28
• Pour aller plus loin 29

Chapitre 2 **De l'effondrement à la redéfinition du modèle démocratique français (de 1940 aux années 1960)** 30

COURS 1 Comment caractériser la France de Vichy (1940-1944) ? 32
COURS 2 Qu'est-ce que la Résistance ? 34
CAPACITÉS • Situer un acteur majeur dans son contexte et préciser son rôle 36
COURS 3 Comment la République renaît-elle de 1944 à 1946 ? 38
COURS 4 Comment passe-t-on de la IVᵉ République à la Vᵉ République ? 40
COURS 5 Comment caractériser la République gaullienne (1958-1969) ? 42
CAPACITÉS • Situer un acteur majeur dans son contexte et préciser son rôle 44
REGARDS CROISÉS • Mai 1968, une crise aux multiples visages 46
CCF Je m'entraîne à la première situation de l'évaluation 48
BILAN 50
• Pour aller plus loin 51

Thème 2 La France et la construction européenne depuis 1950

Chapitre 3 **La France, un acteur majeur de la construction européenne (1950-2002)** 52

COURS 1 Pourquoi et comment la construction européenne débute-t-elle en 1950 ? 54
COURS 2 Pourquoi la CEE est-elle créée en 1957 ? 56
REGARDS CROISÉS • La réconciliation franco-allemande et la construction européenne 58
CAPACITÉS • Identifier et nommer les périodes historiques, les continuités et les ruptures chronologiques 60
COURS 3 Que change la création de l'Union européenne en 1992 ? 62
CAPACITÉS • Connaître les principales notions, les acteurs majeurs et les repères 64
Connaître les principales notions, les acteurs majeurs et les repères 65
COURS 4 Pourquoi peut-on dire que la démocratie est au cœur de la construction européenne ? 66
CCF Je m'entraîne à la première situation de l'évaluation 68
BILAN 70
• Pour aller plus loin 71

Chapitre 4 **Les populations et la construction européenne depuis 1950** **72**
COURS 1 Comment les populations participent-elles au projet européen ? 74
COURS 2 Quelles crises l'Union européenne a-t-elle traversées depuis les années 2000 ? 76
COURS 3 La démocratie est-elle menacée en Europe ? 78
REGARDS CROISÉS • L'Europe, un idéal 80
CAPACITÉS • Suivre une méthode d'analyse historique 82
Travailler en mode projet 82
CAPACITÉS • Effectuer une recherche documentaire en faisant preuve d'esprit critique 84
CCF Je m'entraîne à la première situation de l'évaluation 86
BILAN 88
• Pour aller plus loin 89

Géographie

• Transports, mobilités et espaces urbains

Thème 1 Espaces, transports et mobilités

Chapitre 1 **Les transports à l'heure de la mondialisation** **92**
COURS 1 Comment s'organisent les échanges mondiaux ? 94
COURS 2 Comment la révolution des transports et la révolution numérique facilitent-elles la mondialisation ? 96
CAPACITÉS • Réaliser un croquis simple de géographie 98
Nommer et localiser les grands repères géographiques 99
CAPACITÉS • Décrire une situation géographique 100
Identifier les notions dans une ou plusieurs situations 101
COURS 3 Quels sont les territoires à l'écart des grands réseaux ? 102
REGARDS CROISÉS • L'enclavement en Afrique 104
CCF Je m'entraîne à la première situation de l'évaluation 106
BILAN 108
• Pour aller plus loin 109

Chapitre 2 **Les mobilités croissantes des individus** **110**
COURS 1 Pourquoi les migrations internationales sont-elles un enjeu mondial ? 112
REGARDS CROISÉS • Migrants d'Amérique, un parcours difficile 114
COURS 2 En quoi le tourisme est-il une forme particulière de mobilité ? 116
COURS 3 Quels sont les motifs et les formes de mobilité du quotidien en France ? 118
CAPACITÉS • Décrire une situation géographique 20
Compléter ou réaliser un croquis 121
COURS 4 Pourquoi et comment aménager les transports ? 122
CCF Je m'entraîne à la première situation de l'évaluation 124
BILAN 126
• Pour aller plus loin 127

SOMMAIRE

Thème 2 Espaces urbains : acteurs et enjeux

Chapitre 3

La France des villes **128**

COURS 1 De quelle manière les métropoles dominent-elles le réseau urbain ? 130
COURS 2 Quelles sont les dynamiques des petites et moyennes villes françaises ? 132
COURS 3 Comment les villes transforment-elles les territoires ? 134
COURS 4 Quelles sont les conséquences socio-spatiales de la métropolisation ? 136
REGARDS CROISÉS • Les villes du futur 138
CAPACITÉS • Décrire une situation géographique 140
Compléter un croquis simple de géographie 141
CCF Je m'entraîne à la première situation de l'évaluation 142
BILAN 144
• Pour aller plus loin 145

Chapitre 4

Acteurs et enjeux de l'aménagement des villes **146**

COURS 1 Quels sont les principaux acteurs de l'aménagement des villes ? 148
COURS 2 Comment renforcer l'attractivité des espaces urbains ? 150
COURS 3 Comment les différents acteurs de l'aménagement interagissent ? 152
COURS 4 Comment réussir le défi de la transition vers des villes durables ? 154
REGARDS CROISÉS • Le Grand Paris : un projet de développement pour une métropole de rang mondial 156
CAPACITÉS • Connaître les principales notions, les acteurs majeurs et les repères 158
Identifier les notions 159
CCF Je m'entraîne à la première situation de l'évaluation 160
BILAN 162
• Pour aller plus loin 163

EMC

Objet d'étude 1

Devenir citoyen, de l'école à la société **166**

Thème 1 **Être citoyen**

PROJET 1 Les principaux droits et devoirs du citoyen 168
PROJET 2 S'engager à l'école et dans la société 170
REGARDS CROISÉS • L'engagement des jeunes 172

Thème 2 **La protection des libertés : défense et sécurité**

PROJET 3 La protection des citoyens et de leurs libertés 174
PROJET 4 Être un citoyen, acteur de la défense et de la sécurité 176
CCF Je m'entraîne à la seconde partie de l'évaluation 178

Objet d'étude 2

Liberté et démocratie **180**

Thème 1 **La liberté, nos libertés, ma liberté**

PROJET 1 Être libre en République 182

Thème 2 **La laïcité**

PROJET 2 Défendre la laïcité 184
CCF Je m'entraîne à la seconde partie de l'évaluation 186

Français

Objet d'étude 1

Se dire, s'affirmer, s'émanciper 190

Unité 1 L'art de l'autoportrait

CORPUS **Pourquoi faire son autoportrait ?** 192
MUSÉE La *National Portrait Gallery* à Londres 194

Unité 2 S'émanciper par la création

PARCOURS DE LECTURE Patti Smith, *Just Kids* (extrait 1) 196
Patti Smith, *Just Kids* (extrait 2) 198
REGARDS CROISÉS • Le Flower Power en France 200
PARCOURS DE LECTURE Patti Smith, *Just Kids* (extrait 3) 202
Patti Smith, *Just Kids* (extrait 4) 204
ATELIER D'ÉCRITURE • Écrire à la manière de Patti Smith 206

Unité 3 Lutter pour l'émancipation féminine

CORPUS **S'émanciper comme autrice** 208
Virginia Woolf, *Un lieu à soi* 208
Mona Chollet, *Chez soi* 210
SPECTACLE Henrik Ibsen, *Une maison de poupée* (extrait 1) 212
SPECTACLE Henrik Ibsen, *Une maison de poupée* (extrait 2) 214
CINÉMA Deniz Gamze Ergüven, *Mustang* 216
DIRE, LIRE, ÉCRIRE LE MÉTIER • À quelle condition un métier permet-il de s'émanciper ? 218
ATELIER D'ORAL • Évoquer une expérience professionnelle 220
BILAN 222
• Pour aller plus loin 223

Objet d'étude 2

S'informer, informer, communiquer 224

Unité 1 À qui se fier ?

CORPUS **Les nouveaux circuits de l'information** 226
Arnaud Mercier, « Révolution numérique : les journalistes face au nouveau tempo de l'info », *La revue des médias* 226
CORPUS **S'informer sur les réseaux sociaux : richesse ou menace ?** 228
1. Samuel Étienne, « Le journalisme en questions », *letudiant.fr* 228
2. J.-P. Benghozi, B. Gié, V. Michaux, D. Schneidermann, « Mutation, révolution, transformation de la presse », *Le Journal de l'école de Paris du management* 228
REGARDS CROISÉS • Les lanceurs d'alerte 230
CORPUS **Des points de vue contrastés** 232
1. Une de *Famille chrétienne* 232
2. Une du *Nouvel Observateur* 232
CORPUS **Retour aux sources** 234
Olivia Dufour, « La vérité, ce mensonge inaccessible », blog, « La Plume d'Aliocha » 234
DIRE, LIRE, ÉCRIRE LE MÉTIER • Journalisme et implication personnelle 236
ATELIER D'ORAL • Rendre compte de son éthique professionnelle 238

Unité 2 Informer à tout prix ?

CORPUS **Des journalistes asservis ?** 240
1. Anne-Sophie Novel, *Le Médias, le monde et nous* 240
2. Pénélope Bagieu, *Culottées 2, Des femmes qui ne font que ce qu'elles veulent* 241
ATELIER D'ÉCRITURE • Inventer un article de Nellie Bly 242

CORPUS **Le pouvoir d'influencer l'opinion** 244
Honoré de Balzac, *Illusions perdues* 244
CORPUS **La course au spectaculaire** 246
1. Georges Perec, *L'Infra-ordinaire* 246
2. Bertrand Vidal, « Post catastropham omne animal triste est », *Sociétés* 247
CORPUS **Le respect de la vie privée** 248
François Dufour, « Vie privée – vie publique : nous, rédacteurs en chef ! », *Le Monde* 249
CINÉMA Adrian Sitaru, *Fixeur* 250
SPECTACLE Légendes urbaines, *Et c'est un sentiment qu'il faut que nous combattions je crois* 252
BILAN 254
• Pour aller plus loin 255

Objet d'étude 3

Rêver, imaginer, créer 256

Unité 1 Un mythe littéraire

PARCOURS DE LECTURE James Matthew Barrie, *Peter Pan* (extrait 1) 258
CINÉMA Adapter *Peter Pan* au cinéma 260
PARCOURS DE LECTURE James Matthew Barrie, *Peter Pan* (extrait 2) 262
SPECTACLE Irina Brook, *Pan* 264
PARCOURS DE LECTURE James Matthew Barrie, *Peter Pan* (extrait 3) 266

Unité 2 Créer des mondes merveilleux

CORPUS **Du réel à l'imaginaire** 268
Lyman Frank Baum, *Le Magicien d'Oz* 268
CORPUS **Merveilleuses métamorphoses** 270
Lewis Carroll, *Alice au pays des merveilles* 270
DIRE, LIRE, ÉCRIRE LE MÉTIER • Comment créer un univers merveilleux au cinéma ? 272
ATELIER D'ÉCRITURE • Inventer un monde merveilleux 274

Unité 3 Rêves surréalistes

CORPUS **L'imaginaire surréaliste** 276
Paul Éluard, « La terre est bleue comme une orange », *L'Amour la poésie* 276
MUSÉE Le Théâtre-musée Dalí 278
ATELIER D'ORAL • Rendre compte de sa créativité au travail 280
REGARDS CROISÉS • Les surréalistes et la Résistance 282
BILAN 284
• Pour aller plus loin 285

Les outils de la langue

Des exercices supplémentaires accessibles par QR code.

Grammaire

1. Le nom 286
2. Le déterminant 288
3. Le pronom 290
4. L'adjectif 292
5. Le verbe 294
6. Les valeurs des temps de l'indicatif 296
7. Les valeurs des temps du conditionnel 298
8. Les valeurs du subjonctif 300
9. La phrase simple 302
10. La phrase complexe : juxtaposition, coordination, subordination 304
11. Les propositions subordonnées complétives 306
12. Les propositions subordonnées relatives 308
13. Les propositions subordonnées circonstancielles 310
14. Les termes de reprise 312
15. Organiser un texte 314
16. La formation des mots 316
17. Les relations entre les mots : polysémie, synonymie, antonymie 318
18. Les registres de langue 320

Le français professionnel

1. Rédiger son CV 322
2. Rédiger une lettre de motivation 324
3. Prendre contact avec l'entreprise 326
4. Passer un entretien d'embauche 328
5. Rédiger un rapport de stage 330
6. Préparer la soutenance du rapport 332

Les ressources de votre cahier CAP

À ÉCOUTER

Les textes du cahier enregistrés

- Patti Smith, *Just Kids*, extrait 1 196
- Patti Smith, *Just Kids*, extrait 2 198
- Patti Smith, *Just Kids*, extrait 3 202
- Patti Smith, *Just Kids*, extrait 4 204
- Virginia Woolf, *Un lieu à soi* 208
- Mona Chollet, *Chez soi* 210
- Henrik Ibsen, *Une maison de poupée*, extrait 1 212
- Henrik Ibsen, *Une maison de poupée*, extrait 2 214
- Honoré de Balzac, *Illusions perdues* 244
- Georges Perec, *L'infra-ordinaire* 246
- James Barrie, *Peter Pan*, extrait 1 258
- James Barrie, *Peter Pan*, extrait 2 262
- James Barrie, *Peter Pan*, extrait 3 266
- Lyman Franck Baum, *Le Magicien d'OZ* 268
- Lewis Carroll, *Alice au pays des merveilles* 270
- Paul Éluard, « La terre est bleue comme une orange » 276

Les podcasts

- Le Front populaire, France Culture ..... 25 et 29
- Le récit de la rencontre entre de Gaulle et Jean Moulin, musée de la Libération 34
- La citoyenneté européenne, série *L'Europe en 3 minutes* 80
- Les infrastructures du réseau Internet, France Culture 95
- Les migrations et les situations d'exil en Amérique latine, France Culture 114
- « Les villes durables : du rêve à la réalité », France Culture 163
- Le mouvement hippie et la fête de l'amour en 67, France Culture 200
- L'artisanat, *Les nouvelles vagues*, France Culture 218
- « Julian Assange : martyre de la liberté d'informer ? », France Culture 230
- Un épisode de la série *Reporters*, sur Podtail 236
- Paul Éluard, *Ça peut pas faire de mal*, France Inter 276
- Les entretiens avec Salvador Dalí, France Culture 278
- Les jeunes parlent-ils mal ? série *Parler comme jamais* 320

À VOIR

Films et spectacles

- Xavier Gianolli, *Illusions perdues*, bande annonce ..... 29 et 245
- Un montage amateur sur Coruscant, la ville de *Star Wars* 138
- Stéphane Braunschweig, *Une maison de poupée* de Henrik Ibsen : acte 1, acte 2 et acte 3 213
- Deniz Gamze Ergüven, *Mustang*, bande annonce 216
- Légendes urbaines, *Et c'est un sentiment qu'il faut que nous combattions je crois* 252
- Tim Burton, *Alice au pays des merveilles*, bande annonce 272
- Le making-of du film de Tim Burton sur le personnage de la Reine rouge 272

Des expositions virtuelles

- Exposition sur la propagande antisémite, Lumni 32
- Un dossier photographique sur les villes du futur 138
- La *National Portrait Gallery* de Londres 194
- Les pages dédiées à l'autoportrait de la *National Portrait Gallery* 194
- Les photographies du spectacle de Légendes urbaines, *C'est un sentiment qu'il faut que nous combattions je crois* 252
- Les œuvres surréalistes du Centre Georges Pompidou 276
- Le Théâtre-musée Dalí en 3D 278

Histoire, géographie et EMC : la société en images

- La mise en image de l'appel du 18 juin, France Culture 34
- Interview de Germaine Tillion dans l'émission *Du côté de chez Fred* 37
- Le droit de vote des femmes, Fondation Charles de Gaulle 39
- Mai 68 à travers les images d'archives l'INA 46
- L'héritage de Mai 68, Lumni 46
- L'amitié franco-allemande, *1 jour ou 1 actu* 58
- Les coulisses diplomatiques du traité de l'Élysée 58
- Le discours de Simone Veil lors de son entrée au Parlement européen, archives INA 66
- L'histoire de la construction européenne 71
- La construction européenne, *C'est pas sorcier* 71
- Le traité de Rome, *Toute l'Europe* 80
- Le transport maritime, *Le Dessous des cartes* 95
- *Les Routes de l'impossible*, France 5 104
- Une conférence de la cité des sciences et de l'industrie sur l'urbanisation et le changement climatique 138
- Le Paris des écrivains, « Je me souviens de ce coin perdu », Régine Robin 156
- Le Paris des écrivains, « Cité Gagarine », Simon Johannin 156
- Le Paris des écrivains, « Dans la ville recluse », Maylis de Kerangal 156
- Les 50 ans du *Summer of Love*, archives INA 200
- Le clip « Because the night » de Patti Smith 204
- Le portrait de Kelly, Brut média 218
- Le portrait de Chelsea Manning, TV5 Monde 230

À DÉCOUVRIR

Parcourir un site

- L'Assemblée nationale sur l'abolition de l'esclavage 20
- L'association Germaine Tillion 37
- De Gaulle descend les Champs-Élysées, fondation de Gaulle 39
- Le rôle du président de la République, *Vie publique* 44
- Qui est citoyen européen ?, *Vie publique* 62
- L'actualité de la construction européenne, *Toute l'Europe* 71
- La pièce de 2 euros, *La maison de l'Europe de Rennes* 75
- Le rôle des députés européens, *Toute l'Europe* 75
- Les symboles de l'Union européenne 80
- Le comité de jumelage de la ville de Châtenay-Malabry 83
- La candidature de Reims comme capitale européenne de la culture 85
- Les statistiques sur les migrations en Amérique 114
- Le site de la ville de Châlons-en-Champagne 133
- Le rôle du maire, *Vie publique* 148
- Les territoires compétitivité, *Banque mondiale* 150
- Les 17 Objectifs du développement durable, Unesco 163
- SNU et la question de l'engagement, SNU ..... 172 et 178
- En savoir plus sur le service civique, *Service civique* ..... 172 et 180
- Des informations sur le Prix de la laïcité 186
- Les lauréats du Prix de la laïcité 186
- La pluralité du métier de journaliste, CIDJ 236
- Un dictionnaire en ligne 318

Lire des articles et des témoignages

- Ce qu'ont retenu les témoins de Mai 68. *L'Obs* 46
- À propos du traité de l'Élysée, *Toute l'Europe* 58
- Quelques articles du traité de l'Union européenne 67
- Les témoignages des étudiants et des apprentis Erasmus+, *Génération Erasmus* 75
- Une bande dessinée en ligne, *Génération Erasmus* 89
- Le récit d'un périple sur les routes d'Afrique, blog de la Banque mondiale 104
- Des articles et des cartes sur le projet du Grand Paris 156
- Les témoignages de bénévoles, *Jeunes bénévoles* 172
- Le vademecum sur la laicité à l'école, Éducation nationale 184
- Irène Frachon et le scandale du Mediator, France info 230
- Un témoignage sur le métier de reporter, Onisep 236
- La fiche métier d'animateur 3D, Onisep 272
- Le premier numéro de la revue *Surréalisme*, BnF 276
- Le témoignage d'Elsa Triolet auprès d'Yvette Gouineau, BnF 282
- La biographie d'Yvette Gouineau, musée de la Résistance 282
- Un exemplaire du journal, *Les Étoiles*, BnF 282
- La formation des mots, les Décodeurs du *Monde* 316

HISTOIRE

LA FRANCE DEPUIS 1789 : DE L'AFFIRMATION DÉMOCRATIQUE À LA CONSTRUCTION EUROPÉENNE

Thème 1

La France de la Révolution française à la Vᵉ République

➡ Recherchez une image qui, selon vous, illustre le mieux le thème 1. Expliquez votre choix oralement.

Chapitre 1

- **La lente construction du modèle démocratique français (de 1789 à la IIIᵉ République).**

Chapitre 2

- **De l'effondrement à la redéfinition du modèle démocratique français (1940-1960).**

Thème 2

La France et la construction européenne depuis 1950

➥ Recherchez une image qui, selon vous, illustre le mieux le thème 2. Expliquez votre choix oralement.

Chapitre 3

- La France, un acteur majeur de la construction européenne (1950-2002).

Chapitre 4

- Les populations et la construction européenne depuis 1950.

Chapitre 1

La lente construction du français de 1789 à la

De 1789 à la fin du XIXe siècle, la France a connu une histoire politique mouvementée. De nombreux régimes politiques se sont succédé et, progressivement, la République s'est installée, fondant le régime démocratique français.

Document 1 La fin de la monarchie : la prise des Tuileries du 10 août 1792

Le palais des Tuileries accueillait alors le roi Louis XVI et le siège du pouvoir exécutif.

Jean Duplessis-Bertaux, *Prise du palais des Tuileries, 10 août 1792*. Musée du château de Versailles.

1 Avec quel drapeau le peuple parisien attaque-t-il le palais du roi ? Pourquoi ?

....

....

2 À quoi voit-on que la garde royale (en rouge) cède face à l'assaut ?

....

....

....

modèle démocratique
IIIe République

Document 2 **Célébrations d'un 14 juillet sous la IIIe République**

Défilé des bataillons scolaires, place de la République, à Paris, 14 juillet 1883.
Gravure anonyme, vers 1883. Musée Carnavalet, Paris.

3 Entourez sur cette image les symboles républicains.

En quoi suis-je concerné(e) ?

4 Pouvez-vous citer différents régimes politiques qui ont existé en France par le passé ?

....

....

....

....

....

5 Pouvez-vous citer des lieux de pouvoir de la République ?

....

....

....

....

....

LES OUTILS DE L'HISTORIEN

Capacité

- Compléter ou réaliser une frise chronologique

Votre objectif

Vous allez compléter la frise chronologique des régimes politiques de 1789 à 1940.

DÉMARCHE

Nommer les principaux régimes

1 Complétez la frise avec les éléments suivants :
Ier Empire • IIe République • Monarchie de Juillet • IIIe République

Identifier les ruptures entre les régimes

2 Complétez la frise avec les éléments de rupture suivants :
1789 : fin de l'Ancien Régime • Prise de la Bastille • Révolution de février 1848.

➥ Vous pouvez compléter la frise chronologique directement sur votre iManuel.

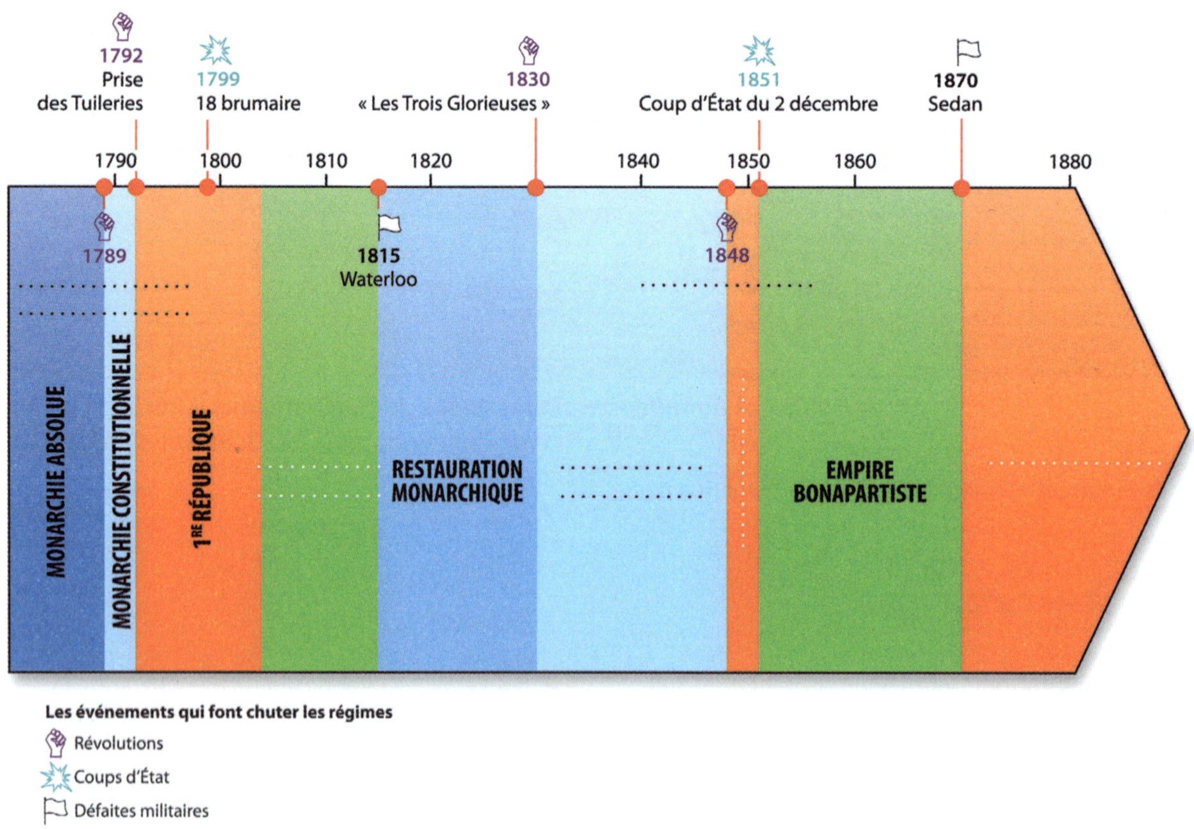

Capacité

- Connaître les principales notions, les acteurs majeurs et les repères

Votre objectif

Vous allez repérer et comprendre les différents symboles de la République.

Document 1 **Devise de la Révolution française, vers 1793**

Document 2 **Partition de *La Marseillaise* composée par Rouget de Lisle, 1792**

Carte postale de 1915.

DÉMARCHE

Repérer les symboles

1. Regardez attentivement les deux documents iconographiques.

2. Relevez cinq symboles de la République française :

....

....

....

....

Collaborer et échanger

3. Choisissez le symbole de votre choix et faites une recherche pour comprendre son origine et sa signification.
Ex. : pour *La Marseillaise* : qui a écrit ce chant ? Quand ? Pour qui ? Dans quel contexte ? Quand est-il devenu un symbole de la République ?

4. Rendez compte de vos recherches dans une courte présentation orale.

COURS

1. Comment les principes démocratiques apparaissent-ils à partir de 1789 ?

*La Révolution française met fin à l'**Ancien Régime** et à la **monarchie** absolue. Elle ouvre une ère nouvelle durant laquelle les Français, devenus citoyens, peuvent participer à la vie politique et expérimenter la démocratie.*

Document 1 Une journée révolutionnaire : la prise de la Bastille

Dans le but de soutenir l'Assemblée nationale contre le roi, le peuple de Paris s'empare de la Bastille, prison et arsenal militaire, le 14 juillet 1789.

Peinture anonyme, 1789. Musée du Château de Versailles.

1 Décrivez ce tableau : pourquoi peut-on dire que la Bastille symbolise la puissance royale ?

2 Comment la puissance du peuple se manifeste-t-elle ?

3 À l'aide de la chronologie (➤ p. 14), précisez quelle période se referme et quelle période s'ouvre avec la prise de la Bastille.

Document 2 Naissance de la démocratie

La Déclaration des droits de l'homme et du citoyen (DDHC) est adoptée le 26 août 1789.

Art. premier. Les hommes naissent et demeurent libres et égaux en droits. Les distinctions sociales ne peuvent être fondées que sur l'utilité commune.

Art. 3. Le principe de toute souveraineté réside essentiellement dans la Nation. Nul corps, nul individu ne peut exercer d'autorité qui n'en émane expressément.

Art. 4. La liberté consiste à pouvoir faire tout ce qui ne nuit pas à autrui [...]

Art. 6. La loi est l'expression de la volonté générale. Tous les citoyens ont droit de concourir personnellement ou par leurs représentants à sa formation. Elle doit être la même pour tous, soit qu'elle protège, soit qu'elle punisse. Tous les citoyens, étant égaux à ses yeux, sont également admissibles à toutes dignités, places et emplois publics, selon leur capacité et sans autre distinction que celle de leurs vertus et de leurs talents.

1. En quoi les articles 1 et 6 marquent-ils la fin des privilèges de l'Ancien Régime ?

2. Entourez l'article qui marque la fin de la monarchie absolue.

3. Soulignez les grands principes démocratiques de la DDHC.

Définitions

Ancien Régime : période historique durant laquelle la société est divisée en trois ordres : le clergé et la noblesse disposant de privilèges sur le troisième (tiers état).

Monarchie : régime politique dans lequel le roi gouverne seul et transmet son pouvoir par filiation dynastique.

Souveraineté nationale : principe selon lequel le degré suprême du pouvoir (la souveraineté) appartient à la nation qui, par le vote, désigne ses représentants et ceux qui gouvernent.

Document 3 La démocratie en action

Cette affiche est placardée en vue des élections de l'Assemblée législative en août 1791.

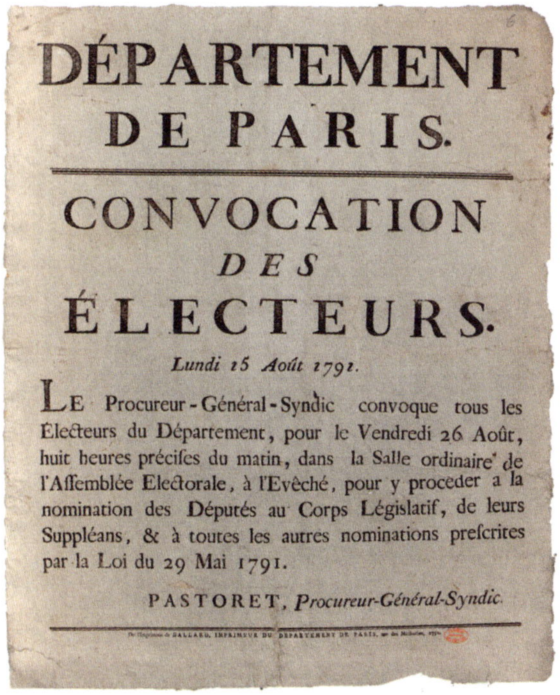

DÉPARTEMENT DE PARIS.

CONVOCATION DES ÉLECTEURS.

Lundi 15 Août 1791.

LE Procureur-Général-Syndic convoque tous les Electeurs du Département, pour le Vendredi 26 Août, huit heures précises du matin, dans la Salle ordinaire de l'Assemblée Electorale, à l'Evêché, pour y proceder à la nomination des Députés au Corps Législatif, de leurs Suppléans, & à toutes les autres nominations prescrites par la Loi du 29 Mai 1791.

PASTORET, *Procureur-Général-Syndic.*

1. À qui cette affiche s'adresse-t-elle ?

2. Quelle pratique démocratique annonce-t-elle ?

3. Connaissez-vous d'autres manières de faire de la politique à cette époque ?

Je retiens

En 1789, la monarchie absolue et la société d'ordres et de privilèges sont renversés. Les Français, devenus **citoyens**, entrent alors en politique. De grands **principes démocratiques** sont affirmés, des **élections** sont organisées, une vie politique se met en place (manifestations, pétitions, liberté de la presse, etc.).

COURS

2. Comment la démocratie progresse-t-elle entre 1848 et 1871 ?

Entre 1848 et 1871, de la IIe République à la Commune de Paris en passant par le Second Empire, les aspirations démocratiques progressent en France.

Document 1 — 1848 : le suffrage universel masculin

L'une des mesures les plus importantes de la Seconde République (1848-1851) fut la mise en place du suffrage universel masculin, c'est-à-dire le vote pour les hommes de plus de 21 ans.

Lithographie de Bosredon, 1848.

Texte sous l'image :

« Ça, c'est pour l'ennemi du dehors, pour le dedans, voici comme l'on combat loyalement les adversaires... »

Chronologie

Février 1848
La révolution de février met fin à la monarchie de Juillet de Louis-Philippe.

▼

1848-1851
IIe République : suffrage universel ; abolition de l'esclavage.

▼

1852-1870
Second Empire, régime autoritaire mis en place et dirigé par Louis Napoléon Bonaparte (Napoléon III).

▼

Mars-mai 1871
Commune de Paris : insurrection et expérience démocratique parisiennes.

1. Décrivez ce dessin et expliquez le texte qui l'accompagne.

2. À votre avis, pourquoi le suffrage universel n'est-il pas étendu aux femmes ?

3. Citez une autre mesure importante prise par la IIe République.

Document 2 Les élections législatives sous le Second Empire

Le régime de Louis Napoléon Bonaparte est un régime autoritaire qui laisse peu de libertés aux Français. Néanmoins, pendant sa durée, la pratique du vote se répand en France.

	1	2	3	4
	Nombre d'électeurs inscrits	Voix favorables au gouvernement	Voix opposées au gouvernement	Abstention
1852	9 836 000	5 248 000	810 000	3 778 000
1857	9 490 000	5 471 000	665 000	3 354 000
1863	9 938 000	5 308 000	1 954 000	2 676 000
1869	10 017 000	4 438 000	3 355 000	2 224 000

Alain Plessis, *De la fête impériale au mur des fédérés, 1852-1871*, éditions du Seuil, 1979.

1. Observez attentivement les colonnes 1 et 4 : pourquoi peut-on dire que le vote progresse en France ?

2. Comparez les colonnes 2 et 3 : que constatez-vous ?

Document 3 La Commune de Paris : loi sur la séparation de l'Église et de l'État, 2 avril 1871

Proclamée le 22 mars 1871 contre l'Assemblée de Versailles, la Commune de Paris entreprend des réformes radicalement républicaines afin d'établir un régime véritablement démocratique.

La Commune de Paris,

Considérant que le premier des principes de la République est la liberté ; Considérant que la liberté de conscience est la première des libertés ; Considérant que le budget des cultes est contraire au principe, puisqu'il impose les citoyens contre leur propre foi ; Considérant, en fait, que le clergé a été le complice des crimes de la monarchie contre la liberté, décrète :

Art. 1er. L'Église est séparée de l'État.

Art. 2. Le budget des cultes est supprimé. [...]

1. Quels grands principes la Commune de Paris met-elle en avant ?

2. Quelle décision est proclamée dans le but de renforcer la République ?

Je retiens

Si la France du XIXe siècle reste marquée par les régimes monarchiques, elle se caractérise pourtant par les progrès de la démocratie. Le **suffrage universel** est la grande avancée de la IIe République, tandis que sous le Second Empire progresse la **pratique du vote**. La **Commune de Paris**, moment bref mais intense, est une expérience démocratique qui a marqué le XIXe siècle français et européen.

Définitions

Élections législatives : élections par lesquelles les Français élisent leurs députés.

Commune de Paris : soulèvement politique parisien de 1871.

République : régime politique et démocratique dans lequel les gouvernants tiennent leur pouvoir de la nation souveraine.

Regards croisés

Histoire
Français

Abolition de l'esclavage, démocratie et émancipation

L'abolition de l'esclavage en 1848 a-t-elle signifié l'émancipation complète des anciens esclaves ? Vous répondrez à cette question dans un paragraphe d'une quinzaine de lignes à l'aide des documents et de la rubrique Croiser les regards de cette double page.

Le contexte

Le 27 avril 1848, sous la IIe République, Victor Schœlcher fait voter la seconde abolition de l'esclavage dans les colonies françaises. Dès lors, les anciens esclaves deviennent officiellement citoyens français.

Mais l'accès à la citoyenneté ne signifie pas pour autant l'émancipation complète des anciens esclaves.

Mes ressources numériques

Consultez le site de l'Assemblée nationale sur l'abolition de l'esclavage.
liennathan.fr/88zxi2

LE REGARD D'UN ÉCRIVAIN

1 Édouard Glissant, *Mémoires des esclavages*, 2007

L'auteur évoque les effets de l'abolition de l'esclavage de 1848, initiée par Victor Schœlcher.

L'action inlassable et héroïque de Victor Schœlcher, qui y a consacré sa vie, et qui après cette abolition a été à plusieurs reprises élu représentant de la Guadeloupe et de la Martinique, a eu pour conséquence qu'il s'est ensouché dans les Antilles francophones la tradition d'un vrai schœlchérisme, avec ses grandes figures et ses héros nègres et mulâtres[1], figures politiques et figures d'enseignants et d'éducateurs, l'école publique était devenue une revendication et une arme d'émancipation sociale et raciale, pôle de résistance aux békés[2] les plus nostalgiques de l'ancien système esclavagiste, mais tradition qui s'est transformée peu à peu en un engagement inconditionnel de fidélité envers la France. Ainsi le schœlchérisme, d'abord né d'une volonté d'émancipation, se retournait-il peu à peu en instrument de contrainte. [...] Ambiguïté d'une stratégie du colonisateur, l'assimilation[3], qui aurait pu avoir procédé d'un calcul généreux mais aussi bien des emportements ou des ruses d'une volonté de domination totale.

1. Nés d'un parent noir et d'un parent blanc.
2. Blancs créoles descendants des premiers colons.
3. Adoption par les peuples colonisés de la culture et des valeurs du peuple colonisateur.

LE REGARD D'UN INTELLECTUEL

2 William M., « La citoyenneté par la révolte : le cas des Antilles françaises », 2012

De quoi s'agissait-il alors ? D'abolir l'esclavage pour garantir l'inviolabilité des principes de la République et son caractère démocratique ? Pour sauver les colonies ? Ou alors de permettre à des hommes d'accéder à une citoyenneté partagée et à une humanité reconnue ? Au lendemain de l'abolition rien n'avait changé. Les nouveaux hommes libres sont tout simplement retournés, puisque marginalisés par ailleurs, sur les plantations auprès de leurs anciens maîtres encore détenteurs de l'économie, de la justice et propriétaires fonciers. L'acquisition de la citoyenneté trouve là ses limites dans l'absence totale de perspective d'émancipation.

Revue *Humanisme* 2012/1 (N° 295).

LE REGARD D'UN PEINTRE

3 François-Auguste Biard, *L'Abolition de l'esclavage dans les colonies françaises en 1848*, 1849
Huile sur toile, 260 x 392 cm. Château de Versailles.

Croiser les regards

1. D'après ces documents, en quoi l'abolition de l'esclavage semble-t-elle ouvrir l'espace démocratique aux populations d'outre-mer ?

2. Quelles seraient toutefois les limites de cet accès à la citoyenneté ?

COURS

3. Comment caractériser le modèle démocratique de la IIIe République ?

Proclamée le 4 septembre 1870, mise en place durant la décennie 1870, la IIIe République fonde le modèle démocratique français. Elle défend les libertés individuelles et collectives et le principe de laïcité.

Document 1 La liberté de la presse

Le 29 juillet 1881, les Républicains promulguent une nouvelle législation sur la presse qui supprime les contraintes de censure existant sous les régimes de monarchie et d'Empire. Pour l'essentiel, cette loi, adoptée le 30 juillet 1881, est toujours en vigueur aujourd'hui.

Art. 1er. L'imprimerie et la librairie sont libres.

Art. 5. Tout journal ou écrit périodique peut être publié, sans autorisation préalable [...].

Art. 23. Seront punis comme complices d'une action qualifiée crime ou délit ceux qui, soit par des discours, cris ou menaces proférés dans des lieux ou réunions publics, soit par des écrits, des imprimés, [...] auront directement provoqué l'auteur ou les auteurs à commettre ladite action, si la provocation a été suivie d'effet.

Loi sur la presse, 29 juillet 1881.

1 Soulignez les mots ou expressions qui indiquent que la presse n'est plus soumise au pouvoir politique.

2 Dans quels cas cette liberté peut-elle être limitée selon la loi ?

Repères

1879
***La Marseillaise* devient hymne national de la République française.**

1880
La devise « Liberté, Égalité, Fraternité » devient celle de la République.

1881
Loi sur la liberté de la presse.

1881-1882
Lois scolaires de Jules Ferry (école primaire obligatoire, gratuite, laïque) pour les garçons et les filles de 6 à 13 ans.

1884
Loi autorisant les syndicats professionnels.

1905
Loi de séparation des Églises et de l'État.

Document 2 L'école pour tous, un fondement de la IIIe République

Après les victoires électorales des années 1870, les Républicains appliquent leur programme de réformes malgré l'opposition des milieux monarchistes et cléricaux.

Art. 1 (16 juin 1881). Il ne sera plus perçu de rétribution scolaire dans les écoles primaires publiques.

Art. 2 (28 mars 1882). Les écoles primaires publiques vaqueront[1] un jour par semaine, en outre du dimanche, afin de permettre aux parents de faire donner, s'ils le désirent, à leurs enfants, l'instruction religieuse, en dehors des édifices scolaires.

Art. 4. L'instruction primaire est obligatoire pour les enfants des deux sexes âgés de six ans révolus à treize ans révolus ; elle peut être donnée soit dans les établissements d'instruction primaire ou secondaire, soit dans les écoles publiques ou libres, soit dans les familles [...].

1. Fermeront.

1 Expliquez l'article 1.

2 Par quel moyen l'enseignement religieux reste-t-il possible même si sa place n'est plus à l'école ?

3 Soulignez dans l'article 4 le mot qui conduit à scolariser tous les enfants de 6 à 13 ans.

Document 3 La séparation des Églises et de l'État, 1905

❶ Voltaire :

❷ Émile Combes :

❸ Marianne :

❹ Le pape Pie X :

❺ Un curé :

1. Faites des recherches sur les personnages figurant sur l'image et expliquez en marge du document qui ils sont ou leur attitude.
2. Comment la séparation des Églises et de l'État est-elle représentée sur cette gravure ?
3. Quelle image de l'Église ressort de cette caricature ?

Je retiens

Sous la IIIe République, la majorité des dispositions légales démocratiques que la France connaît encore aujourd'hui sont adoptées (la liberté de la presse, le droit syndical, les lois sociales ou encore la scolarisation de tous les enfants). La vie démocratique se structure en **partis politiques**, avec des élections libres. La **séparation des Églises et de l'État** en 1905 et la notion de **laïcité** sont au cœur du projet républicain. Les femmes restent cependant exclues du droit de vote.

Définitions

Laïcité : principe de séparation des religions et de l'État.

Libertés individuelles et collectives : ensemble des libertés dont disposent les citoyens en régime démocratique (liberté de penser, de croyance, de parole, liberté de la presse, liberté de manifester etc.).

COURS

4. Comment le Front populaire change-t-il la République ?

Le Front populaire est l'alliance électorale constituée par les forces de gauche (radicaux, socialistes, communistes) qui remporte les élections législatives de 1936. Après cette victoire électorale, le gouvernement de Léon Blum accorde aux salariés des avancées sociales d'une ampleur sans précédent.

Document 1 Le programme du Front populaire

Affiche électorale du Front populaire, 1936.

1. Relevez sur cette affiche les mots qui renvoient à des priorités économiques.

....

....

....

2. Quels slogans renvoient à des priorités politiques ?

....

....

....

3. Quel contexte international explique ces slogans ?

....

....

....

Document 2 Le temps des solidarités

La semaine de quarante heures, obtenue grâce à l'union syndicale, avait rendu la condition ouvrière plus supportable. Paris, depuis 1936, faisait plus d'enfants. Les ouvriers avaient confiance dans l'avenir. Le monde ne serait pas toujours absurde. La jeunesse des usines, plus belle qu'autrefois, plus intelligente, plus vivante, se délivrait de la déchéance physique du travail claustré[1], dans les jeux de plein air, le camping, grâce aux quarante heures. Malgré la fatigue des fins de journée, l'usine me semblait appartenir déjà à un monde neuf, à un monde plus gai. L'usine, un jour, serait à nous. [...] Je me sentais lié aux hommes qui m'entouraient par une communauté d'espoirs. Ils étaient sortis de leur indifférence, de leur passivité. Comme jamais, je me sentais enfin avec des semblables, des ouvriers devenus conscients. Il y a une tristesse ouvrière dont on ne guérit que par la participation politique.

Georges Navel, *Travaux*, édition Stock, 1945.

1. Soulignez les informations qui caractérisent le travail et la vie ouvrière d'avant 1936.

2. Entourez les informations qui évoquent une nouvelle ère.

3. Surlignez deux allusions aux lois sociales de l'été 1936. Aidez-vous du document p. 25.

Oral

4. Présentez en quelques minutes les grandes caractéristiques de la vie démocratique en France au temps du Front populaire.

1. Enfermé.

Activité 1 Situer les avancées sociales conduites par le Front populaire dans leur contexte

1. Cherchez une image datant du Front populaire illustrant l'une des mesures présentées par le document ci-contre et collez-la.

2. Expliquez en quelques lignes ce que cette image révèle sur l'esprit du Front populaire.

....

....

....

....

....

....

....

11 juin – Loi sur les conventions collectives : salaires et conditions de travail sont définis de manière collective.

11 juin – Les salariés obtiennent 15 jours de congés payés.

21 juin – Réduction du temps de travail à 40 heures par semaine.

24 juillet – Réforme du statut de la Banque de France (les actionnaires perdent tout pouvoir sur la gestion de la Banque).

9 août – Prolongation de la scolarité obligatoire jusqu'à 14 ans.

15 août – Loi créant l'Office national interprofessionnel du blé pour redresser les revenus paysans.

Collez ici votre image du Front populaire.

Mes ressources numériques

Écoutez le podcast sur le Front populaire.
liennathan.fr/2p44hs

Je retiens

Sous le gouvernement de Léon Blum, au temps du Front populaire, la République prend une **coloration sociale** : elle défend les ouvriers, les paysans, le pouvoir d'achat, met en place les congés payés.

La République se dresse également contre la menace du fascisme en Europe et appelle à **la paix** dans un contexte de montée de tensions internationales.

Vers le CCF

Je m'entraîne à la première évaluation

1 La question du suffrage universel durant la première moitié du XIXe siècle

Document

Sous la monarchie rétablie entre 1815 et 1848, le droit de vote est réservé aux citoyens les plus aisés. On appelle cela le suffrage censitaire. Seule l'opposition républicaine réclame alors le suffrage universel.

Il faut revenir au principe de la souveraineté nationale : c'est le principe de notre gouvernement ; il est inscrit dans tous nos actes, il est inscrit dans les discours des ministres. Voyons maintenant si ce principe est en action. Messieurs, la population de la France se compose de 34 millions d'âmes. Sur 34 millions d'âmes, il y a 17 millions d'hommes ; sur 17 millions d'hommes, il y a 8 millions d'hommes de 25 ans et au-dessus. Combien avez-vous d'électeurs sur 8 millions d'hommes de 25 ans et au-dessus ? Vous en avez à peu près 200 000. Vous avez, par conséquent, un électeur sur 40 hommes. Je soutiens, moi, que le principe de la souveraineté populaire n'est pas en action dans un pays où, sur quarante hommes, il n'y a qu'un électeur.

Après avoir examiné la question du chiffre, examinons la question des contributions. Vous avez 9 millions de cotes foncières[1]. [...] J'ajoute que la loi du recrutement[2] qui est la rétribution du sang, pèse presque exclusivement sur la classe de la population que la loi prive de toute intervention dans les choix.

Je dis qu'il y a dans la population, une partie considérable qui est privée de toute espèce de droits politiques, et qui non seulement est la plus nombreuse, mais encore qui paie la masse la plus considérable dans les contributions de l'État. [...]

Je dis, Messieurs, que la capacité politique appartient tout aussi bien à la classe qui est maintenant privée de ses droits politiques qu'à la classe des censitaires à 200 francs[3] [...]

François Arago, député de l'opposition républicaine à l'Assemblée nationale, le 16 mai 1840.

1. Nombre de personnes payant l'impôt. 2. Service militaire.
3. Seuil minimum de l'impôt payé qui ouvre le droit de vote.

Étape 1 Préparer l'oral

1. Présentez le document.
2. Combien d'hommes peuvent voter en 1840 ? Pour combien d'hommes au total ?
3. Quels sont les arguments avancés par Arago pour exiger le suffrage universel ?
4. À partir de quand le suffrage universel est-il obtenu en France pour tous les hommes ?
5. En quoi le suffrage universel revendiqué puis obtenu par les républicains n'est-il pas complet pour autant ?

Aide

1. Pour présenter un document, repérez sa nature, la source, la date et le contexte.
2. Le texte propose des effectifs mais aussi des proportions. Il est bon de citer les deux.
3. Arago expose deux arguments majeurs pour expliquer que la distinction entre citoyens électeurs et non-électeurs n'est pas légitime.
4. Cherchez la date du rétablissement de la IIe République (p. 14).
5. Demandez-vous quelle population l'auteur a écartée dans son raisonnement.

Étape 2 S'entraîner à l'oral

1. Préparez à l'écrit le texte de votre présentation à partir de l'étape 1 de votre travail.
2. Enregistrez-vous sur votre smartphone.
3. Recommencez autant de fois que nécessaire jusqu'à ce que vous soyez satisfait(e) du résultat.

2 La question de la liberté du vote sous le Second Empire

Document — L'appel du maire de Vouzon à ses électeurs lors des élections législatives de 1863

Sous le Second Empire de Napoléon III, les maires sont nommés par les préfets et sont donc au service du gouvernement. Lors des différentes élections, ils soutiennent le candidat officiel choisi par le gouvernement en encourageant les électeurs à voter pour lui.

Électeurs de Vouzon,

Vous êtes appelés à venir déposer vos votes à la mairie les dimanche et lundi 31 mai et 1er juin prochains, pour nommer un député au Corps législatif[1].

Vous n'oublierez pas tous les bienfaits dont l'Empereur a comblé notre commune à ses différents passages, secours pour les pauvres, secours pour notre église, don de la pompe à incendie.

Électeurs de Vouzon, vous prouverez notre reconnaissance à l'Empereur en donnant vos voix à l'honorable M. Clary[2], recommandé par le gouvernement et par les services qu'il a rendus au département. Vous n'oublierez pas qu'il vient encore de venir au secours de notre commune, en obtenant pour nous une somme de deux mille francs pour notre église dont nous ne pouvions payer les dépenses.

Électeurs de Vouzon, unissez-vous donc tous pour porter vos votes sur M. Clary qui seul représente la pensée de l'Empereur votre auguste Bienfaiteur...

Électeurs de Vouzon, votre maire compte sur votre dévouement pour le gouvernement qui veut votre bien-être.

Le maire de Vouzon (Loir-et-Cher), 22 mai 1863.

1. Nom de l'Assemblée nationale à l'époque.
2. Nom du « candidat officiel » proposé par le régime aux électeurs de cette circonscription.

Étape 1 Préparer l'oral

1. Présentez le document.
2. Quels sont les bienfaits qui sont attribués à l'Empereur d'une part, et à son candidat officiel d'autre part ?
3. Quel problème démocratique cette déclaration du maire pose-t-elle ?
4. À votre avis, la « candidature officielle » a-t-elle existé sous le régime républicain ?

Étape 2 S'entraîner à l'oral

1. Préparez à l'écrit le texte de votre présentation à partir de l'étape 1 de votre travail.
2. Enregistrez-vous sur votre smartphone.
3. Recommencez autant de fois que nécessaire jusqu'à ce que vous soyez satisfait(e) du résultat.

CONSEIL

Prenez bien en compte les critères sur lesquels portera l'évaluation de votre oral.

Critères d'évaluation	
J'ai bien replacé les documents, les événements et les acteurs dans leur contexte.	
J'ai bien formulé le sens global du document.	
J'ai fait preuve d'esprit critique.	
J'ai bien utilisé le vocabulaire de l'histoire.	
Mon discours est argumenté et personnel.	
Je me suis exprimé(e) de manière claire et correcte.	

Il est important pendant votre entretien avec le jury de participer activement à un échange.

BILAN

LA LENTE CONSTRUCTION DU MODÈLE DÉMOCRATIQUE FRANÇAIS DE 1789 À LA IIIe RÉPUBLIQUE

Complétez cette carte mentale avec ce que vous avez appris sur les notions et repères de la période. Vous utiliserez les termes suivants : *IIe République - Congés payés - École - Liberté de la presse - République - Séparation.*

Construction de la République	Avant 1789 : Ancien Régime	Libertés individuelles et collectives
1792-1804 Ire République	**1789** **La Révolution française pose le sujet de la démocratie.**	**1789** La Déclaration des Droits de l'Homme et du Citoyen
1848-1851	**Huit régimes politiques se succèdent de 1789 à 1870.**	**1804** Le Code civil
1848 Abolition de l'esclavage		**1848** Le suffrage universel masculin
1882 Jules Ferry instaure l' .... gratuite, laïque et obligatoire.	**1870** **Défaite militaire et effondrement du Second Empire**	**1881** ....
1905 Laïcité .... des Églises et de l'État.	**Le triomphe de la IIIe**	**1882** Liberté de réunion
	1936 **Front populaire**	**1936** ....
	1940 **Défaite militaire et effondrement de la IIIe République**	

Faites le point sur vos connaissances et vos compétences en complétant cette carte mentale.

Je m'évalue

Dans ce chapitre

- **J'ai appris à** ....
- **Je sais mieux** ....
- **J'ai encore des difficultés à** ....
- **Pour progresser, je peux** ....

Pour aller plus loin...

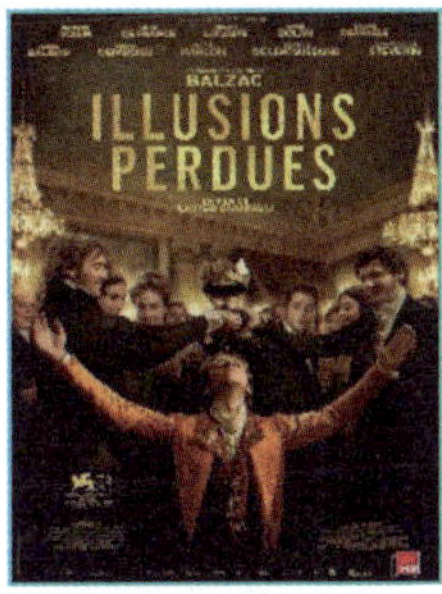

Un film

Xavier Giannoli, *Illusions perdues*, 2021

Regardez la bande annonce.
liennathan.fr/88ep7n

Adaptation du roman de Balzac, ce film présente les relations conflictuelles et corrompues entre une presse parisienne en quête de liberté et le pouvoir monarchiste restauré dans les années 1820.

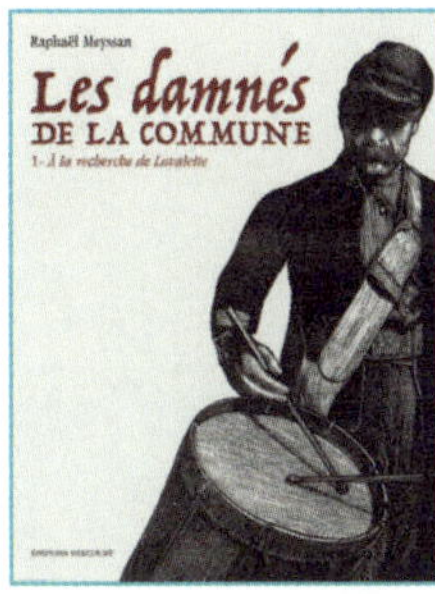

Une bande dessinée

Raphaël Meyssan, *Les Damnés de la Commune*, trois tomes, 2017-2019

Ce roman graphique présente la Commune, un conflit qui oppose le Paris républicain au gouvernement de tendance monarchiste en 1871, après que l'Empire a été balayé par la défaire contre la Prusse.

Un documentaire

Élisabeth Kapnist, *Louise Weiss, l'Européenne*, 1994

Ce documentaire retrace la lutte de Louise Weiss pour le droit de vote des femmes en France durant l'entre-deux guerres.

Un podcast

***Histoire de la gauche en quête du pouvoir*, « Le Front populaire », France Culture, 11 mai 2021**

Le Front populaire suscite une grande espérance à l'été 1936.

Écoutez le podcast.
liennathan.fr/7za5z3

Chapitre 2 — De l'effondrement à la démocratique français

Le modèle démocratique français s'effondre en 1940 et se trouve remis en cause par le régime de Vichy. Il renaît au lendemain de la Seconde Guerre mondiale avec la IVᵉ République, se transforme et se consolide sous la Vᵉ République.

Document 1 — Le régime de Vichy (1940-1944), la négation de la démocratie

Le régime de Vichy, qui succède à la IIIᵉ République en juillet 1940, se caractérise par sa xénophobie et son antisémitisme.

Déportation de Juifs depuis Paris vers un camp d'internement près d'Orléans, mai 1941.

1. Qui sur la photographie organise et encadre cette déportation ?

....

2. D'après vos connaissances, quel a été le sort des populations juives de France durant cette période ?

....

3. Quelle valeur républicaine le régime de Vichy remet-il en cause ?

....

redéfinition du modèle (de 1940 aux années 1960)

Document 2 **La renaissance de la République et de la démocratie en France en 1944**

Affiche du GPRF par Phili, août 1944.

4 Qui est la femme vêtue du drapeau tricolore ?

5 Que célèbre cette affiche ?

En quoi suis-je concerné(e) ?

6 Pouvez-vous citer un(e) résistant(e) ou un(e) intellectuel(le) qui, pendant et après la Seconde Guerre mondiale, a défendu la République et ses valeurs ?

COURS

1. Comment caractériser la France de Vichy (1940-1944) ?

Durant l'été 1940, le gouvernement de la IIIe République s'effondre et laisse place à l'État français – appelé aussi régime de Vichy – un régime politique fondamentalement antidémocratique dirigé par le maréchal Pétain.

Document 1 Un régime antidémocratique

Acte constitutionnel n° 1

Nous, Philippe Pétain, maréchal de France, Vu la loi constitutionnelle du 10 juillet 1940, Déclarons assumer les fonctions de chef de l'État français.

Acte constitutionnel n° 2

Art. 1-1. Le chef de l'État français a la plénitude du pouvoir gouvernemental. Il nomme et révoque les ministres et secrétaires d'État, qui ne sont responsables que devant lui.

2 - Il exerce le pouvoir législatif[1], en conseil des ministres.

3 - Il promulgue[2] les lois et assure leur exécution.

5 - Il dispose de la force armée.

6 - Il a le droit de grâce et d'amnistie.

Acte constitutionnel n° 3

Le Sénat et la Chambre des députés sont ajournés[3] jusqu'à nouvel ordre.

Fait à Vichy, le 11 juillet 1940, Ph. Pétain.
Extrait des actes constitutionnels du 11 juillet 1940.

1. Pouvoir de faire la loi. 2. Publier officiellement une loi selon les formes requises. 3. Suspendus.

1. Qui exerce la fonction de chef de l'État français ? Depuis quand ?

....

....

2. Dressez la liste de tous les pouvoirs du chef de l'État français.

....

....

....

....

3. Entourez le nom des institutions de la IIIe République qui sont ajournées.

Mes ressources numériques

Visitez l'exposition sur la propagande antisémite conduite par le régime de Vichy sur le site de Lumni.
liennathan.fr/94z7wm

Activité Contextualiser la collaboration sous le régime de Vichy

1. Cherchez la photographie de la rencontre entre le maréchal Pétain, chef de l'État français, et Adolf Hitler, chancelier du Reich, en octobre 1940 à Montoire (Loir-et-Cher).

2. Pourquoi cette photographie illustre-t-elle la **collaboration** ?

....

....

....

....

....

....

....

....

Collez ici votre photographie.

Document 2 Les valeurs défendues par le régime de Vichy

Affiche de **propagande** réalisée par René Vachet vers 1941-1942.

1 Pourquoi représenter l'étoile de David ?

....

....

2 Les sept étoiles représentent le grade de Maréchal. À qui cette référence renvoie-t-elle ? Comment l'interprétez-vous ?

....

....

3 Quelle différence observez-vous entre la représentation de la France de Vichy (à dt.) et la France de la IIIe République (à g.) ?

....

....

....

....

....

....

4 Comment comprenez-vous cette représentation de la France sous la IIIe République ?

....

....

5 Par quels termes les valeurs de la République « Égalité, Liberté, Fraternité » ont-elles été ici remplacées ?

....

....

....

1 Annotez l'affiche en répondant aux questions en marge du document.

2 Quel message cette affiche de propagande cherche-t-elle à véhiculer ?

....

....

3 Montrez que la **Révolution nationale** voulue par le régime de Vichy s'oppose aux valeurs républicaines.

....

....

Je retiens

En **juin 1940**, la France est battue et **le pays occupé par l'armée allemande**. La IIIe République s'effondre et un nouveau régime politique se met en place : l'État français appelé aussi **régime de Vichy**. Ce régime autoritaire et antirépublicain concentre tous les pouvoirs dans les mains du **maréchal Pétain**, limite les libertés et affiche son antisémitisme. La **Révolution nationale** doit régénérer la France en rejetant les valeurs républicaines.

Définitions

Collaboration : ensemble des actions menées par le régime de Vichy pour soutenir l'occupant allemand (police, ravitaillement, surveillance, etc.).

Propagande : utilisation des moyens de communication (affiches, tracts, radio...) pour propager des idées et les faire accepter par la population.

Révolution nationale : idéologie du régime de Vichy fondée sur la devise « Travail, Famille, Patrie » et qui rompt avec les valeurs républicaines de liberté, d'égalité et de fraternité.

COURS 2. Qu'est-ce que la Résistance ?

Au péril de leur vie, des Françaises et des Français ont refusé et combattu l'Occupation allemande et le régime de Vichy. Ils ont défendu les valeurs de la démocratie en s'engageant dans la ***Résistance****.*

Document 1 Le choc de la défaite

Pierre Messmer, résistant, témoigne de la défaite militaire française de 1940 et de l'exode qui a suivi.

Ce qui m'avait indigné, en effet, ce n'est pas tellement la défaite elle-même que les conditions de cette défaite, que le fait, par exemple, qu'à partir du moment où les Allemands ont connu leurs premiers succès une espèce de désespoir s'est emparé de tout le commandement […]. C'était aussi cette espèce d'immense cohue qui a jeté la France sur les routes[1] et qui a rendu absolument impossible toute tentative de résistance au point qu'il serait facile de citer des exemples, dont j'ai été témoin, de civils qui détruisaient de leurs mains des barrages construits par les militaires à l'entrée de certaines villes ou de certains villages pour s'opposer à l'avancée allemande. C'est tout cela qui m'avait indigné et qui me faisait sentir que <u>je ne pouvais pas accepter cette défaite.</u>

Daniel Rondeau, Roger Stéphane,
La France libre par ceux qui l'ont faite, éditions Grasset, 1998.

1. Allusion à l'exode des mois de mai et juin 1940.

1. Surlignez dans ce témoignage les mots ou expressions qui montrent que de nombreux Français sont choqués et désemparés face à la défaite militaire de juin 1940.

2. Quel sentiment ressent Pierre Messmer ? D'après vous, quelle décision va-t-il prendre ? Aidez-vous de la phrase soulignée.

....

....

....

....

....

Activité Mener et conduire une démarche historique sur l'appel du 18 juin 1940

1. De Gaulle est-il connu en juin 1940 ? Que fait-il le 18 et à nouveau le 22 juin ?

....

....

....

2. Cherchez l'affiche de l'appel du 18 juin 1940 et collez-la.
3. Que propose de Gaulle aux Français ?

....

....

....

4. À quoi de Gaulle est-il condamné par le gouvernement de Pétain ?

....

....

....

Collez ici l'affiche de l'appel du 18 juin 1940.

Mes ressources numériques

Écoutez l'appel du 18 juin 1940 sous forme de vidéo, France Culture.
liennathan.fr/99ns2q

Écoutez le récit de la rencontre entre De Gaulle et Jean Moulin, Musée de la Libération.
liennathan.fr/49pcr6

Document 2

Le ralliement des colonies à la France libre du général de Gaulle

En avril 1941, à Brazzaville, capitale coloniale française, le général de Gaulle et Félix Éboué, gouverneur des territoires coloniaux de l'Afrique-Équatoriale française (AEF), passent en revue les troupes de la France libre. Depuis la fin août 1940, l'AEF s'est ralliée à la France libre du général de Gaulle.

1 Identifiez Charles de Gaulle et Félix Éboué sur cette photographie.

1 ....

2 ....

2 Que symbolise cette rencontre entre le général de Gaulle et le gouverneur de l'AEF ?

....

....

3 Selon vous, pourquoi est-il important pour de Gaulle et la France libre d'avoir le soutien de l'empire colonial français ?

....

....

Je retiens

Le 18 juin 1940, Charles de Gaulle, un militaire français exilé à Londres, appelle à **résister à Vichy et à l'Allemagne** depuis le sol français (résistance intérieure) ou depuis l'extérieur (**France libre** à Londres et dans l'empire colonial). Comme lui, des Françaises et des Français ont choisi de défendre la patrie et la démocratie, souvent au péril de leur vie. Mais la majorité des Français s'est résignée à la situation, n'étant engagée ni dans la collaboration ni dans la Résistance.

Définitions

Résistance : ensemble des actions menées en France et dans le monde contre l'occupant allemand et contre le régime de Vichy.

France libre : ensemble des organisations de résistance extérieure fondé par le général de Gaulle en juin 1940 et placé sous son autorité pour poursuivre la guerre contre l'Allemagne.

LES OUTILS DE L'HISTORIEN

Capacité

- Situer un acteur majeur dans un contexte pour préciser son rôle

Votre objectif

Vous allez raconter l'engagement de Germaine Tillion dans la Résistance.

Germaine Tillion (1907-2008)

Profondément choquée par le choix de l'armistice et par la politique de collaboration du régime de Vichy, Germaine Tillion entre en Résistance dès l'été 1940. Son entrée au Panthéon en 2015 a marqué une étape importante dans la reconnaissance de l'engagement des femmes dans la Résistance.

DÉMARCHE

Pour mener à bien cette capacité, vous vous appuierez sur vos recherches et sur les documents accessibles par QR code dans la rubrique Mes ressources numériques.

Comprendre l'engagement d'une intellectuelle dans un contexte de guerre

1 Quel métier exerce Germaine Tillion ?

....

2 Quand entre-t-elle dans la Résistance ?

....

Analyser la position de Germaine Tillion à l'égard du régime de Vichy

3 Que reproche Germaine Tillion au maréchal Pétain et au régime de Vichy ?

....

....

....

Aide

Ce reproche est la première raison de son entrée dans la Résistance.

4 Pour quelle autre raison Germaine Tillion entre-t-elle dans la Résistance ? Justifiez votre réponse par un argument tiré de son témoignage accessible par le QR code.

....

....

....

....

Comprendre ses actions au cœur d'un réseau de Résistance

5 À quel réseau de Résistance Germaine Tillion appartient-elle ? Qui est son fondateur ?

....

....

....

....

Mes ressources numériques

Lisez la courte biographie de Germaine Tillion.
liennathan.fr/en6g85

(Question 4) Lisez le témoignage de Germaine Tillion sur les raisons de son engagement.
liennathan.fr/6trs97

Lisez le témoignage de Germaine Tillion sur les actions du mouvement de Résistance.
liennathan.fr/6y9jq9

6 Quelle est la zone géographique du mouvement de résistance « musée de l'Homme » ?

....

7 Quelles sont les quatre grandes activités de résistance de ce **réseau** ?

....

....

....

....

8 Quelles actions Germaine Tillion mène-t-elle plus particulièrement dans la Résistance ?

....

....

....

9 Renseignez-vous sur les actions menées par Germaine Tillion après la guerre. Quelles causes a-t-elle défendues ?

....

....

....

Définition

Réseau ou mouvement de Résistance : organisation résistante menant des actions militaires mais aussi politiques, notamment d'information de la population (tracts, affiches, journaux).

Mes ressources numériques

Regardez l'interview de Germaine Tillion dans l'émission « Du côté de chez Fred », 7 mai 1990.
liennathan.fr/25h4qa

Consultez le site de l'association Germaine Tillion.
liennathan.fr/g47ht3

Conclure votre travail

Le 27 mai 2015, le président François Hollande a rendu hommage à quatre résistants français : Pierre Brossolette, Germaine Tillion, Geneviève de Gaulle-Anthonioz et Jean Zay, qui sont entrés au Panthéon. Sous la présidence d'Emmanuel Macron, c'est Joséphine Baker qui est entrée au Panthéon, le 30 novembre 2021.

Recherchez une photographie de la panthéonisation de ces résistant(e)s et collez-la.

Collez ici votre photographie.

COURS

3. Comment la République renaît-elle de 1944 à 1946 ?

En 1944, alors que l'Allemagne est en train de perdre la guerre, le territoire français est libéré par les armées alliées avec l'aide de la Résistance.
La démocratie renaît sous le GPRF (gouvernement provisoire de la République française). La IVe République se met en place en octobre 1946.

Activité — Situer un événement dans son contexte : la Libération de Paris

Collez ici votre photographie.

1. Cherchez la photographie du général de Gaulle descendant les Champs-Élysées le 26 août 1944. Vous pourrez la trouver grâce au QR code de la p. 39.

2. Dans quelle atmosphère de Gaulle descend-il les Champs-Élysées à Paris ?

....

....

3. De quelle manière cette scène illustre-t-elle la Libération de la France ?

....

....

Document 1 — Refonder la République : le programme du CNR, mars 1944

Le Conseil national de la Résistance (CNR), né en 1943, établit un vaste programme pour reconstruire la France de l'après-guerre.

4 - Le CNR entend assurer :
- l'établissement de la démocratie la plus large en rendant la parole au peuple français par le rétablissement du suffrage universel ;
- la pleine liberté de pensée, de conscience et d'expression ;
- la liberté de la presse, son honneur et son indépendance à l'égard de l'État, des puissances d'argent et des influences étrangères ;
- la liberté d'association, de réunion et de manifestation ;
- l'inviolabilité du domicile et le secret de la correspondance ;
- le respect de la personne humaine ;
- l'égalité absolue de tous les citoyens devant la loi.

5 - Le CNR veut promouvoir les réformes indispensables :

a. Sur le plan économique :
- l'intensification de la production nationale [...] ;
- le retour à la nation[1] des grands moyens de production [...], des sources d'énergie, des richesses du sous-sol, des compagnies d'assurance et des grandes banques.

b. Sur le plan social :
- le droit au travail et le droit au repos [...] ;
- un plan complet de sécurité sociale, visant à assurer à tous les citoyens des moyens d'existence, dans tous les cas où ils sont incapables de se le procurer par le travail [...].

Extrait du programme d'action du CNR, 15 mars 1944.

1. La nationalisation.

1. Comment le programme du CNR rétablit-il les valeurs républicaines en France ? Donnez trois exemples.

....

....

....

....

2. Entourez les mesures économiques proposées.

3. Soulignez dans le texte les deux nouveaux droits voulus par le CNR sur le plan social.

Document 2 Le droit de vote des femmes

Les femmes sont appelées à voter lors des élections de 1945, suite au droit de vote qui leur a été accordé le 21 avril 1944.

Affiche de l'UFF (Union des femmes françaises), 1945.

1. Décrivez l'affiche. Observez aussi bien l'image que le texte.

....

2. Quel est le but de cette affiche ?

....

Mes ressources numériques

Accédez à la photographie du général de Gaulle.
liennathan.fr/3zsa38

Regardez la vidéo sur « Le droit de vote des femmes », Fondation Charles de Gaulle en partenariat avec Canopé.
liennathan.fr/336rkm

Je retiens

Lors de la Libération de la France en 1944, le GPRF entreprend de refonder la République sur un nouveau **pacte social** en s'appuyant sur le **programme du CNR**. Il rétablit la démocratie : **suffrage universel** avec le **droit de vote des femmes** (1944), **restauration des libertés fondamentales**. Il lance d'importantes **réformes économiques et sociales**. En octobre 1946, la Constitution de la IVe République est adoptée et donne à la France un régime pleinement démocratique.

Définitions

Suffrage universel : droit de vote accordé à tous les citoyens.

Nationalisation : acquisition d'une entreprise privée par l'État.

Sécurité sociale : protection sociale pour les salariés et leur famille créée par l'État en 1945.

COURS

4. Comment passe-t-on de la IVe République à la Ve République ?

Née en 1946, la IVe République se retrouve vite en difficulté, confrontée à des blocages politiques et à de graves crises comme les guerres d'indépendance en Indochine ou en Algérie. En 1958, le général de Gaulle revient au pouvoir et met fin à ce régime politique peu aimé des Français. Il fonde alors la Ve République.

Document 1 La fin de la IVe République

La IVe République ne parvient pas à régler la crise algérienne. À la suite de l'insurrection des partisans de l'Algérie française le 13 mai 1958, le général de Gaulle dit être « prêt à assumer les pouvoirs de la République ». Le 28 mai, le gouvernement de Pierre Pflimlin démissionne sous la pression du président de la République René Coty. Les partis de gauche, qui ne veulent pas du retour de De Gaulle, manifestent à Paris.

Nous voici maintenant au bord de la guerre civile. Après s'être, depuis quarante ans, tant battus contre l'ennemi[1], les Français vont-ils, demain, se battre contre les Français ? [...]

Dans le péril de la patrie et de la République, je me suis tourné vers le plus illustre des Français, vers celui qui, aux années les plus sombres de notre histoire, fut notre chef pour la reconquête de la liberté et qui, ayant ainsi réalisé autour de lui l'unanimité nationale, refusa la dictature pour rétablir la République. [...]

Je demande au général de Gaulle de bien vouloir discuter avec le chef de l'État et d'examiner avec lui ce qui, dans le cadre de la légalité républicaine, est immédiatement nécessaire à un gouvernement de salut national et ce qui pourra, à échéance plus ou moins proche, être fait ensuite pour une réforme profonde de nos institutions.

René Coty, président de la République,
message au Parlement, 29 mai 1958.

1. Référence aux guerres mondiales et coloniales que la France a connues.

Chronologie

1946-1954
Guerre d'Indochine.

▼

1954
Début de la guerre d'Algérie (qui dure jusqu'en 1962).

▼

Mai 1958
Agitation en Algérie et en France autour d'un éventuel retour au pouvoir du général de Gaulle.

▼

1er juin 1958
De Gaulle est investi par l'Assemblée nationale comme chef de gouvernement.

▼

2 juin 1958
Le gouvernement de De Gaulle reçoit les pleins pouvoirs de l'Assemblée pour changer la Constitution.

▼

4 octobre 1958
Constitution de la Ve République.

1. Soulignez dans le texte le danger qui menace la France selon le président de la IVe République René Coty.

2. À qui René Coty confie-t-il le pouvoir de former un nouveau gouvernement ? Comment justifie-t-il ce choix ?

3. Qu'annonce René Coty lorsqu'il évoque une « réforme profonde de nos institutions » (l. 13) ?

Document 2 Les institutions de la Vᵉ République d'après la Constitution de 1958

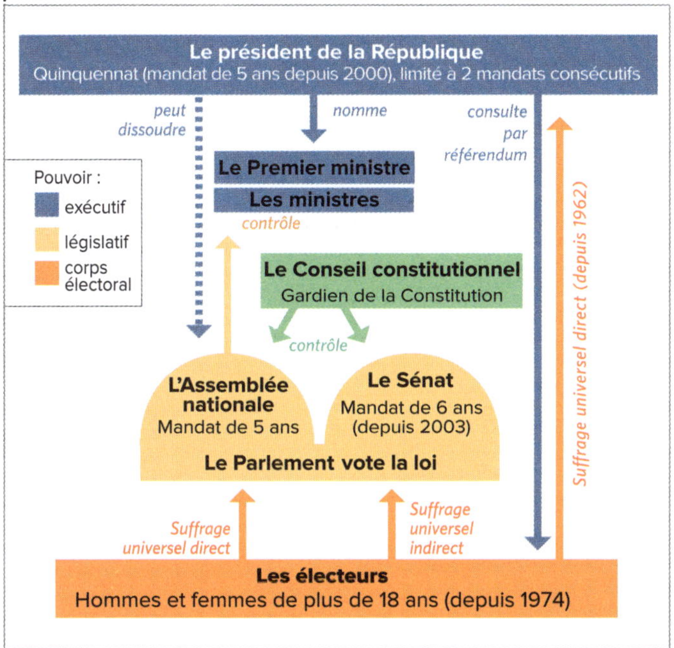

1. Qui détient le **pouvoir exécutif** dans la Vᵉ République ? Qui détient le **pouvoir législatif** ?

....

2. Quels sont les pouvoirs du président de la République ?

....

3. Par qui est élu le Parlement ? Montrez que la Vᵉ République est un **régime parlementaire** et démocratique.

....

Activité Connaître les lieux de pouvoir de la République

Informez-vous sur les lieux de pouvoir de la République et complétez les propositions suivantes.

La présidence de la République siège à ....

Le Premier ministre dirige son gouvernement depuis ....

L'Assemblée nationale se trouve ....

Le Sénat se trouve ....

Le Conseil constitutionnel se situe ....

Les citoyens votent dans ....

Je retiens

En mai 1958, la IVᵉ République, embourbée dans la guerre d'Algérie et confrontée au risque d'un coup d'État des partisans de l'Algérie française, s'effondre. Le général de Gaulle revient au pouvoir et décide de mettre fin à la IVᵉ République. Tout en garantissant l'essentiel d'un régime parlementaire (le Parlement vote les lois et contrôle le gouvernement), la Constitution de 1958 met en place un **pouvoir exécutif fort** avec la **primauté du président de la République**.

Définitions

Constitution : texte qui fixe les grands principes de fonctionnement du pouvoir et les droits fondamen-taux des citoyens.

Pouvoir exécutif : pouvoir de faire appliquer les lois.

Pouvoir législatif : pouvoir de faire les lois.

Régime parlementaire : régime dans lequel le gouvernement est responsable devant une assemblée, qui l'investit et peut le renverser.

5. Comment caractériser la République gaullienne (1958-1969) ?

Président de la République de 1958 à 1969, Charles de Gaulle crée un régime politique dans lequel le pouvoir du président est fort et s'impose face au Parlement. Sur le plan de la politique extérieure, de Gaulle fait du maintien de la grandeur de la France une priorité.

Document 1 – L'élection du président de la République au suffrage universel direct, 1962

De 1958 à 1962, le président de la République est élu par un tout petit nombre d'électeurs. Le 28 octobre 1962, de Gaulle organise un référendum pour instaurer dans la Constitution l'élection du président de la République au suffrage universel direct. Cette réforme doit renforcer la primauté du président de la République.

Affiche pour la campagne électorale d'octobre 1962.

1 Par quels procédés, cette affiche tente-t-elle de convaincre des électeurs de voter « oui » au référendum ? Appuyez-vous sur le texte et l'image.

Document 2 – Une politique de grandeur et d'indépendance française

De Gaulle inaugure le premier sous-marin militaire français.

Le Parisien libéré
LE PLUS FORT TIRAGE DES QUOTIDIENS FRANÇAIS DU MATIN
SPÉCIAL MÉTRO ILE-DE-FRANCE
Jeudi 30 mars 1967

IL POURRA DÉTRUIRE N'IMPORTE QUELLE CAPITALE ENNEMIE A 3.000 KM. de distance

Lancé hier à Cherbourg par le général de Gaulle, le « Redoutable » est équipé de 16 missiles mer-sol à tête thermonucléaire de 500 kilotonnes. Page 7.

Une du journal *Le Parisien*, 30 mars 1967.

1 Quelle nouvelle arme est inaugurée par le général de Gaulle en mars 1967 ?

2 Que doit permettre cette nouvelle arme et qu'assure-t-elle à la France ?

Document 3 De Gaulle et les médias

Les prises de parole du chef de l'État à la radio ou à la télévision sont fréquentes. Elles constituent autant d'occasions de marquer sa proximité avec la nation.

Conférence de presse du 27 novembre 1967 à l'Élysée.

1 De quel événement s'agit-il (date, contexte, lieu, personnes présentes) ?

....

2 Décrivez la scène.

....

3 Quel est l'intérêt pour le général de Gaulle d'une telle pratique ?

....

Document 4 La réconciliation franco-allemande

Charles de Gaulle et le chancelier allemand Konrad Adenauer à Bonn (Allemagne), le 5 septembre 1962.

Traduction de l'affiche : « Nous voulons un État européen ».

1 Décrivez cette scène.

....

2 Pourquoi parler de « réconciliation » franco-allemande ?

....

Je retiens

Le général de Gaulle est président de la République de 1958 à 1969. Il renforce la primauté du président de la République par l'élection de ce dernier au suffrage universel direct. Il mène une **politique de grandeur** et d'**indépendance nationale** (arme nucléaire). Il intervient fréquemment dans les médias (radio et télévision) pour justifier sa politique et entretenir son lien avec la nation. Il contribue activement à la **réconciliation franco-allemande.**

Définitions

Chancelier allemand : chef du gouvernement allemand.

Référendum : consultation des citoyens qui répondent par oui ou par non à la question qui leur est posée.

LES OUTILS DE L'HISTORIEN

Capacité

- Situer un acteur majeur dans un contexte pour préciser son rôle

Votre objectif

Vous allez relever et comprendre les pouvoirs du Président sous la Vᵉ République.

DÉMARCHE

Pour mener à bien cette capacité, vous vous appuierez sur vos recherches et sur les documents présentés dans la double page.

Lire la Constitution et comprendre ce qu'elle dit des pouvoirs du Président

1. Rappelez ce qu'est une Constitution (➤ p. 41).

2. Lisez la Constitution de la Vᵉ République et répondez aux questions suivantes :

a. À quoi le président de la République sous la Vᵉ République doit-il veiller ? Que doit-il assurer (art. 5) ?

b. Soulignez l'article indiquant qui le président de la République peut nommer.

c. Quel article lui donne le droit de dissoudre l'Assemblée nationale ?

d. Quel article donne des pouvoirs importants au président de la République en cas de crise grave ?

Document **Les pouvoirs du président de la République**

Art. 5 - Le président de la République veille au respect de la Constitution. Il assure, par son arbitrage, le fonctionnement régulier des pouvoirs publics ainsi que la continuité de l'État. Il est le garant de l'indépendance nationale. [...]

Art. 8 - Le président de la République nomme le Premier ministre. Il met fin à ses fonctions sur la présentation par celui-ci de la démission du Gouvernement. Sur la proposition du Premier ministre, il nomme les autres membres du Gouvernement et met fin à leurs fonctions. [...]

Art. 11 - Le Président de la République [...] peut soumettre au référendum tout projet de loi portant sur l'organisation des pouvoirs publics [...].

Art. 12 - Le président de la République peut, après consultation du Premier ministre et des présidents des assemblées, prononcer la dissolution de l'Assemblée nationale. [...]

Art. 15 - Le président de la République est le chef des armées. [...]

Art. 16 - Lorsque les institutions de la République, l'indépendance de la Nation, l'intégrité de son territoire ou l'exécution de ses engagements internationaux sont menacés d'une manière grave et immédiate et que le fonctionnement régulier des pouvoirs publics constitutionnels est interrompu, le président de la République prend les mesures exigées par ces circonstances, après consultation officielle du Premier ministre, des présidents des assemblées ainsi que du Conseil constitutionnel. Il en informe la Nation par un message. [...]

Art. 52 - Le président de la République [...] négocie et ratifie les traités.

Extraits de la Constitution de la Vᵉ République du 4 octobre 1958.

Mes ressources numériques

Consultez le site *Vie publique* pour comprendre le rôle du Président.
liennathan.fr/rp52d3

Chercher un exemple de voyage du président de Gaulle à l'étranger

1 Le président de la Ve République représente la France à l'étranger. Cherchez l'image d'une visite à l'étranger de Charles de Gaulle et expliquez les intentions de ce voyage. Par exemple : la visite officielle de De Gaulle au Cambodge en 1966.

a. Où et quand la photographie que vous avez choisie a-t-elle été prise ?

....

b. Qu'est-ce qui montre le caractère officiel de ce voyage ?

....

....

....

c. Quelles sont les intentions de De Gaulle lorsqu'il entreprend ce voyage ?

....

....

Collez ici
votre photographie.

S'interroger sur un document

Cette caricature de Moisan est parue dans le journal satirique* Le Canard enchaîné*, le 1er décembre 1965.

1 Décrivez cette caricature.

....

....

....

....

....

....

2 À qui le général de Gaulle, président de la République, est-il comparé ? Pourquoi ?

....

....

....

....

Faire une synthèse orale

Au terme de votre travail, faites une courte présentation orale des pouvoirs du président sous la Ve République.

Regards croisés

Histoire
Français

Mai 1968, une crise aux multiples visages

Quel est le modèle de société porté par Mai 68 ? Vous répondrez à cette question dans un paragraphe d'une quinzaine de lignes à l'aide des documents et de la rubrique Croiser les regards de cette double page.

Le contexte

Les événements de Mai 68 constituent un vaste mouvement de contestations qui secoue la France en mai-juin 1968, provoquant la plus importante crise politique et sociale de la Ve République. Mai 68 est une crise étudiante, sociale et politique qui provoque des manifestations d'étudiants et entraîne la paralysie de toute la France et la remise en cause du pouvoir du général de Gaulle. Ce mouvement révèle la fracture entre la société et le pouvoir politique et montre les aspirations d'une société en mutation.

LE REGARD DE DEUX HISTORIENS

1 Françoise Berger et Gilles Ferragu, *Le XXe siècle*, 2016

Malgré cet échec des forces de gauche, le mouvement de Mai 1968 est devenu un mythe dans les mémoires et les répercussions de Mai 1968 sur la société française ont été nombreuses et marquantes. Tout d'abord, le modèle hiérarchique et autoritaire qui dominait l'État et les institutions sociales (partis, syndicats, églises, familles) est totalement remis en cause. Il a fallu attendre le milieu des années 1970 pour que ces changements s'inscrivent dans la loi (par exemple l'abaissement de la majorité à 18 ans). Ce fut aussi la volonté de transformations totales des mœurs et de civilisation : développement du féminisme[1], libération sexuelle, mais aussi recherche de nouvelles formes sociales telles que l'autogestion[2] ou l'écologie. Ce fut enfin une formidable porte ouverte à l'imagination (« L'imagination au pouvoir ») avec la libéralisation des esprits trop longtemps contraints et soudainement ouverts à toutes les expériences, une véritable « révolution culturelle ».

Que reste-t-il aujourd'hui de Mai 1968 ? Si la rébellion et l'expérimentation ont fait long feu, il en est néanmoins resté une transformation profonde et durable de la société française. La révolte anti-autoritaire a agi en profondeur sur la nature du lien familial et social, sur les interdits sexuels et sur le pouvoir masculin dominant, sur les relations dans l'entreprise ou dans l'enseignement. La structure et le comportement de la société française aujourd'hui en montrent l'influence.

1. Courant de pensée et mouvement social promouvant les droits des femmes et l'égalité hommes/femmes dans la société.
2. Gestion des entreprises par les travailleurs.

Mes ressources numériques

Revivez l'événement à travers les images d'archives de l'INA. liennathan.fr/p83zn4

Regardez la vidéo sur l'héritage de Mai 68, Lumni. liennathan.fr/qrr762

Lisez ce qu'ont retenu les témoins de l'événement. liennathan.fr/y353sw

LE REGARD D'UNE ROMANCIÈRE

2 Annie Ernaux, *Les Années*, 2008

Rien de ce qu'on considérait jusqu'ici comme normal n'allait de soi. La famille, l'éducation, la prison, le travail, les vacances, la folie, la publicité, toute la réalité était soumise à examen, y compris la parole de celui qui critiquait, sommé de sonder le tréfonds de son origine, d'où tu parles toi ? La société avait cessé de fonctionner naïvement. Acheter une voiture, noter un devoir, accoucher, tout faisait sens.

Rien de la planète ne devait nous être étranger, les océans, le crime de Bruay-en-Artois[1], nous étions partie prenante de toutes les luttes, le Chili d'Allende et Cuba, le Vietnam, la Tchécoslovaquie[2]. On évaluait les systèmes, on cherchait des modèles. On était dans une lecture politique généralisée du monde. Le mot principal était « libération ».

Il était accordé à chacun, pourvu qu'il représente un groupe, une condition, une injustice, de parler et d'être écouté, intellectuel ou non. Avoir vécu quelque chose en tant que femme, homosexuel, transfuge de classe, détenu, paysan, mineur, donnait le droit de dire je. Il y avait une exaltation à se penser en termes collectifs.

1. Crime symbolique de la lutte des classes car un notaire est accusé du meurtre d'une jeune fille en 1972.
2. Pays marqués par l'accès au pouvoir de la gauche révolutionnaire ou par des tentatives de soulèvement..

LE REGARD DES CONTESTATAIRES

3 Principaux slogans et affiches qui ont habillé les murs de Paris durant Mai 68

Croiser les regards

1. Sur quoi portaient les revendications de Mai 68 d'après ces documents ?

....

2. De quoi avons-nous hérité de Mai 68 ?

....

Vers le CCF

Je m'entraîne à la première partie de l'évaluation

De Gaulle et la Vᵉ République

Document 1 — La présentation par le général de Gaulle de la Constitution de la Vᵉ République

Place de la République à Paris, le 4 septembre 1958, jour anniversaire de la proclamation de la IIIᵉ République (4 septembre 1870).

Document 2 — Une critique du général de Gaulle et de la Vᵉ République

François Mitterrand (président de la République de 1981-1995) est dans les années 1960 l'un des principaux adversaires du général de Gaulle. Deux ans après le référendum permettant l'élection du président de la République au suffrage universel direct, il propose un bilan critique de l'exercice du pouvoir par le général.

Qu'est-ce que la Vᵉ République sinon la possession du pouvoir par un seul homme dont la moindre défaillance est guettée avec une égale attention par ses adversaires et par le clan de ses amis ? Magistrature temporaire ? Monarchie personnelle ? Consulat à vie ? *Pachalik*[1]? Et qui est-il, lui, de Gaulle ? *Duce, Führer, caudillo, conducator*, guide ?[2] À quoi bon poser ces questions ? Les spécialistes du Droit constitutionnel eux-mêmes ont perdu pied et ne se livrent que par habitude au petit jeu des définitions.

J'appelle le régime gaulliste dictature parce que, tout compte fait, c'est à cela qu'il ressemble le plus, parce que c'est vers un renforcement continu du pouvoir personnel qu'inéluctablement il tend, parce qu'il ne dépend plus de lui de changer de cap. Je veux bien que cette dictature s'instaure en dépit de De Gaulle. Je veux bien, par complaisance, appeler ce dictateur d'un nom plus aimable : consul, podestat, roi sans couronne, sans chrême[3] et sans ancêtres.

François Mitterrand, *Le Coup d'État permanent*, éditions Plon, 1964.

1. Division administrative de l'ancien Empire ottoman soumise au gouvernement d'un pacha.
2. *Duce*, chef ou guide en italien, est le titre du dictateur italien Mussolini de 1922 à 1943 ; *Führer*, guide en allemand, fait référence au dictateur nazi Adolf Hitler qui dirige l'Allemagne de 1933 à 1945 ; *caudillo*, général en espagnol, est le titre porté par le général Franco, dictateur de l'Espagne de 1936 à 1975.
3. Huile sacrée utilisée lors des sacres des rois de France.

Étape 1 Préparer l'oral

1. Présentez les deux documents.
2. Que montre le document 1 ? Quelles impressions s'en dégagent ?
3. Pour quelle raison, selon vous, le général de Gaulle a-t-il choisi ce jour et ce lieu pour présenter la Constitution ?
4. À qui François Mitterrand compare-t-il le général de Gaulle ? Quels termes emploie-t-il pour qualifier le régime de la Vᵉ République ?
5. Montrez que ces deux documents offrent une image opposée du général de Gaulle et de la Vᵉ République.

Aide

1. Repérez la nature, la source, la date et le contexte du document.
2. Identifiez le lieu et les symboles républicains. Cherchez ce que la photographie met en valeur.

Étape 2 S'entraîner à l'oral

1. Préparez à l'écrit le texte de votre présentation à partir de l'étape 1 de votre travail.
2. Enregistrez-vous sur votre smartphone.
3. Recommencez autant de fois que nécessaire jusqu'à ce que vous soyez satisfait(e) du résultat.

Mes ressources numériques

Entraînez-vous sur un sujet portant sur l'antisémitisme du régime de Vichy.
liennathan.fr/ara372

CONSEIL

Prenez bien en compte les critères sur lesquels portera l'évaluation de votre oral.

Critères d'évaluation	
J'ai bien replacé les documents, les événements et les acteurs dans leur contexte.	
J'ai bien formulé le sens global des documents.	
J'ai fait preuve d'esprit critique.	
J'ai bien utilisé le vocabulaire de l'histoire.	
Mon discours est argumenté et personnel.	
Je me suis exprimé(e) de manière claire et correcte.	

Il est important pendant votre entretien avec le jury de participer activement à un échange.

BILAN

DE L'EFFONDREMENT À LA REDÉFINITION DU MODÈLE DÉMOCRATIQUE FRANÇAIS (1940 - 1960)

Complétez cette carte mentale avec ce que vous avez appris sur la période allant de 1940 aux années 1960.

1940 Effondrement de la République

Un nouveau régime : le régime de Vichy ou l'État français (1940-1944).

- **De nouvelles valeurs :** ……………………………………
- **La politique face à l'Allemagne :** ……………………………………

Un combat qui continue avec la Résistance.

- **Un exemple d'engagement pour la défense des idéaux républicains :** ……………………………………

1944-46 La Libération et la refondation de la République

Un nouveau pacte social avec le GPRF.

- **Les mesures politiques :** ……………………………………
- **Les mesures économiques et sociales inspirées du programme du CNR :** ……………………………………

1958-1969 La Ve République et de Gaulle au pouvoir

- **Une nouvelle République qui assure la primauté du président de la République :** ……………………………………
- **Les principales caractéristiques du régime :** ……………………………………
- **Un pouvoir contesté :** ……………………………………

Faites le point sur vos connaissances et vos compétences en complétant cette carte mentale.

Je m'évalue

Dans ce chapitre

- J'ai appris à ....
- Je sais mieux ....
- J'ai encore des difficultés à ....
- Pour progresser, je peux ....

Pour aller plus loin...

Un roman

Joseph Joffo,
***Un sac de billes*,**
1973

Ce roman, inspiré d'une histoire vraie, permet de se plonger dans la France de l'Occupation. Il relate l'histoire de deux frères juifs, Joseph et Maurice, qui fuient Paris, occupée par les Allemands, et tentent de rejoindre la zone Sud non-occupée.

Un film

Rose Bosch,
***La Rafle*,**
2010

Ce film relate la rafle du Vél' d'Hiv' de juillet 1942 sous forme fictionnelle en s'appuyant sur des témoignages de rescapés.

Un documentaire

Gabriel Le Bomin,
***Collaborations*,**
2014

Ce documentaire dresse un panorama des différentes formes de collaborations entre le régime de Vichy et l'Allemagne nazie durant la Seconde Guerre mondiale.

Une bande dessinée

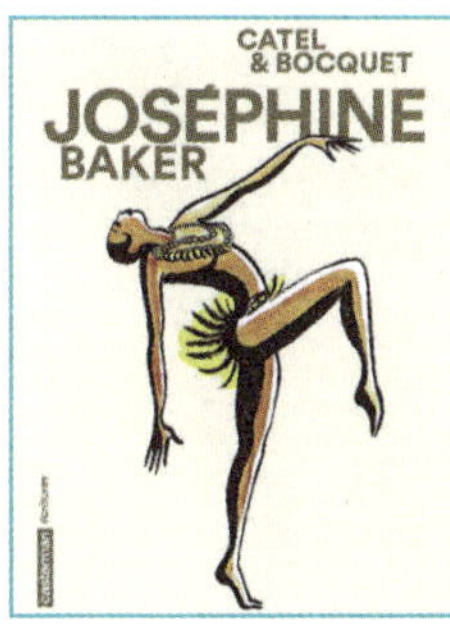

Catel et Bocquet,
***Joséphine Baker*,**
2021

Cette bande dessinée sur la vie de Joséphine Baker met en avant son engagement pendant la Seconde Guerre mondiale.

Chapitre 3

La France, un acteur de la construction

Dès le lendemain de la Seconde Guerre mondiale, la France est avec l'Allemagne l'un des moteurs de la construction européenne, qui doit apporter la paix et la prospérité à un continent ravagé par la guerre.

Document 1 — La construction européenne : un levier pour la croissance

Affiche distribuée dans les écoles françaises en 1957.

1 D'après cette affiche, quels sont les atouts de la Communauté européenne ?

majeur européenne (1950-2002)

Document 2 **Une réussite pour la paix en Europe**

Helmut Kohl, chancelier de la République fédérale d'Allemagne, et François Mitterrand, président de la République française de 1981 à 1995, se tiennent devant le cercueil du soldat inconnu à Verdun en 1984.

2 D'après vous, pourquoi cette scène qui se déroule à Verdun est-elle symbolique de la construction d'une Europe pacifiée ?

....

....

En quoi suis-je concerné(e) ?

3 Outre la France et l'Allemagne, quels autres pays ont activement participé à la construction européenne ?

....

....

....

COURS

1. Pourquoi et comment la construction européenne débute-t-elle en 1950 ?

C'est à l'initiative de deux Français, Robert Schuman et Jean Monnet, que le traité de Paris fonde en 1951 la première institution européenne de l'histoire : la Communauté européenne du charbon et de l'acier (CECA).

Activité — Connaître deux acteurs majeurs : Robert Schuman et Jean Monnet

Collez ici votre photographie.

1. Recherchez une photographie représentant Robert Schuman et Jean Monnet lors de la création de la CECA et collez-la dans le cadre ci-contre.

2. Rédigez une courte biographie pour chacun de ces deux personnages.

Robert Schuman (1886-1963) : ....

....

....

Jean Monnet (1888-1979) : ....

....

....

3. Pourquoi Robert Schuman et Jean Monnet sont-ils considérés comme les « pères de l'Europe » ?

....

....

Document 1 — Discours de Robert Schuman, ministre des Affaires étrangères de la France, 9 mai 1950

« La paix mondiale ne saurait être sauvegardée sans des efforts créateurs à la mesure des dangers qui la menacent. [...] L'Europe n'a pas été faite, nous avons eu la guerre. L'Europe ne se fera pas d'un coup, ni dans une construction d'ensemble : elle se fera par des réalisations concrètes créant d'abord une solidarité de fait. [...] Le gouvernement français propose de placer l'ensemble de la production franco-allemande de charbon et d'acier sous une Haute Autorité commune, dans une organisation ouverte à la participation des autres pays d'Europe. [...] La solidarité de production qui sera ainsi nouée manifestera que toute guerre entre la France et l'Allemagne devient non seulement impensable, mais matériellement impossible.

L'établissement de cette unité puissante de production ouverte à tous les pays qui voudront y participer [...] jettera les fondements réels de leur unification économique. [...] Cette proposition réalisera les premières assises concrètes d'une Fédération européenne indispensable à la préservation de la paix. »

1. Pourquoi, selon Robert Schuman, apparaît-il nécessaire de créer la CECA ? Soulignez dans le texte les informations qui le montrent.

2. En quoi la CECA consiste-t-elle ?

....

....

....

....

Document 2 La mise en place de la CECA

Dans six pays d'Europe, Allemagne, Belgique, France, Italie, Luxembourg et Pays-Bas [...], un grand dessein politique a pris corps, celui d'accomplir l'unité européenne par des voies pacifiques. La communauté européenne du charbon et de l'acier est la première réalisation concrète dans cette marche vers les États-Unis d'Europe. [...]

Pour la première fois dans l'histoire de l'Europe plusieurs peuples autrefois divisés ont accepté de se soumettre à des règles communes. Un grand espoir venait de naître. [...].

Jean Monnet, premier président de l'autorité déclare : « Nous ne sommes qu'au début de l'effort que l'Europe doit faire pour connaître enfin l'unité, la prospérité et la paix ».

D'après la transcription d'un film produit par la CECA, 1950.

1 Qui sont les six premiers pays signataires du traité ?

....

....

2 Qui est le premier président de la haute autorité ?

....

2 Pourquoi la création de la CECA constitue-t-elle « un grand espoir » ?

....

....

....

Document 3 Le train de la CECA

Le 2 mai 1956, un train chargé de charbon traverse la frontière franco-luxembourgeoise pour marquer l'ouverture du marché commun européen du charbon et du minerai de fer.

1 Quel sentiment semble habiter les deux hommes ? Quels drapeaux figurent sur ce train ?

....

....

....

2 Pourquoi un train est-il représentatif de la CECA ?

....

....

....

Je retiens

Le 9 Mai 1950, **Robert Schuman** prononce un discours proposant la mise en commun de la production de charbon et d'acier des États européens afin d'éviter tout nouveau conflit. En 1951, **six pays** (France, Allemagne, Pays-Bas, Belgique, Luxembourg et Italie) signent le **traité de Paris** qui institue la Communauté européenne du charbon et de l'acier (CECA). En confiant une partie de leur **souveraineté** à une autorité indépendante, les États signataires de ce traité participent à la première étape de l'**intégration européenne**.

Définitions

Souveraineté : terme qui désigne le plus haut degré du pouvoir. La souveraineté nationale est celle dont disposent les représentants élus d'un État ; la souveraineté supranationale désigne une souveraineté qui se situe au-dessus des États.

Intégration européenne : transfert d'une partie de la souveraineté nationale vers une souveraineté supranationale, permettant le rapprochement entre plusieurs pays.

COURS

2. Pourquoi la CEE est-elle créée en 1957 ?

En mars 1957, le traité de Rome met en place la Communauté économique européenne (CEE) et favorise la mise en place d'un marché commun. Il s'agit d'une étape essentielle dans le processus d'intégration économique européenne.

Document 1 Le traité de Rome, 1957

Art. 1er - Par le présent traité, les Hautes Parties Contractantes[1] instituent entre elles une Communauté économique européenne.

Art. 2 - La Communauté a pour mission, par l'établissement d'un **marché commun** [...], de promouvoir un développement harmonieux des activités économiques dans l'ensemble de la Communauté, [...] un relèvement accéléré du niveau de vie, et des relations plus étroites entre les États qu'elle réunit.

Art. 3 - Pour parvenir aux objectifs énoncés à l'article précédent, l'action de la Communauté comporte, dans les conditions et selon les rythmes prévus par le présent traité : a) l'élimination, entre les États membres, des droits de **douane** [...] c) l'abolition, entre les États membres, des obstacles à la libre circulation des personnes, des services et des capitaux.

1. Il s'agit des pays signataires : la France, l'Italie, l'Allemagne, la Belgique, le Luxembourg et les Pays-Bas.

Oral

1. Présentez le document.

Aide

Pour présenter un document, vous devez préciser sa nature (de quel type de texte s'agit-il ?), son auteur, ses destinataires, sa date et son contexte.

2. Pourquoi créer un marché commun ? Aidez-vous de l'article 2.

....

....

....

3. Comment les États agissent-ils pour favoriser la libre circulation ? Formulez votre réponse à l'aide de l'article 3.

....

....

....

....

Document 2 Le regard d'un journaliste français

L'Assemblée nationale a mis à son ordre du jour l'idée d'un marché commun européen. La question se pose ainsi : aujourd'hui, l'Europe n'est plus à l'échelle du monde. Et si les murailles de ses marchés nationaux viennent à tomber, elle devient un grand marché de 160 millions de clients. Mais aujourd'hui l'Europe vit encore comme voici 300 ans vivait la France des mousquetaires. À cette époque, le commerce entre Dijon et Reims était aussi coupé de barrières, de douanes [...] autant qu'il l'est aujourd'hui entre Lille et Amsterdam. À notre époque où les avions suppriment les distances, où les trains abrègent le temps, on retrouve à chaque frontière le douanier qui contrôle, fouille et soupçonne, s'oppose à la libre circulation des produits.

Aux États-Unis, le commerce est libre et la vie plus facile. Ainsi, les entreprises américaines peuvent vendre une grande masse de produits industriels ou agricoles à leurs 168 millions d'habitants alors qu'en Europe, ces mêmes produits n'atteignent que le quart de la même clientèle et sont en plus frappés de droits de douane.

D'après *les Actualités françaises* du 23 janvier 1957 (*les Actualités françaises* étaient un journal diffusé dans les salles de cinéma).

1. Comment la création du marché commun permet-elle aux pays européens de développer leur économie ?

....

....

....

....

....

....

2. Pourquoi le journaliste opère-t-il une comparaison entre l'Europe et les États-Unis ?

....

....

....

....

....

....

Document 3

Le marché commun, une étape importante dans l'intégration européenne

Affiche française en faveur de la création du marché commun, dessin de Viou, 1957.

1 Décrivez cette affiche.

2 Quelle idée le dessinateur met-il en avant ?

Je retiens

Avec la signature du **traité de Rome** en 1957, les six pays membres de la CECA font un pas supplémentaire vers l'intégration européenne en créant la **Communauté économique européenne** (CEE). Ils décident d'**abolir les droits de douane** à leurs frontières communes afin de créer un **marché commun**. L'objectif est de créer un marché de plus de 160 millions de consommateurs pour essayer de rivaliser avec les États-Unis et l'URSS dont l'économie domine le monde à l'heure de la guerre froide.

Définitions

Douane : administration chargée de percevoir les taxes imposées sur les marchandises, à la sortie ou à l'entrée d'un pays ou d'un groupe de pays.

Intégration européenne : transfert d'une partie de la souveraineté nationale vers une souveraineté supranationale permettant le rapprochement entre plusieurs pays.

Marché commun : espace de libre circulation des capitaux, des biens et des personnes.

Regards croisés

Histoire
Français

La réconciliation franco-allemande et la construction européenne

Pourquoi la réconciliation entre la France et l'Allemagne est-elle une étape indispensable dans la construction européenne ? Vous répondrez à cette question dans un paragraphe d'une quinzaine de lignes à l'aide des documents et de la rubrique Croiser les regards de cette double page.

Le contexte

Charles de Gaulle, figure majeure de la Résistance durant la Seconde Guerre mondiale et président de la République de 1958 à 1969, entreprend un rapprochement historique avec l'Allemagne de Konrad Adenauer, chancelier de la RFA de 1949 à 1963. Le traité de l'Élysée en 1963 consacre la réconciliation entre les deux États. Le couple franco-allemand devient le moteur de la construction européenne.

Mes ressources numériques

Regardez la vidéo sur l'amitié franco-allemande sur le site 1 jour, 1 actu.
liennathan.fr/4p86vm

Lisez l'article sur le traité de l'Élysée sur le site Toute l'Europe.
liennathan.fr/m582qz

Regardez la vidéo sur les coulisses diplomatiques du traité de l'Élysée.
liennathan.fr/2fn6r6

LE REGARD D'UN ACTEUR MAJEUR

1 Charles de Gaulle, *Mémoires d'espoir*, 1970

Me voici en tête à tête avec Konrad Adenauer. […] « Je viens à vous », me dit-il, « parce que je vous considère comme quelqu'un qui est en mesure d'orienter le cours des événements. […] Nos deux peuples se trouvent, l'un par rapport à l'autre, […] dans une situation qui leur permet de placer leurs relations sur des bases entièrement nouvelles, celles d'une cordiale coopération. […] Il s'agit maintenant de savoir si quelque chose de durable va être réalisé. Suivant ce que, personnellement, vous voudrez et ferez, la France et l'Allemagne pourront, ou bien vraiment s'entendre pour un long avenir, à l'immense bénéfice de toutes deux et de l'Europe, ou bien rester mutuellement éloignées et, par-là, vouées à s'opposer encore pour leur malheur. […] Quelle direction comptez-vous donner à la politique de la France ? »

Je réponds au Chancelier que si nous sommes tous deux ensemble dans ma maison c'est parce que je crois le moment venu pour mon pays de faire, vis-à-vis du sien, l'essai d'une politique nouvelle. La France, après les terribles épreuves déchaînées contre elle, en 1870, en 1914, en 1939, par l'ambition germanique, voit en effet l'Allemagne vaincue, démantelée et réduite à une pénible condition internationale […]. Sans doute le peuple français ne peut-il perdre le souvenir de ce qu'il a souffert jadis du fait de son voisin d'outre-Rhin et négliger les précautions qui s'imposent pour l'avenir […]. Mais, étant donné […] l'intérêt primordial que présenterait l'union de l'Europe, union qui exige avant tout la coopération de Paris et de Bonn, j'estime qu'il faut tenter de renverser le cours de l'Histoire, de réconcilier nos deux peuples et d'associer leurs efforts et leurs capacités.

LE REGARD D'UN HISTORIEN

2 Dominique Barjot, *Penser et construire l'Europe (1919-1992)*, 2007

Le rapprochement entre la France et l'Allemagne [...] est une des métamorphoses les plus spectaculaires de l'après-guerre. Pourtant, cette métamorphose n'est pas soudaine. Au lendemain de la guerre, malgré la défaite allemande, [...] la France cherche à obtenir des Alliés le démembrement de l'Allemagne [...]. Mais elle comprend vite que seule l'unité de l'Europe peut éviter la renaissance de l'antagonisme entre les deux nations.

Le rapprochement franco-allemand est amorcé par le processus de construction européenne [...]. Après son retour au pouvoir, le général de Gaulle reçoit, le 14 septembre 1958, le chancelier Adenauer à Colombey-les-Deux-Églises. [...] Quatorze autres rencontres suivront [...]. Les deux hommes sont liés par une vraie amitié affirmée. Mais [...] les sentiments montrés ne correspondent pas nécessairement aux conflits, aux tensions, aux irritations présents dans les rapports réels.

[...] Toutefois, l'idée se développe que le rapprochement entre Bonn et Paris doit se traduire dans un texte. C'est à la demande du chancelier que la déclaration initialement prévue devient un traité, solennellement signé au palais de l'Élysée le 23 janvier 1963. Il s'agit d'un traité d'amitié ; aucun conflit bilatéral n'est réglé dans le texte [...], il se réduit à une simple déclaration d'intentions.

LE REGARD DE LA SOCIÉTÉ

3 Timbre célébrant le vingt-cinquième anniversaire du traité de l'Élysée

Croiser les regards

1 Pourquoi l'Allemagne et la France devaient-elles se réconcilier ?

....

2 Qui furent les acteurs majeurs de la réconciliation et comment ont-ils motivé ce rapprochement ?

....

LES OUTILS DE L'HISTORIEN

Capacité

- Identifier et nommer les périodes historiques, les continuités et les ruptures chronologiques

Votre objectif

Vous allez construire une frise chronologique, montrant les principales étapes de la construction européenne et du **processus d'élargissement**. Vous réaliserez votre frise à partir de cette carte.

Document **Une Europe élargie**

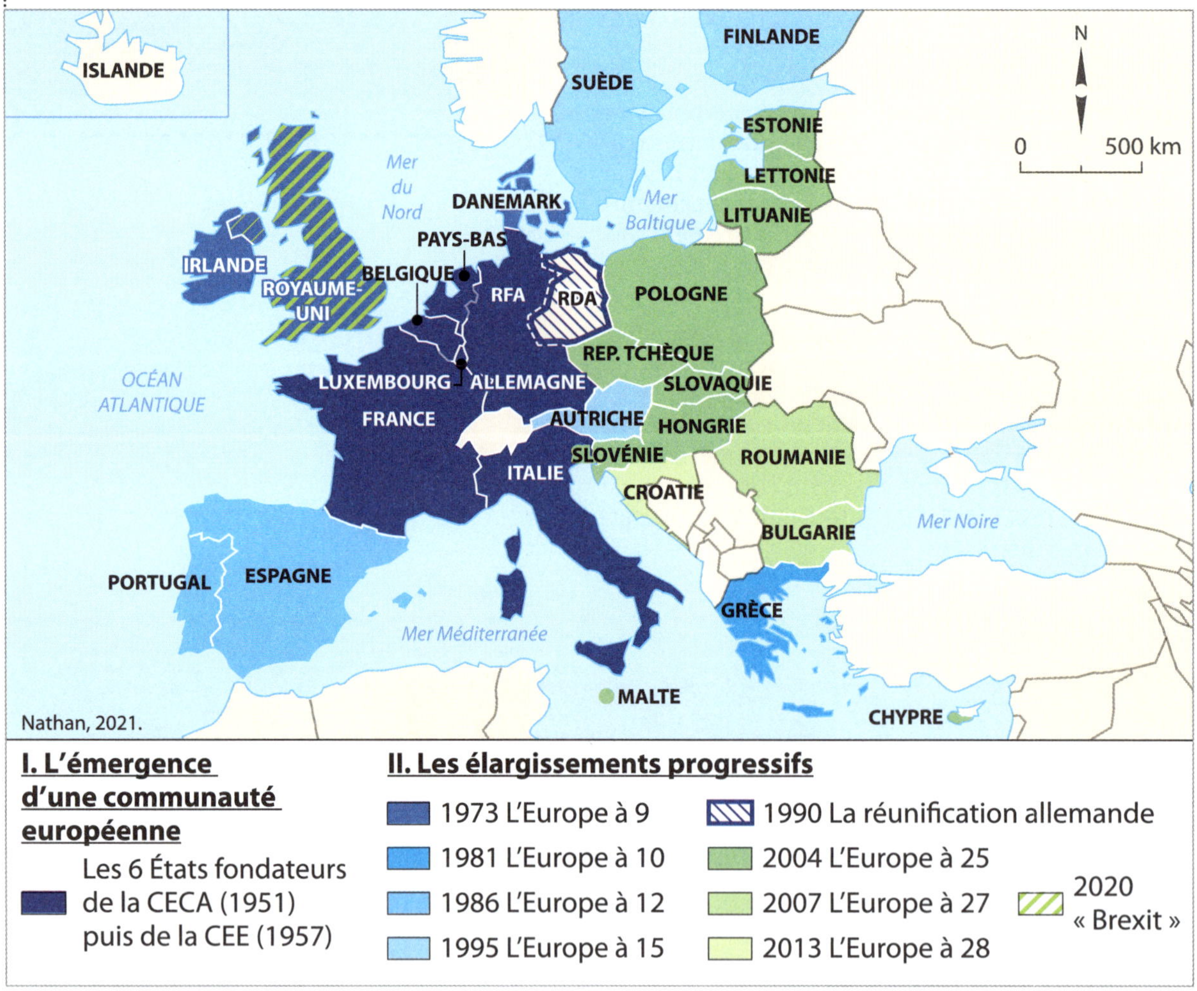

Chronologie des principaux traités européens

- **1957** – Traité de Rome créant la CEE
- **1992** – Traité de Maastricht créant l'UE

Définition

Élargissement : ouverture de l'Union européenne à de nouveaux membres.

DÉMARCHE

1. Complétez le tableau pour repérer les dates importantes du processus d'élargissement. Pour cela, appuyez-vous sur les informations de la carte.
2. Complétez la frise chronologique sur les étapes de la construction européenne à l'aide de la carte et de votre tableau.

Année d'adhésion	Nom des pays
1951-1957	France, Allemagne, Belgique, Pays-Bas, Italie, Luxembourg
1973	....
1981	....
1986	....
1995	Autriche, Finlande, Suède
2004	....
2007	....
2013	....

1957
- Naissance de la CEE

Europe des 6

1973

Europe des ....

1981

Europe des ....

1986

Europe des ....

- 1990 : .... de l'Allemagne.
- 1992 : La CEE devient ....

1995

Europe des ....

2004

Europe des ....

2007

Europe des ....

2013

- 2020 : ....

COURS

3. Que change la création de l'Union européenne en 1992 ?

Le traité de Maastricht, signé en février 1992 et entré en vigueur en novembre 1993, donne naissance à l'Union européenne (UE), qui remplace la CEE et marque une nouvelle étape dans l'intégration européenne.

Document 1 L'UE, un projet ambitieux

En 1992, en France, le traité de Maastricht est soumis à un référendum : les Français doivent voter pour ou contre le projet. Le président de la République François Mitterrand s'adresse aux Français à la télévision.

L'Union européenne représente, à mes yeux, un immense projet politique, l'un des plus ambitieux que nous ayons connus. Elle réunit de grandes, de vieilles nations qui se sont longtemps combattues jusqu'au jour où elles ont compris qu'elles sacrifiaient en vain leurs enfants, et donc leur espoir. Elle rend toute guerre impossible entre ceux qui la constituent. [...]

Une Europe unie, comme vous le propose le traité que je vous demande d'adopter, sera seule en mesure, avec une monnaie, une banque centrale et un marché unique, de faire front devant la force économique que représentent des pays extérieurs à notre continent, comme les États-Unis d'Amérique et le Japon. De plus, se développera avec le temps, dans tous les peuples de la Communauté, le sentiment d'être citoyens de l'Europe comme ils sont déjà citoyens de leur propre patrie.

Discours de François Mitterrand, président de la République (1981-1995), 1er juillet 1992.

1 Relevez et classez en trois catégories les arguments en faveur du « oui » :

- Un argument politique : ......
- Un argument économique : ......
- Un argument moral et social : encourager « le sentiment d'être citoyens de l'Europe »

Document 2 La création d'une citoyenneté européenne

Art. 8-1 - Il est institué une citoyenneté de l'Union. Est citoyen de l'Union toute personne ayant la nationalité d'un État membre.

Art. 8A-1 - Tout citoyen a le droit de circuler et de séjourner librement sur le territoire des États membres [...].

Art. 8B-1 - Tout citoyen de l'Union résidant dans un État membre dont il n'est pas ressortissant a le droit de vote et d'éligibilité aux élections municipales dans l'État membre où il réside.

Art. 8B-2 - [...] Tout citoyen de l'Union résidant dans un État membre dont il n'est pas ressortissant a le droit de vote et d'éligibilité aux élections au Parlement européen dans l'État membre où il réside.

Traité de Maastricht, 7 février 1992.

1 Quelles possibilités la citoyenneté européenne offre-t-elle d'après ces articles ?

......

Oral

2 Rendez-vous sur le site Vie-publique.fr et lisez les rubriques « Qui est citoyen européen ? » et « Quels sont les droits et les devoirs du citoyen européen ? ». Prenez des notes puis préparez une courte présentation pour expliquer ce que permet la citoyenneté européenne à ceux qui en bénéficient.

Consultez le site Vie publique.
liennathan.fr/m3z95b

Activité — Dégager l'intérêt et les limites d'un document : une monnaie européenne, l'euro

Prévu par le traité de Masstricht, l'euro est entré en vigueur le 1er janvier 2002 dans douze pays de l'Union européenne.

L'aigle représente les États-Unis et la puissance du dollar.

Le Monde

www.lemonde.fr

58e ANNÉE – N° 17708 – 1,20 EURO - 7,90 F FRANCE MÉTROPOLITAINE – MARDI 1er JANVIER 2002 – FONDATEUR : HUBERT BEUVE-MÉRY – DI

3 4 millions d'€uropéens

● Le 31 décembre 2001 à minuit, l'euro entre dans la vie quotidienne des habitants de douze pays de l'Union européenne ● Notre dossier sur ce moment historique : l'abandon volontaire des monnaies nationales par choix politique ● L'adieu au franc ● Les points de vue de MM. Trichet et Fabius ● Euro contre dollar et yen : la nouvelle géographie monétaire mondiale

SOMMAIRE

LUNDI 31 DÉCEMBRE, à minuit, l'euro entre dans la vie quotidienne des citoyens de douze pays européens avec la mise en circulation des pièces et des billets. Dix ans après le traité de Maastricht, le 10 décembre 1991, qui fixait le calendrier de l'Union monétaire, 304 millions de personnes partageront désormais la même monnaie : les habitants de l'Allemagne, de l'Autriche, de la Belgique, de l'Espagne, de la Finlande, de la France, de la Grèce, de l'Irlande, de l'Italie, du Luxembourg, des Pays-Bas et du Portugal. L'euro n'est donc pas vraiment une « monnaie unique » puisque, pour l'heure, le Royaume-Uni, le Danemark et la Suède ne l'ont pas adopté. Tout en dressant le bilan de l'année 2001, *Le Monde* a décidé de consacrer ce numéro spécial de fin d'année à cet événement historique, moment symbolique de la construction européenne. Au-delà de ses conséquences pratiques, cet aboutissement de l'unification monétaire, qui voit des nations renoncer volontairement à leurs monnaies, va forcément relancer le débat sur l'union politique de l'Europe.

● **Euro, mode d'emploi** : Selon des modalités différentes, des périodes intermédiaires où l'euro cohabitera avec les monnaies nationales sont instituées. Elles n'iront pas au-delà du 28 février, date butoir de la mise hors de circulation des pièces et des billets en monnaie nationale. La France a retenu le 17 février, à minuit, pour la fin du cours légal du franc. Au-delà de cette date aucun paiement ne pourra plus s'effectuer en franc. Bien qu'il ne soit plus possible, à compter du 1er janvier, de rédiger des chèques en francs, il y aura donc encore, pendant plusieurs semaines, une double circulation. Comment utiliser chèques et cartes bancaires, changer ses devises, détecter les faux euros, payer hors de la zone euro, etc. : toutes les précisions utiles sur la période intermédiaire. Et les rappels des grandes dates d'une saga commencée en décembre 1969, à La Haye. Le gouvernement et la Banque de France ont écarté les craintes de pénurie en nouvelle devise : ils estiment supérieure aux besoins réels la masse des pièces et des billets livrés aux établissements de crédit et aux commerçants. p. 2 et 3

● **Une nouvelle géographie monétaire** : L'euro va désormais rivaliser avec le dollar et le yen. La monnaie européenne ne rassemble qu'environ 5 % de la population mondiale, mais elle représente autour de 16 % du PIB mondial total. L'unification monétaire accroît la résistance des économies de la zone aux chocs extérieurs. L'euro vu par nos correspondants à l'étranger de Moscou à Alger, en passant par l'Amérique et l'Asie. A New York et à Tokyo, on doute encore des performances futures de la devise européenne. Aux Etats-Unis, l'euro n'est pas perçu comme une menace pour la suprématie du dollar. L'idée de la monnaie unique progresse au Royaume-Uni. Fidèle à son franc, la Suisse fait cavalier seul au cœur de l'Europe. p. 4 et 5

● **L'euro vu de France** : Un entretien avec Jean-Claude Trichet : « A certains moments, nous nous sommes sentis bien seuls ». Le gouverneur de la Banque de France retrace les dix ans qui ont créé l'euro. « Ingénieur de la construction de l'Europe », Jacques Delors ne cache pas son amertume. Le récit de la longue marche des dirigeants politiques français, entre doutes et volte-face. p. 6

● **Il était une fois le franc** : En texte et en images, les riches heures d'une monnaie bientôt disparue, de la guerre de Cent Ans à l'ère gaullienne. p. 7

● **« Une monnaie pour l'avenir »** : Le point de vue de Laurent Fabius, ministre de l'économie. p. 8

▶ www.lemonde.fr/euro

F. DE BAIA/AFP

Une du journal *Le Monde*, 1er janvier 2002.

1 Entourez les éléments de cette Une qui montrent que l'euro est bien une monnaie européenne.

2 Avec quelle monnaie l'euro se trouve-il en concurrence sur le plan international ?

....

....

Collez ici votre Une.

Oral

3 Cherchez sur Internet des Unes de presse qui rendent compte du passage à l'euro.

a. Pourquoi avez-vous retenu ce document ? Débattez avec vos camarades.

b. Ces deux Une présentent-elles la même vision de l'euro ? Que pouvez-vous en déduire ?

Je retiens

Le traité de Maastricht (ville des Pays-Bas) signé en 1992 par douze pays donne naissance à l'Union européenne. Il réaffirme l'importance de la libre circulation, crée une citoyenneté européenne, pose les bases d'une monnaie unique, l'euro. C'est une étape importante dans l'**intégration européenne** car les pays membres délèguent une partie de leur souveraineté aux institutions européennes.

Définition

Intégration européenne : transfert d'une partie de la souveraineté nationale vers une souveraineté supranationale permettant le rapprochement entre plusieurs pays.

Euro : monnaie commune à la plupart des pays de l'UE.

LES OUTILS DE L'HISTORIEN

Capacité

- Connaître les principales notions, les acteurs majeurs et les repères

Votre objectif

Vous allez identifier et comprendre les principaux repères définissant l'espace Schengen.

Carte 1 **L'espace Schengen**

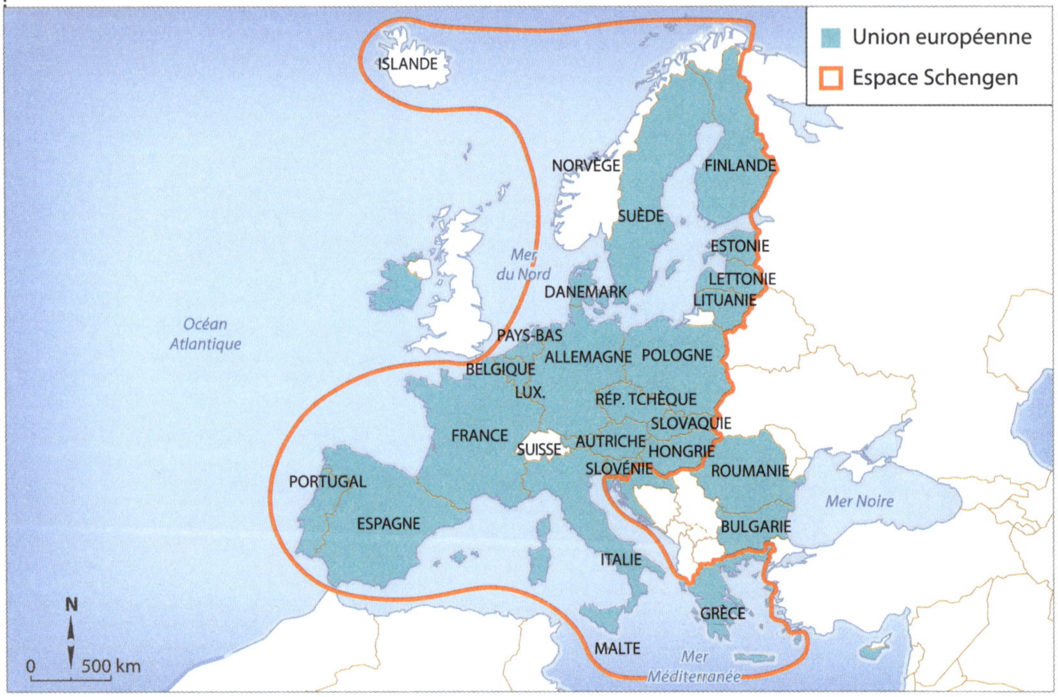

DÉMARCHE

Pour mener à bien cette capacité, suivez la démarche proposée.

1 Qu'est-ce que l'espace Schengen ?

....

....

2 Repérez sur la carte :

a. les trois pays membres de l'espace Schengen qui ne font pas partie de l'Union européenne.

....

....

b. les quatre pays membres de l'Union européenne qui ne font pas partie de l'espace Schengen.

....

....

LE SAVIEZ-VOUS ?

La libre circulation des personnes est un principe fondamental de l'Union européenne. Afin de la faciliter, certains États membres fondateurs de l'UE ont aussi décidé en 1985 de créer entre eux un territoire sans frontières intérieures : l'espace Schengen.

Les contrôles d'identité systématiques aux frontières intérieures de l'espace Schengen sont donc abolis, parallèlement à la mise en œuvre d'une protection renforcée aux frontières extérieures de cette zone.

Capacité

- Connaître les principales notions, les acteurs majeurs et les repères

Votre objectif

Vous allez identifier les pays appartenant à la zone euro.

Carte 2 La « zone euro »

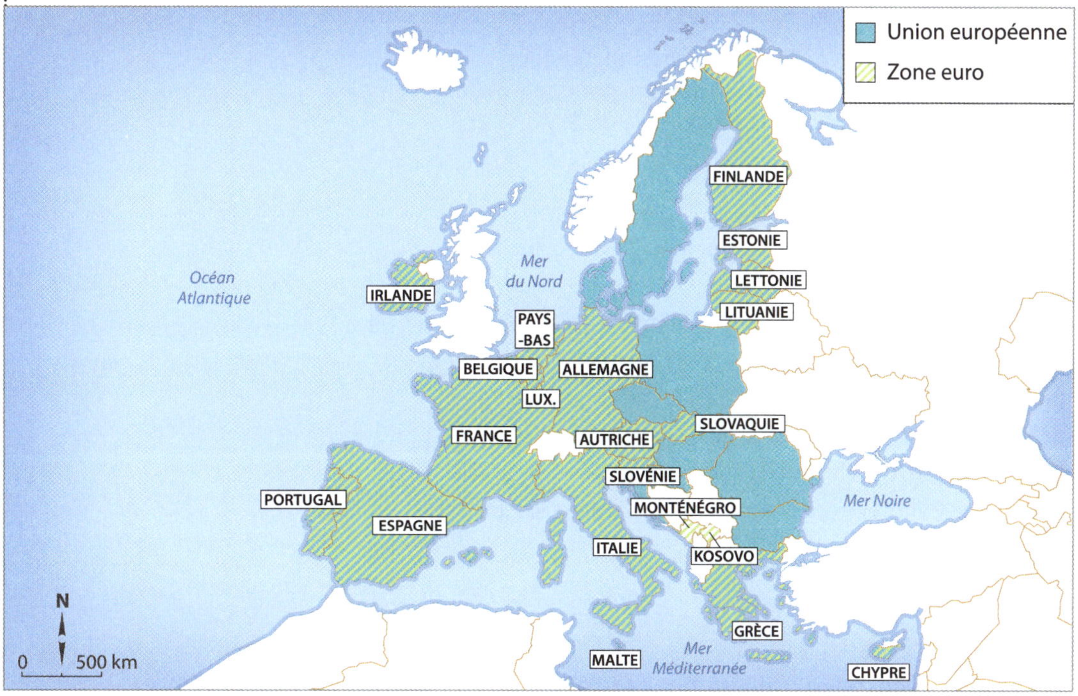

DÉMARCHE

Pour mener à bien cette capacité, suivez la démarche proposée.

1 Citez trois pays de l'Union européenne utilisant l'euro.

....

....

2 Citez trois pays de l'Union européenne n'utilisant pas l'euro.

....

....

3 Citez deux pays hors l'Union européenne utilisant l'euro.

....

....

Oral

4 À l'aide des cartes 1 et 2, expliquez pourquoi on peut dire que l'Union européenne est une construction « à géométrie variable ».

LE SAVIEZ-VOUS ?

La zone euro désigne l'ensemble des États membres de l'Union européenne qui ont adopté l'euro comme monnaie. 340 millions de personnes utilisent tous les jours l'euros.

COURS

4. Pourquoi peut-on dire que la démocratie est au cœur de la construction européenne ?

Les pays fondateurs de l'Europe ont porté l'espoir de voir le continent européen devenir un espace de paix et de prospérité, également un espace faisant triompher la démocratie. En 1979, a lieu une avancée majeure avec les premières élections du Parlement européen au suffrage universel.

Activité 1 — Connaître une grande figure de la construction européenne, Simone Veil

1. Trouvez sur Internet un portrait de Simone Veil et collez-le.

2. Recherchez ensuite des informations pour compléter la biographie de Simone Veil.

Simone Veil (1927 - ....)

est une femme politique française. D'origine juive, elle est déportée à Auschwitz durant la ....
Magistrate, elle entre en politique après la guerre. Ministre de la Santé, elle défend en .... la loi qui porte son nom et qui autorise l'IVG en France.
En ...., elle devient la première présidente du Parlement européen.
Elle n'a cessé de défendre le rapprochement avec l'Allemagne, la paix et la démocratie en Europe. Elle est élue à l'Académie française en 2008.
En ...., elle entre au Panthéon, ce lieu où sont inhumées les grandes figures de la République.

Collez ici le portrait.

Document 1 — L'Union européenne, un projet ambitieux

Extraits du discours de Simone Veil du 18 juillet 1979 prononcé en tant que première présidente du Parlement européen.

[L'avancée] historique que représente l'élection du Parlement européen au suffrage universel, chacun de nous, quelle que soit son appartenance politique, a conscience qu'elle se produit précisément à un moment crucial[1] pour les peuples de la Communauté. Tous les États de celle-ci sont en effet, aujourd'hui, confrontés à trois défis majeurs, celui de la paix, celui de la liberté, celui du bien-être, et il semble bien que la dimension européenne soit seule en mesure de leur permettre de relever ces défis. [...] Sur la carte du monde, les frontières du totalitarisme se sont étendues si largement que les îlots de la liberté sont cernés par ces régimes où règne la force. Notre Europe est l'un de ces îlots, et il faut se réjouir qu'au groupe des pays de liberté qui la composent soient venus se joindre la Grèce, l'Espagne et le Portugal[2].

1. Très important.
2. Ces pays, longtemps marqués par la dictature, opèrent alors leur transition vers la démocratie.

1. Soulignez dans ce texte les trois valeurs fondamentales défendues par la construction européenne.

2. En quelle année la Grèce, le Portugal et l'Espagne rejoindront-ils la CEE ?

....

....

....

Mes ressources numériques

Visionnez le discours de Simone Veil sur le site de l'INA.
liennathan.fr/5ij35p

Document 2 L'Europe, des guerres aux élections

Depuis 1979, les Européens élisent leurs député(e)s réunis en Parlement à Strasbourg.

Plantu, dessin publié dans le journal *Le Monde* à l'occasion de la première élection au suffrage universel du Parlement européen, en juin 1979.

Oral

1. Quel point commun existe-t-il entre les trois dessins du haut ? Quelles différences ?
2. Décrivez le dessin du bas : que montre-il ?

Définitions

Parlement européen : assemblée de 705 député(e)s représentant les différents pays de l'UE. Il vote des lois et participe au vote du budget de l'UE.

Activité 2 Identifier les notions et les connaître

1. Lisez les articles 2, 3 et 49 du traité sur l'Union européenne.
2. Dressez la liste des valeurs défendues par l'Union européenne.

Mes ressources numériques

Accédez aux articles du traité.
liennathan.fr/82nnr8

Je retiens

La construction européenne est indissociable de l'idée de démocratie. Les États fondateurs étaient des démocraties d'Europe de l'Ouest. Par la suite, seuls les États démocratiques ont pu adhérer aux traités européens. Les élections du Parlement européen au suffrage universel direct, à partir de 1979, ont contribué à la mise en place d'une **démocratie à l'échelle européenne**. La française **Simone Veil** a œuvré pour la paix et la démocratie en Europe.

Vers le CCF

Je m'entraîne à la première partie de l'évaluation

1 Le passage de la CEE à l'UE (1992)

Document

Interview de François Mitterrand sur le référendum pour la ratification du traité de Maastricht, le 14 juillet 1992

Journaliste. M. le Président, vous avez demandé aux Français de se prononcer par référendum sur le traité de Maastricht. Est-ce que ce serait, monsieur le Président, un drame pour la France et pour l'Europe si le « non » l'emportait ?

F. Mitterrand. Ce serait un événement redoutable. [...] Le « non » au référendum aurait plusieurs conséquences. D'abord, ce serait mettre fin à quarante-cinq ans de politique étrangère de la France. Cela a commencé avec Robert Schuman et Jean Monnet, a continué avec de Gaulle, Pompidou, Giscard d'Estaing, moi-même. [...] Et pourquoi est-ce que ces chefs d'État ou ces chefs de gouvernement ont fait ce choix ? Parce qu'ils voyaient bien que c'était la manière pour la France de disposer d'un tremplin [...] qui nous permettrait de développer nos échanges commerciaux mais qui commencerait surtout par nous mettre à l'abri [...] des risques de conflits de toutes sortes [...] dont certains se sont achevés dans des guerres terribles, qui doivent appartenir au passé.

La vie-publique.fr

Étape 1 Préparer l'oral

Pour expliquer l'intérêt et le sens de ce document, répondez aux questions suivantes.

1. En quelle année le traité de Maastricht a-t-il été accepté par les Français par référendum ?

....

2. François Mitterrand fait référence à Jean Monnet et Robert Schuman. Pourquoi ces deux hommes sont-ils considérés comme des « pères de l'Europe » ?

....

....

Aide

1 Consultez la frise chronologique p. 60-61.
2 Consultez la double page sur les débuts de la construction européennes et la création de la CECA, p. 54-55.

3. Quels sont les arguments de François Mitterrand en faveur du traité de Maastricht et de la construction européenne ? Aidez-vous pour répondre en surlignant les informations contenues dans le texte.

Étape 2 S'entraîner à l'oral

1. Préparez à l'écrit le texte de votre présentation à partir de l'étape 1.
2. Enregistrez-vous sur votre smartphone.
3. Recommencez autant de fois que nécessaire jusqu'à ce que vous soyez satisfait du résultat.

② La construction européenne depuis 1989

Document 2 L'élargissement de l'Europe

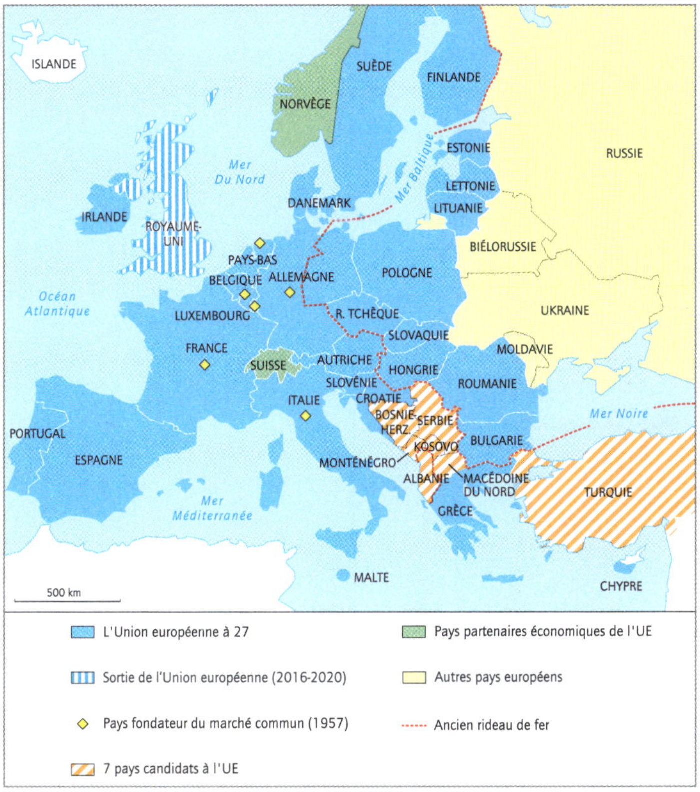

Étape 1 Préparer l'oral

1. Après avoir lu la légende et observé la carte, dites quelles sont les grandes réalisations de l'Europe depuis 1989.

....

....

....

2. En quoi cette carte est-elle pertinente pour étudier la construction de l'Europe ?

....

....

....

Étape 2 S'entraîner à l'oral

1. Préparez à l'écrit le texte de votre présentation à partir de l'étape 1 de votre travail.
2. Enregistrez-vous sur votre smartphone.
3. Recommencez autant de fois que nécessaire jusqu'à ce que vous soyez satisfait(e) du résultat.

CONSEIL

Prenez bien en compte les critères sur lesquels portera l'évaluation de votre oral.

Critères d'évaluation	
J'ai bien replacé les documents, les événements et les acteurs dans leur contexte.	
J'ai bien formulé le sens global du document.	
J'ai fait preuve d'esprit critique.	
J'ai bien utilisé le vocabulaire de l'histoire.	
Mon discours est argumenté et personnel.	
Je me suis exprimé(e) de manière claire et correcte.	

Il est important pendant votre entretien avec le jury de participer activement à un échange.

BILAN

LA FRANCE, UN ACTEUR MAJEUR DE LA CONSTRUCTION EUROPÉENNE (1950-2002)

Complétez cette carte mentale avec ce que vous avez appris sur le thème et les notions abordées, les acteurs et événements importants.

Les causes et les raisons de la construction européenne

....

....

....

....

....

Les acteurs de la construction européenne

- **Quels pays ?** ....

....

....

- **Quelles personnes (« les pères de l'Europe ») ?** ....

....

Le discours du 9 mai 1950 et la création de la CECA

- **Quoi ?** ....
- **Qui ?** ....
- **Pourquoi ?** ....

....

- **Comment ?** ....

....

Un élargissement de 6 à 28 pays.

Une construction progressive avec la signature de différents traités.

Le traité de Rome, 1957

- **Quoi ?** ....
- **Pourquoi ?** ....

....

- **Comment ?** ....

....

Le traité de Maastricht, 1992

Quelles sont les grandes décisions prises par ce traité ?

....

....

....

....

....

Faites le point sur vos connaissances et vos compétences en complétant cette carte mentale.

Je m'évalue

Dans ce chapitre

- J'ai appris à… ....
- J'ai encore des difficultés à… ....
- Je sais mieux… ....
- Pour progresser, je peux… ....

Pour aller plus loin…

Un site

Ce site est dédié à l'actualité de la construction européenne.

Consultez le site.
liennathan.fr/d97v4i

Un reportage

Ce reportage retrace l'histoire de la construction européenne.

Regardez le reportage.
liennathan.fr/a9u9b3

Une bande dessinée

Catherine Cazale et Jeanne Puchol, *Jean Monnet, Bâtisseur d'Europe*, 2006

À la veille du 50e anniversiare du traité de Rome (1957), des élèves du lycée Jean Monnet créent un site Internet sur la vie de ce bâtisseur de l'Europe.

Une émission télévisée

C'est pas sorcier consacre une vidéo aux échanges commerciaux dans le cadre de la construction européenne.

Regardez la vidéo.
liennathan.fr/7ty4i7

Chapitre 4

Les populations et européenne depuis

La participation des populations est nécessaire pour donner vie au projet européen et contribuer à son renforcement. Or, depuis quelques décennies, cette adhésion se révèle parfois difficile.

Document 1 **L'enthousiasme des populations**

Célébrations à la veille du référendum sur l'adhésion de la Lituanie à l'Union européenne en 2003.

1 Quel symbole européen pouvez-vous repérer sur cette photographie ?

....

....

....

....

....

la construction
1950

Document 2 Le temps des doutes

Au terme de plusieurs années de débats et de négociations, la Grande-Bretagne est sortie de l'Union européenne en 2020.

a. Manifestation pour rester dans l'UE, Londres, 2016.

b. Manifestation pour sortir de l'UE, Londres, 2018.

2 Comment la photographie **a** montre-t-elle la volonté de rester dans l'UE ?

....

....

....

....

3 Comment le photographie **b** montre-t-elle la volonté de sortir de l'UE ?

....

....

....

....

En quoi suis-je concerné(e) ?

4 Quels sentiments la construction européenne vous inspire-t-elle ?

....

....

....

....

COURS

1. Comment les populations participent-elles au projet européen ?

Les populations participent au projet européen en désignant des députés européens depuis 1979. La construction européenne s'incarne également dans des initiatives et des projets qui prennent vie au quotidien, comme le programme Erasmus+.

Document 1 La participation des Français aux élections européennes depuis 1979

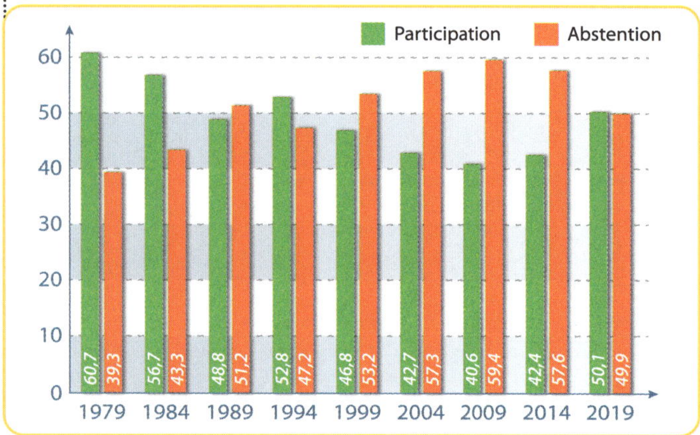

1 À quelle fréquence les élections européennes ont-elles lieu ?

....

2 Commentez l'évolution de la participation des Français aux élections européennes.

....

....

....

....

Document 2 L'euroscepticisme

Dessin de Chappatte, 20 mai 2019, intitulé « Veille d'élections européennes ».

1 Décrivez ce dessin. Faites aussi bien attention au dessin qu'au texte.

....

....

....

2 Commentez le propos tenu par le personnage.

....

....

....

Définitions

Abstention : fait de ne pas voter alors que l'on possède le droit de le faire.

Euroscepticisme : sentiment de doute ou de défiance envers la construction européenne. Il s'oppose à l'**européisme**, sentiment et attitude favorables à l'Union européenne.

Activité Le programme Erasmus+

Depuis 1987, le programme Erasmus, devenu Erasmus+, facilite la mobilité des étudiants au sein de l'Union européenne.

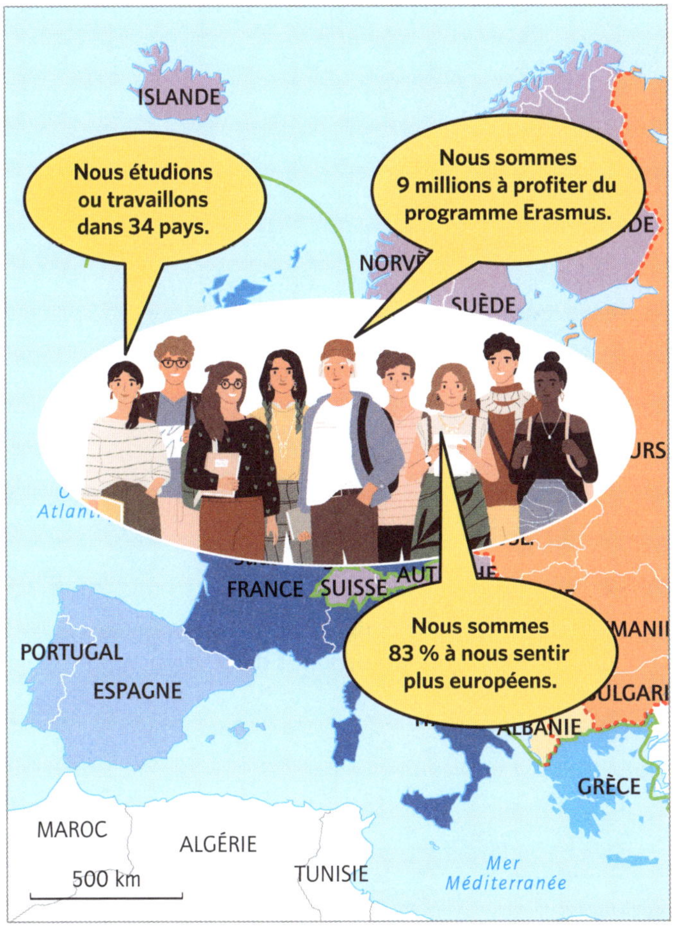

1 Quelle statistique montre que le programme Erasmus+ renforce l'adhésion au projet européen ?

Je retiens

Les citoyens des États membres de l'Union européenne élisent leurs représentants au Parlement européen depuis 1979. La progression de l'abstention peut traduire un certain désintérêt pour la construction européenne. Pourtant, dans les années 1980, la création de l'**espace Schengen** et la mise en œuvre de programmes comme **Erasmus** facilitent les échanges humains, et notamment ceux des jeunes.

Un projet

En 2022, le programme Erasmus+ fête ses 35 ans. Pour l'occasion, la Commission européenne met en circulation une pièce de 2 euros. Les Européens sont invités à voter pour départager plusieurs projets.

Collez ici votre pièce.

2 Choisissez votre pièce préférée grâce au QRcode de la rubrique Mes ressources numériques et collez-la.

3 Quels symboles du programme Erasmus+ reconnaissez-vous sur la pièce que vous avez choisie ?

Oral

4 Expliquez pourquoi cette pièce vous paraît bien représenter l'idée de l'Europe.

Mes ressources numériques

Choisissez votre pièce de monnaie sur le site la maison de l'Europe de Rennes.
liennathan.fr/f8xf42

Rendez-vous sur le site Toute l'Europe pour comprendre le rôle des députés européens.
liennathan.fr/2b74ek

Lisez des témoignages de jeunes ayant participé au programme Erasmus+ sur le site Génération Erasmus+.
liennathan.fr/yx469h

COURS

2. Quelles crises l'Union européenne a-t-elle traversées depuis les années 2000 ?

Plusieurs crises politiques ont contribué à fragiliser la construction européenne depuis deux décennies, alimentant un fort courant eurosceptique.

Document 1 Le « non » au référendum de 2005

Le projet d'une Constitution européenne, qui devait rassembler en un texte unique l'ensemble des traités signés depuis les années 1950, a été rejeté par certains pays.

Le 29 mai 2005, les Français votaient non au référendum à 54,68 %. Le 1er juin, dans un autre pays fondateur de l'UE, les Néerlandais leur emboîtaient le pas, dans une proportion plus forte encore (61 % de non). « Le choc a été énorme », témoignent tous ceux qui travaillaient à l'époque dans les institutions communautaires. [...] En dix ans, l'Union européenne ne s'est jamais vraiment remise du choc, mais elle a profondément changé, même sans Constitution. Le non a stoppé net l'élan fédéraliste[1]. Les électeurs français et néerlandais ont aussi rejeté la poursuite de l'élargissement : même si cela n'a pas empêché l'entrée de la Bulgarie, de la Roumanie et de la Croatie, le vote a contribué à bloquer les négociations avec la Turquie.

Le Monde, 27 mai 2015.

1. Organisation politique par laquelle chacun des États membres délègue certains de ses pouvoirs à un organisme central, ici l'UE.

1 Soulignez le nom des pays qui ont rejeté la Constitution.

2 Quel est le point commun à ces deux pays ? Aidez-vous de la deuxième phrase.

3 Soulignez deux conséquences importantes de ce « non ».

Document 2 La crise financière grecque

En 2009-2010 la Grèce, surendettée, fait appel à l'aide internationale, notamment à l'Union européenne, pour obtenir des prêts.

« La Grèce appelle au secours international », Chappatte, *Le Temps*, 24 avril 2010.

1 Décrivez cette image. Faites aussi bien attention au dessin qu'au texte.

2 Commentez l'attitude des représentants européens face à la Grèce.

Document 3 Des tensions liées à la crise de la Covid-19

L'européanisme des Italiens serait-il la victime collatérale du coronavirus ? De récents sondages effectués en Italie en témoignent, alors que 71 % des Italiens pensent que la pandémie de coronavirus détruit l'UE et que près de 55 % seraient d'accord pour sortir de l'Union européenne et/ou de l'euro.

Tout au long de la crise sanitaire en Italie, le Premier ministre Giuseppe Conte n'a pas manqué une occasion de rappeler l'Europe à son devoir d'aider ses partenaires en difficulté. « *La solidarité doit être l'encre avec laquelle nous écrivons cette page d'histoire* », a-t-il déclaré. [...]

Pour le conseiller scientifique à l'IAI [Institut des affaires internationales], « *l'Italie se trouve dans un moment d'hésitation difficile, avec la mobilisation de deux camps opposés : d'un côté, une forte poussée anti-européiste, qui s'accompagne d'un sentiment pro-russe et pro-chinois — avec la signature du mémorandum sur la route de la Soie —, de l'autre la mobilisation de forces plus traditionnelles en faveur de l'Europe (vers laquelle vont 60 % des exportations italiennes)* ».

La Croix, 21 avril 2020.

1 Surlignez le principe invoqué par le Premier ministre pour justifier l'aide de l'Union européenne.

2 Notez les noms des puissances qui pourraient faire concurrence à l'Union européenne.

Activité — Situer un événement dans son contexte : le Brexit

En 2016, les Britanniques ont majoritairement voté par référendum pour quitter l'Union européenne : le « Brexit » a officiellement eu lieu en janvier 2020.

1 Cherchez un document (Une de presse, photo de manifestation, etc.) qui vous semble intéressant concernant le Brexit. Il pourra par exemple montrer des manifestants hostiles à l'UE ou au contraire des Britanniques qui veulent rester dans l'UE.

2 Collez la photographie dans le cadre.

Collez ici votre document.

Oral

3 Décrivez votre document et expliquez pourquoi il illustre bien le Brexit.

Définitions

Référendum : vote par lequel les électeurs doivent se prononcer sur une question posée en répondant par « oui » ou par « non ».

Brexit : sortie du Royaume-Uni de l'Union européenne décidée par référendum en 2016.

Euroscepticisme : sentiment de doute et de défiance envers la construction européenne. Il s'oppose à l'**européisme** ou europhilie, sentiment et attitude favorables à l'Union européenne.

Je retiens

De la crise financière grecque de 2008 au récent Brexit et à la pandémie de Covid-19, l'UE a dû affronter plusieurs crises politiques qui ont été parfois surmontées difficilement. L'**euroscepticisme** a progressé parmi les opinions publiques européennes qui restent dans l'ensemble attachées à la construction européenne.

COURS

3. La démocratie est-elle menacée en Europe ?

Si la majorité des Européens restent europhiles et attachés à la démocratie, dans certains pays les gouvernements mettent en œuvre des politiques contraires aux idéaux de paix, de fraternité, de démocratie et de progrès défendus par l'Union européenne depuis sa création.

Document 1 Les Européens et la poursuite de l'élargissement

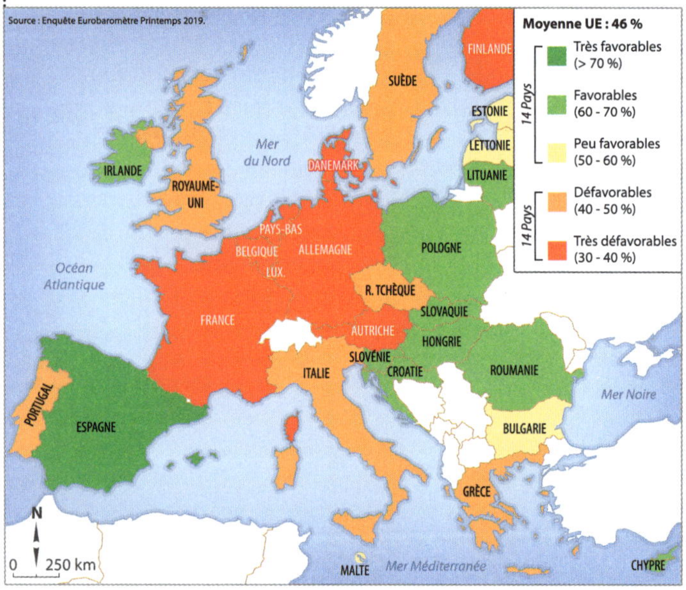

1. Entourez la région de l'Union européenne où l'on trouve le plus de citoyens favorables à la poursuite de l'élargissement.

2. Quelle hypothèse pouvez-vous faire pour expliquer cette situation ?

....

....

....

....

....

Document 2 Europhilie et euroscepticisme

Certains pays atteignent des records de satisfaction, à l'image de l'Allemagne, où 81 % des citoyens estiment que l'appartenance à l'UE est une bonne chose (+ 3 % en un an).

L'écart est grand avec les indicateurs de l'Italie, pays fondateur naguère très attaché à l'Europe, mais dont le gouvernement affiche ouvertement une ligne eurosceptique et antisystème. Les Italiens sont 72 % à penser que leur voix ne compte pas en Europe (- 6 % en un an), et seulement 42 % à penser que l'appartenance à l'UE est une bonne chose. Ils sont en majorité (52 %) insatisfaits du fonctionnement démocratique de l'Europe. Leurs principales préoccupations, à sept mois des élections européennes, sont l'immigration (71 % des répondants contre 50 % des Européens), l'économie et la croissance (62 %) et la place des jeunes (59 %).

La Croix, 17 octobre 2018.

1. Surlignez le nom du pays dans lequel les citoyens sont majoritairement europhiles.

2. Soulignez le nom du pays où l'euroscepticisme s'affirme.

3. Quelle est la première explication au progrès de l'euroscepticisme ?

....

....

Définitions

Europhilie : sentiment et attitude favorables à l'Union européenne.

Euroscepticisme : sentiment de doute et de défiance envers la construction européenne.

Élargissement : ouverture de l'Union européenne à de nouveaux membres.

Document 3 Un durcissement des frontières

Ce mur anti-migrant de 30 km se trouve à la frontière entre Bulgarie et la Turquie. Cette photographie date de 2017.

1 Décrivez le dispositif de protection adopté pour cette frontière.

2 D'après vous, quel est le but de ce dispositif ?

3 Cette frontière est-elle conforme à l'idéal européen ? Justifiez votre réponse.

Document 4 Les droits des personnes LGBT menacés en Hongrie

J-1 avant l'entrée en vigueur d'une loi qui menace la liberté des homosexuels en Hongrie, mais Bruxelles ne s'avoue pas vaincue face à la Hongrie d'Orban. La présidente de la Commission européenne Ursula von der Leyen menace de lancer une procédure d'infraction contre Budapest si les Hongrois ne revenaient pas sur sa loi accusée de discriminer les personnes LGBTQI +. [...] Que peut l'Europe face à un État toujours plus autoritaire ? Bruxelles peut ouvrir une procédure d'infraction pour violation du droit européen, qui peut mener à une saisine de la Cour de justice de l'UE et à des sanctions. [...] « Soyons clairs, nous faisons usage de ces pouvoirs quel que soit l'État membre qui enfreint le droit européen », a souligné Ursula von der Leyen[1]. « Depuis le début de mon mandat, nous avons engagé quelque 40 procédures d'infraction liées à la protection de l'État de droit et d'autres valeurs européennes consacrées par l'article 2 du traité », a-t-elle rappelé.

Le Parisien, 7 juillet 2021.

1. Présidente de la Commission européenne.

1 Quelle loi est ici mise en cause et pourquoi ?

2 Soulignez les mesures que peut prendre l'UE contre la Hongrie dirigée par le populiste Viktor Orban.

3 Soulignez d'une autre couleur les principes défendus par l'UE.

Je retiens

Les populations gagnées par l'**euroscepticisme** semblent de plus en plus nombreuses à douter de la construction européenne et à refuser de nouveaux élargissements. La **défense des principes démocratiques** fait aujourd'hui débat dans certains États. Le respect des droits des minorités entraîne des désaccords entre les États membres et la Commission européenne.

Regards croisés

Histoire
Français

De quel idéal l'Union européenne est-elle aujourd'hui porteuse ? Vous répondrez à cette question dans un paragraphe d'une quinzaine de lignes à l'aide des documents et de la rubrique Croiser les regards de cette double page.

Le contexte

1957
Création de la CEE.

1992
Passage de la CEE à l'UE.

2017
Festivités à l'occasion des 60 ans du traité de Rome et « déclaration de Rome » par les 27 chefs d'État pour relancer le projet européen.

Mes ressources numériques

Regardez des vidéos sur le traité de Rome sur le site Toute l'Europe.
liennathan.fr/vuy234

Écoutez le podcast sur la citoyenneté européenne.
liennathan.fr/2zi94w

Découvrez les symboles de l'Union européenne.
liennathan.fr/83xiw3

L'Europe, un idéal

LE REGARD D'UN ÉCRIVAIN

1 Laurent Gaudé, *Nous, l'Europe, banquet des peuples*, 2019

Le passé nous montre que nous n'avons que très rarement été capables d'inventer un autre projet que celui de la domination. Et pourtant, la construction européenne n'aura de sens que si elle est l'occasion d'inventer un nouveau but civilisationnel. Non plus régner, mais créer, en toute autonomie, les contours d'un territoire de lumière. Et être – pourquoi pas – le laboratoire de la concertation[1] des nations. Car ne nous y trompons pas : demain, d'autres zones de la planète choisiront de s'unir. Demain, le contour des nations sera toujours plus flou. Les enjeux planétaires de commerce, de flux d'informations, d'environnement, d'énergie, de rapport au monde animal, nous poussent à cette concertation internationale. Penser le rapport aux matières premières nation par nation, c'est le penser dans les conditions qui mènent à la guerre. Nous le savons, nous l'avons expérimenté tant de fois. L'Europe, avec sa lenteur, ses débats, la nécessité permanente de trouver un accord, son art du compromis pour éviter la paralysie, est le laboratoire de ce que les hommes vont devoir faire de plus en plus souvent lorsqu'ils voudront réfléchir à l'échelle de la Terre et de son écosystème. Demain, nous devrons entrer dans une concertation permanente sur les cinq continents. Demain, nous devrons faire naître en nous un sentiment d'appartenance plus vaste que celui qui nous lie à nos pays.

1. Dialogue visant à se mettre d'accord.

Définitions

Idéal : modèle parfait que l'on souhaite atteindre.
Traité : accord passé entre des États afin de fixer des règles communes.

LE REGARD D'UN HOMME POLITIQUE

2 Donald Tusk, alors président du Conseil européen, à l'occasion de la cérémonie marquant le soixantième anniversaire des traités de Rome, 25 mars 2017

« Aujourd'hui à Rome, nous renouvelons cette alliance unique entre nations libres qui, il y a 60 ans, a été scellée par nos illustres prédécesseurs. À l'époque, pour eux, ils ne débattaient pas de plusieurs vitesses et ne mettaient pas au point des scénarios de sorties mais, malgré toutes les circonstances tragiques de leur histoire récente, ils ont placé toute leur foi dans l'unité de l'Europe. Ils ont eu, à l'image de Christophe Colomb, le courage d'explorer des mers inconnues, de découvrir le Nouveau Monde.

Alors dites-moi : pourquoi devrions-nous aujourd'hui perdre confiance dans le sens de l'unité ? Est-ce uniquement parce que celle-ci est devenue notre réalité ? Ou parce que nous nous en sommes lassés ?

L'Europe, en tant qu'entité politique, sera unie ou ne sera pas. Seule une Europe unie peut être une Europe souveraine aux yeux du reste du monde. Et seule une Europe souveraine peut garantir l'indépendance des nations qui la composent et la liberté de ses citoyens. L'unité de l'Europe n'est pas un modèle bureaucratique. Elle se fonde sur un socle de valeurs communes et de normes démocratiques. Aujourd'hui, il ne suffit pas d'appeler à l'unité et de s'insurger contre une Europe à plusieurs vitesses. Ce qui importe bien davantage, c'est que nous respections tous nos règles communes telles que les droits de l'homme et les libertés fondamentales, la liberté d'expression et la liberté de réunion, l'équilibre des pouvoirs et l'État de droit. C'est là ce qui fonde véritablement notre unité. »

LE REGARD D'UN PHOTOGRAPHE

3 Proclamation de la devise « Unité dans la diversité » au Parlement de Bruxelles, 4 mai 2000

Croiser les regards

1 Identifiez cinq principes essentiels de l'Union européenne évoqués dans ces documents.

2 Qu'est-ce qui peut expliquer la « perte de confiance » de certains envers l'Europe ?

LES OUTILS DE L'HISTORIEN

Capacités

- Suivre une démarche d'analyse historique
- Travailler en mode projet

Votre objectif

Vous allez présenter sous la forme d'un diaporama le jumelage de la ville de votre lycée. Pour cela, vous effectuerez une recherche sur les collectivités locales avec lesquelles votre commune est jumelée. Vous vous demanderez comment ces jumelages sont organisés et se développent.

LE SAVIEZ-VOUS ?

Qu'est-ce qu'un jumelage ?

Après les deux guerres mondiales, la volonté de construire la paix se concrétise par le rapprochement entre villes européennes de pays différents. On parle de jumelage pour désigner cette pratique d'échange et de coopération entre deux villes, de taille généralement similaire. Les jumelages contribuent au projet européen en le rendant concret.

DÉMARCHE

Pour mener à bien cette capacité, suivez la démarche proposée.

Récolter des informations

1. Avec quelle(s) ville(s) votre commune est-elle jumelée ? (noms des villes ? quels pays ?)

Ma commune est jumelée avec la ville de ....

....

....

2. Depuis quand ce jumelage existe-t-il ? Comment à l'époque ce jumelage a-t-il été justifié ou défendu ?

....

3. Qui compose le comité de jumelage ?

....

4. Concrètement, quelles actions et quels échanges existent aujourd'hui dans le cadre de ce jumelage ?

....

5. En tant que lycéen(ne), comment pouvez-vous contribuer à ce jumelage ?

....

Organiser ses recherches

Vous pouvez vous inspirer du plan suivant.

1.	**2.**	**3.**
L'origine et les objectifs du/des jumelages	Les réalisations concrètes de ce jumelage	Mon lycée et mon engagement dans ce jumelage

Préparer un diaporama

Document 1 Le jumelage de votre commune

Collez ici votre photographie.

- ***Insérez la photographie d'un panneau public ou la capture d'écran du site Internet de votre commune qui présente le(s) jumelage(s) de votre commune.***

La signalétique des jumelages de la ville de Valence (département de la Drôme).

Document 2 Un jumelage en action

Collez ici votre document.

- ***Reproduisez ou insérez une affiche ou un texte qui présente différentes actions dans le cadre de votre jumelage. Vous pouvez vous inspirer de l'affiche du comité de jumelage de la ville de Châtenay-Malabry (Hauts-de-Seine) accessible grâce au QRCode.***

Mes ressources numériques

Accédez à l'affiche du comité de jumelage de Châtenay-Malabry.
liennathan.fr/we892w

LES OUTILS DE L'HISTORIEN

Capacité

- Effectuer une recherche documentaire en faisant preuve d'esprit critique.

Votre objectif

Vous allez faire une recherche sur une de ces cinq villes candidates au statut de capitale européenne de la culture en 2028 (Reims, Bourges, Clermont-Ferrand, Roubaix, Rouen, Saint-Denis) et vous identifierez les éléments qui font d'elle une ville « capitale européenne de la culture ».

LE SAVIEZ-VOUS ?

Qu'est-ce qu'une capitale européenne de la culture ?

Chaque année depuis 1985, une ville est désignée capitale européenne de la culture (deux villes depuis 2009). L'objectif pour la Commission européenne est de « mettre en valeur la diversité de la richesse culturelle en Europe ».

DÉMARCHE

Pour mener à bien cette capacité, suivez la démarche proposée.

Récolter des informations

1 Choisissez une ville française qui se présente comme candidate au titre de capitale européenne de la culture en 2028 : Reims, Bourges, Saint-Denis, Rouen ou Clermont-Ferrand.

J'ai choisi de travailler sur la candidature de ....

Cette ville se trouve dans le département ....

et la région ....

Cette ville compte .... *habitants.*

2 Faites une recherche sur cette candidature en allant par exemple sur le site de la ville. Notez ici les grandes lignes de votre recherche.

....

3 Quels atouts cette ville met-elle en avant (patrimoine, transports, économie…) pour justifier sa candidature ?

....

4 Que propose-t-elle pour attirer des visiteurs en tant que capitale européenne de la culture (infrastructures et activités existant déjà, projets de construction ou d'animation…) ?

....

5 Quels symboles utilise-t-elle pour sa communication (symboles européens, éléments du patrimoine ou de l'identité visuelle du pays/de la région…) ?

....

Présenter un document marquant de cette candidature

Présentez votre document sur le modèle de celui conçu pour la ville de Reims que vous pouvez consulter grâce au QRCode.

Collez ici votre document.

Concevoir une synthèse

Vous pouvez concevoir votre synthèse à l'écrit ou à l'oral :

- **à l'écrit :** classez les informations que vous avez récoltées et analysées dans les étapes précédentes et rédigez votre synthèse.
- **à l'oral :** défendez la candidature de la ville choisie auprès de vos camarades dans une courte présentation.

Mes ressources numériques

Accédez à l'affiche de la candidature de Reims.
liennathan.fr/8b9ws6

Repères

Les dernières capitales européennes de la culture :

2018
La Valette (Malte) et Leeuwarden (Pays-Bas)
▼
2019
Matera (Italie) et Plovdiv (Bulgarie)
▼
2020
Galway (Irlande) et Rijeka (Croatie)
▼
Objectif pour 2022
Kaunas (Lituanie), Novi Sad (Serbie), Esch-sur-Alzette (Luxembourg)

Vers le CCF

Je m'entraîne à la première partie de l'évaluation

① Le référendum de 2005 sur la construction européenne

Document — **La campagne électorale en France lors du référendum de 2005 sur la Constitution**

Un militant du parti communiste français (PCF) colle une affiche pour le non au référendum européen, à Lille, le 25 mai 2005.

Le MEDEF est un syndicat qui défend les intérêts des chefs d'entreprise français.

Étape 1 — Préparer l'oral

1. Présentez le document en précisant ce qu'est un référendum.
2. Relevez les arguments du PCF dans cette campagne électorale.
3. Comment comprenez-vous l'expression « l'Europe sociale » présente sur l'affiche du Parti socialiste ?
4. D'après vos connaissances, quelle a été l'issue de cette campagne électorale ?
5. Montrez que ce vote a marqué un tournant dans la construction européenne (➤ p. 76).

Aide

1. Pour présenter un document, repérez sa nature, la source, la date et le contexte. Précisez quel est l'enjeu du référendum. Soyez attentif : il y a deux affiches qui ne défendent pas la même position.
2. Repérez l'affiche du PCF, analysez sa composition et le texte qu'elle contient.
3. Définissez « Europe sociale » et indiquez quelle serait la priorité d'une telle Europe.

Étape 2 — S'entraîner à l'oral

1. Préparez à l'écrit le texte de votre présentation à partir de l'étape 1 de votre travail.
2. Enregistrez-vous sur votre smartphone.
3. Recommencez autant de fois que nécessaire jusqu'à ce que vous soyez satisfait(e) du résultat.

② La population roumaine et la construction européenne

Document 1 La Roumanie, pays europhile

Depuis 2007, date de l'adhésion de leur pays à l'UE, les Roumains sont restés toujours aussi pro-européens. Leur confiance dans l'Union demeure plus élevée que celle dans leurs institutions nationales. Même imparfaite et sans finalité (certaine), l'intégration européenne est le seul projet – économique, politique et social – qui leur a été proposé depuis la chute du communisme.

En 1989, le régime politique roumain a dû être réinventé. Contrairement aux Français ou aux Danois, les Roumains n'ont jamais perçu l'UE comme une menace envers leur modèle économique et social. Au contraire, ce peuple habitué à se serrer la ceinture pendant les années noires du communisme a accepté les coûts économiques et sociaux de la transition vers l'économie de marché pour que le pays devienne membre de l'Union.

Aujourd'hui, l'appartenance à l'UE est devenue réalité. Les Roumains voyagent, étudient, travaillent ou vivent dans d'autres États membres. D'après des statistiques souvent évoquées, leur nombre serait de 3,5 millions à travers l'Union. Mais si en termes de libre circulation les bénéfices de l'adhésion sont concrets, le pays n'a pas connu les évolutions politiques, économiques et sociales espérées.

The Conversation, 25 mars 2019.

Document 2 Manifestation en faveur de l'Union européenne, 2019

« Nous avons besoin de l'Union européenne. »

Étape 1 Préparer l'oral

1. Présentez les documents.
2. Comment pouvez-vous qualifier l'attitude des Roumains vis-à-vis de l'Union européenne ?
3. Relevez les raisons qui expliquent cette confiance envers l'Union européenne.

Étape 2 S'entraîner à l'oral

1. Préparez à l'écrit le texte de votre présentation à partir de l'étape 1 de votre travail.
2. Enregistrez-vous sur votre smartphone.
3. Recommencez autant de fois que nécessaire jusqu'à ce que vous soyez satisfait(e) du résultat.

CONSEIL

Prenez bien en compte les critères sur lesquels portera l'évaluation de votre oral.

Critères d'évaluation	
J'ai bien replacé les documents, les événements et les acteurs dans leur contexte.	
J'ai bien formulé le sens global du document.	
J'ai fait preuve d'esprit critique.	
J'ai bien utilisé le vocabulaire de l'histoire.	
Mon discours est argumenté et personnel.	
Je me suis exprimé(e) de manière claire et correcte.	

Il est important pendant votre entretien avec le jury de participer activement à un échange.

BILAN LES POPULATIONS ET LA CONSTRUCTION EUROPÉENNE

Complétez la carte mentale avec ce que vous appris sur le thème et les notions abordées, les acteurs et les faits marquants. Utilisez les mots ou expressions suivantes :
• *européisme* • *référendum* • *élections européennes* • *abstention* • *erasmus* • *jumelages*
• *déficit démocratique* • *solidarité entre États membres* • *euroscepticisme.*

Les populations et la construction européenne

Des populations actrices du projet européen
- Par la monnaie unique
- Par des votes :
  - ....
  - ....
- Un sentiment d'appartenance : ....

....

Des crises qui fragilisent la confiance
- L'échec du projet de Constitution européenne
- Un sentiment de défiance : ....

....
- Brexit

Des principes démocratiques en débat
- Une participation limitée des citoyens au projet européen :

....

....
- Des relations à entretenir :

....

....

Des projets fédérateurs
- Des capitales européennes de la culture :

....
- ....

....
- ....

....

Faites le point sur vos connaissances et vos compétences en complétant cette carte mentale.

Je m'évalue

Dans ce chapitre

- J'ai appris à ……………………………………
- J'ai encore des difficultés à ……………………………………
- Je sais mieux ……………………………………
- Pour progresser, je peux ……………………………………

Pour aller plus loin…

Une série

Arte, *En finir avec l'union européenne ?*

En cinq courts épisodes, cette série documentaire imagine ce qui se passerait si l'Union européenne prenait fin.

Une bande dessinée

Jérémie Dres, *Génération Erasmus*, 2016

Lisez la BD en ligne.
liennathan.fr/8mnv29

Ce roman graphique, disponible gratuitement sur le Web, raconte l'expérience d'un étudiant Erasmus.

Un film

Cédric Klapisch, *L'Auberge espagnole*, 2002

Ce film raconte l'histoire d'étudiants partis suivre des études à l'étranger grâce à Erasmus.

Une roman

Laurent Gaudé, *Eldorado*, 2006

Ce roman raconte le destin croisé de personnages sur l'île de Lampedusa, porte d'entrée de l'Europe pour des milliers de migrants.

GÉOGRAPHIE

TRANSPORTS, MOBILITÉS ET ESPACES URBAINS

Thème 1

Espaces, transports et mobilités

➥ Recherchez une image qui, selon vous, illustre le mieux le thème 1. Expliquez votre choix oralement.

Chapitre 1

- Les transports à l'heure de la mondialisation.

Chapitre 2

- Les mobilités croissantes des individus.

Thème 2

Espaces urbains : acteurs et enjeux

➥ Recherchez une image qui, selon vous, illustre le mieux le thème 2. Expliquez votre choix oralement.

Chapitre 3

- La France des villes.

Chapitre4

- Acteurs et enjeux de l'aménagement des villes.

Chapitre 1

Les transports à l'heure de la mondialisation

Les réseaux de transports permettent la circulation des hommes et des marchandises, à toutes les échelles. Ces réseaux sont inégalement répartis et font parfois défaut dans certaines régions du monde.

Document 1 Les transports routiers à Los Angeles

1. Dans quel pays se situe la ville de Los Angeles ?

2. De quel type de pays s'agit-il en terme de développement ?

3. Comment qualifieriez-vous le réseau routier ?

Document 2 **Vue aérienne de Libreville**

4 Dans quel pays se situe Libreville ?

5 Quelle différence pouvez-vous observer entre les réseaux routiers de ces deux villes ?

En quoi suis-je concerné(e) ?

6 Quels réseaux de transports utilisez-vous dans votre vie quotidienne ?

COURS

1. Comment s'organisent les échanges mondiaux ?

La mondialisation se caractérise par l'accélération des échanges à l'échelle du monde. Ces échanges matériels et immatériels empruntent des modes de transports variés.

Document 1 **Les principaux réseaux de transports dans le monde**

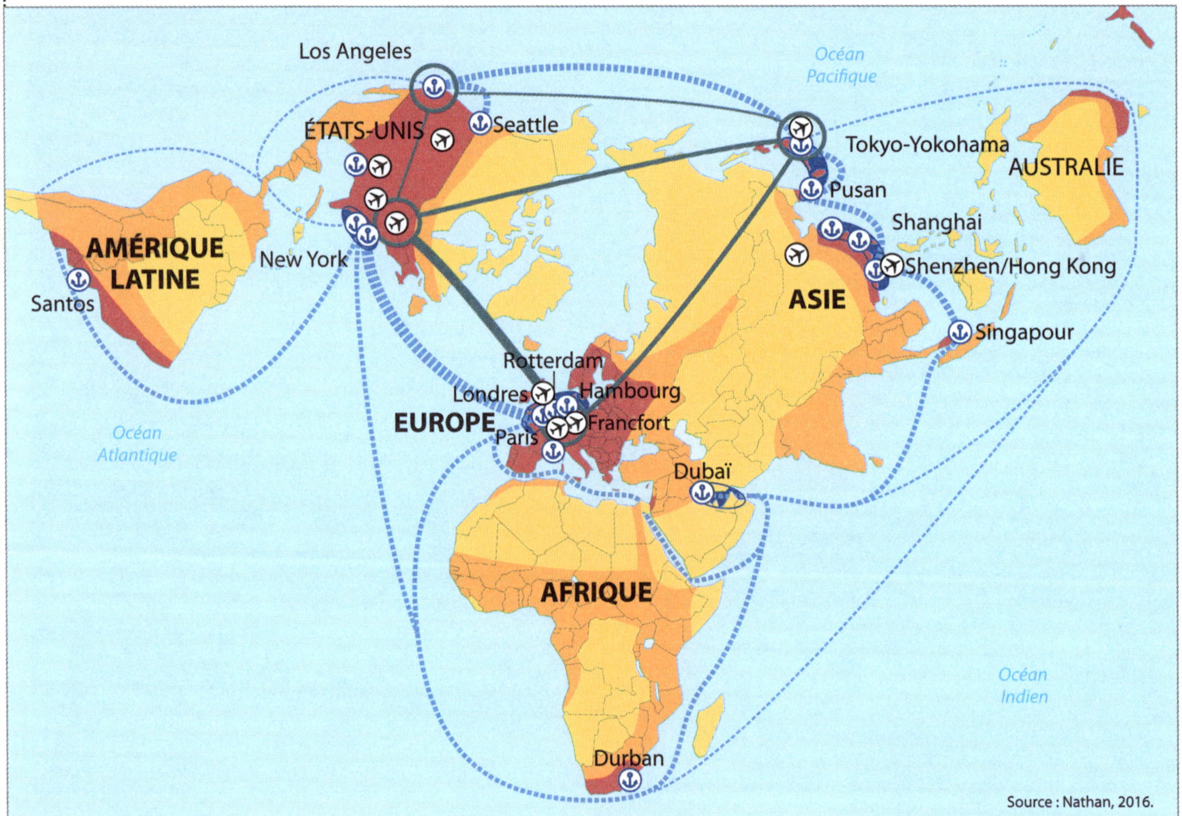

1. Réseaux terrestres (route, rail, voie d'eau)
- Dense
- Peu dense ou discontinu
- Rare ou inexistant

2. Réseaux maritimes
- Principales façades portuaires
- Principaux flux maritimes
- Ports majeurs

3. Réseaux aériens
- Carrefours aéroportuaires majeurs
- Principaux flux aériens
- Hubs majeurs

1 Entourez en rouge les régions du monde aux nombreux réseaux de transports.

2 Entourez en bleu les principales façades maritimes mondiales.

3 Notez les noms des continents qui concentrent les réseaux terrestres, maritimes et aériens.

....

....

4 Nommez les continents possédant peu de réseaux terrestres, maritimes et aériens.

....

....

Document 2 Le poids du trafic maritime dans les échanges mondiaux

Nature du trafic	Part de la voie maritime (en %)	Moyen de transport
Informations	90	Câbles sous-marins
Marchandises	90	Navires vraquiers ou porte-conteneurs
Pétrole brut	60	Navires pétroliers

UNCTA, 2020.

1. Entourez la part de la voie maritime dans les échanges mondiaux.

2. D'après vous, comment expliquer l'importance du trafic maritime dans les échanges ?

....

....

Document 3 Les échanges d'informations dans le monde

Près de 99 % du trafic international de téléphone et de données numériques passent par des câbles sous-marins. Même quand la liaison terrestre est possible, les opérateurs préfèrent souvent le câble sous-marin, bien caché, moins vulnérable. [...]

La demande s'accroît [...] avec les géants américains du Web (Google, Facebook, Microsoft) qui ouvrent de nouvelles routes, en fonction de leurs besoins. Google a investi dans plusieurs câbles vers l'Asie, en partenariat avec des compagnies télécoms locales. Microsoft et un groupe d'opérateurs asiatiques ont lancé la construction d'un câble entre les États-Unis, la Chine, le Japon et la Corée du Sud.

Y. Eudes, *L'Atlas de l'eau et des océans, Le Monde-La Vie*, 2017.

1. Surlignez les acteurs contribuant aux échanges d'informations.

2. Soulignez les pays cités dans le texte.

3. Ces pays appartiennent-ils aux pays développés, émergents ou en développement ?

....

....

4. D'après vous, comment expliquer l'inégale répartition des échanges d'informations dans le monde ?

....

....

Je retiens

Les échanges dans le monde s'effectuent essentiellement par **voie maritime**. Les flux peuvent être **matériels** (marchandises) ou **immatériels** (capitaux, informations). Ils ont pour support des réseaux de transport : routes, chemins de fer, ports, aéroports, câbles sous-marins. Mais les échanges sont inégalement répartis au profit des pays développés et émergents.

Mes ressources numériques

Visionnez une émission du *Dessous des cartes* sur le transport maritime.
liennathan.fr/4u4n3x

Écoutez un podcast de France Culture sur les infrastructures du réseau Internet.
liennathan.fr/yjx537

Définitions

Câbles sous-marin : câbles posés au fond des mers et des océans et destinés au transport des télécommunications et des données numériques.

Flux : circulation de biens, de personnes, de capitaux ou d'informations.

Navire vraquier : navire qui transporte des marchandises sèches en vrac, c'est-à-dire sans emballage : minerai de fer, charbon, blé...

COURS

2. Comment la révolution des transports et la révolution numérique facilitent-elles la mondialisation ?

*La révolution des transports avec le conteneur et la **révolution numérique** ont accéléré la **mondialisation** à la fin du XXe siècle et au début du XXIe siècle.*

Activité Mener une recherche sur les conteneurs

1. Quand les conteneurs ont-ils été inventés ? Où et par qui ?

2. Quelles sont les dimensions standard d'une boîte (hauteur, largeur, longueur) ?

3. Comment les conteneurs facilitent-ils la mondialisation des échanges ?

Document 1 Vue du port de Shanghai en Chine

Shanghai est le plus grand port à conteneurs du monde avec, en 2020, 43,5 millions d'EVP (l'équivalent vingt pieds : unité de mesure représentant un conteneur).

1. Décrivez cette photographie.

2. Entourez sur la photographie les grues permettant de décharger les conteneurs du navire au port.

Document 2 L'intermodalité du transport des marchandises

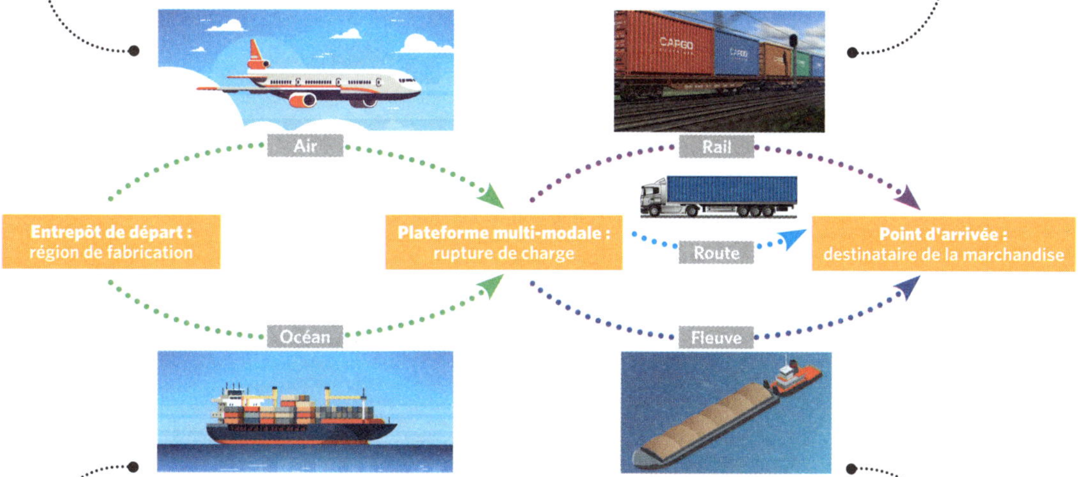

1. Grâce à quels moyens de transports les conteneurs peuvent-ils circuler ? Indiquez-les en marge du document.

2. En quoi le conteneur facilite-t-il l'intermodalité et donc les transports à l'échelle du monde ?

Oral

3. Présentez la manière dont les conteneurs ont révolutionné les transports internationaux et favorisé la mondialisation.

Je retiens

Depuis les années 1950, les transports ont connu **deux révolutions principales**. Il s'agit d'abord de la conteneurisation du transport de marchandises et de l'**augmentation de la taille des navires** qui ont permis d'augmenter les volumes transportés sur de longues distances et d'utiliser les conteneurs sur différents supports (bateau, avion, camion, train).

Il s'agit ensuite de la **révolution numérique** pour les flux immatériels. Tout cela a accompagné l'accélération de la mondialisation des échanges de marchandises.

Définitions

Conteneurisation : processus de développement du transport de marchandises par conteneurs.

Intermodalité : utilisation successive de plusieurs modes de transports par un objet ou une personne.

Mondialisation : augmentation continue des échanges de toutes natures à l'échelle du monde.

Révolution numérique : ensemble des progrès technologiques dans les télécommunications facilitant les échanges d'informations et de capitaux.

LES OUTILS DU GÉOGRAPHE

Capacité

- Réaliser un croquis simple de géographie

Votre objectif

Vous allez réaliser un croquis reconstituant le trajet d'un produit électronique envoyé sous forme de colis par un grand opérateur de vente en ligne entre son lieu d'assemblage, son lieu de stockage en entrepôt et sa livraison à votre domicile. Vous pouvez par exemple choisir le trajet d'un téléphone.

Titre : ....

I. Formation et assemblage du produit

○ Aire de production des produits sous-traitants.

△ Usine d'assemblage de Foxconn, Chine.

II. Livraison du produit

→ (vert) Du lieu d'assemblage à l'entrepôt de Soran (France) par voie maritime.

→ (bleu) De l'entrepôt à chez vous.

DÉMARCHE

Pour mener à bien cette capacité, suivez la démarche proposée.

Situer sur une carte

1. À l'aide d'un atlas, indiquez sur le croquis les lieux suivants : le siège social de l'entreprise qui conçoit le produit ; l'usine d'assemblage du téléphone ; le lieu du stockage ; votre lieu d'habitation.
2. Tracez à l'aide d'un crayon le parcours de votre produit (ex. : iPhone) depuis sa conception jusqu'à votre domicile.

Tracer l'itinéraire du produit

3. Donnez un titre à votre croquis.
4. Placez les informations sur la carte à partir de la légende et tracez l'itinéraire du produit.

Capacité

- Nommer et localiser les grands repères géographiques

Votre objectif

Vous allez nommer et situer les lieux de passage stratégiques des flux de marchandises terrestres, maritimes et aériens.

Document 1 Un transport maritime sous tension

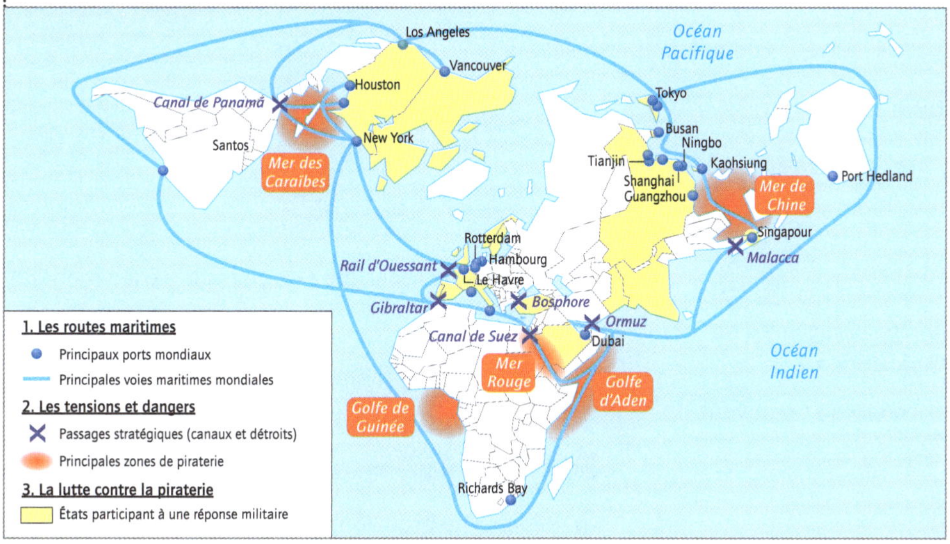

Document 2 Le détroit de Malacca : un passage maritime stratégique

Couloir maritime de 45 kilomètres de large et 700 kilomètres de long, situé dans le Sud-Est asiatique, le détroit de Malacca est coincé entre la Malaisie et l'Indonésie. Moins connu que Suez ou Panama, ce bras de mer, les plus fréquenté au monde – un tiers du trafic mondial et 90 % de celui de la Chine, soit un bateau toutes les huit minutes -, est régulièrement l'objet d'actes de piraterie ou de tensions régionales relatives à la sécurité du détroit et à la souveraineté.

L'Humanité, 29 janvier 2016.

Définitions

Canal : voie d'eau creusée par l'homme permettant le passage des navires d'une mer à une autre.

Détroit : bras de mer entre deux terres rapprochées et qui fait communiquer deux mers et océans.

DÉMARCHE

Pour mener à bien cette capacité, suivez la démarche proposée.

Localiser

1. Entourez en bleu les canaux interocéaniques et en vert les détroits (**doc. 1**).

2. Soulignez en vert l'élément indiquant le rôle stratégique des canaux et détroits (**doc. 2**).

Mettre en relation les informations des documents

3. Encadrez en rouge les éléments montrant les menaces ou difficultés de ces passages stratégiques (**docs 1 et 2**).

Conclure à l'oral

4. Expliquez en quelques minutes pourquoi les canaux et détroits sont des passages stratégiques de la mondialisation. Utilisez dans votre réponse les mots-clés : *canal, détroit, mondialisation.*

LES OUTILS DU GÉOGRAPHE

Capacité

- Décrire une situation géographique

Votre objectif

Vous allez identifier sur une image satellitaire les différents réseaux de transports aériens dans le monde.

LE SAVIEZ-VOUS ?

Une image satellitaire est prise depuis l'espace, grâce à des capteurs placés sur des satellites. Les couleurs sont ajoutées artificiellement pour mettre en valeur certains phénomènes.

DÉMARCHE

Pour mener à bien cette capacité, suivez la démarche proposée.

Étudier l'image satellitaire

1. Présentez le document : quelle est sa nature, que montre-t-il ?

2. Entourez en rouge sur l'image les espaces de très forte concentration du trafic aérien.

3. Sur quels continents ces espaces se trouvent-ils ?

4. Quelles parties du globe sont les moins parcourues par le trafic aérien ?

5. Expliquez la répartition de ce trafic aérien mondial.

Rédiger pour rendre compte

6. Rédigez au brouillon une courte présentation en utilisant le vocabulaire de la géographie : *image satellitaire, réseaux, densité, inégalités, mondialisation*.

Document Les flux aériens dans le monde

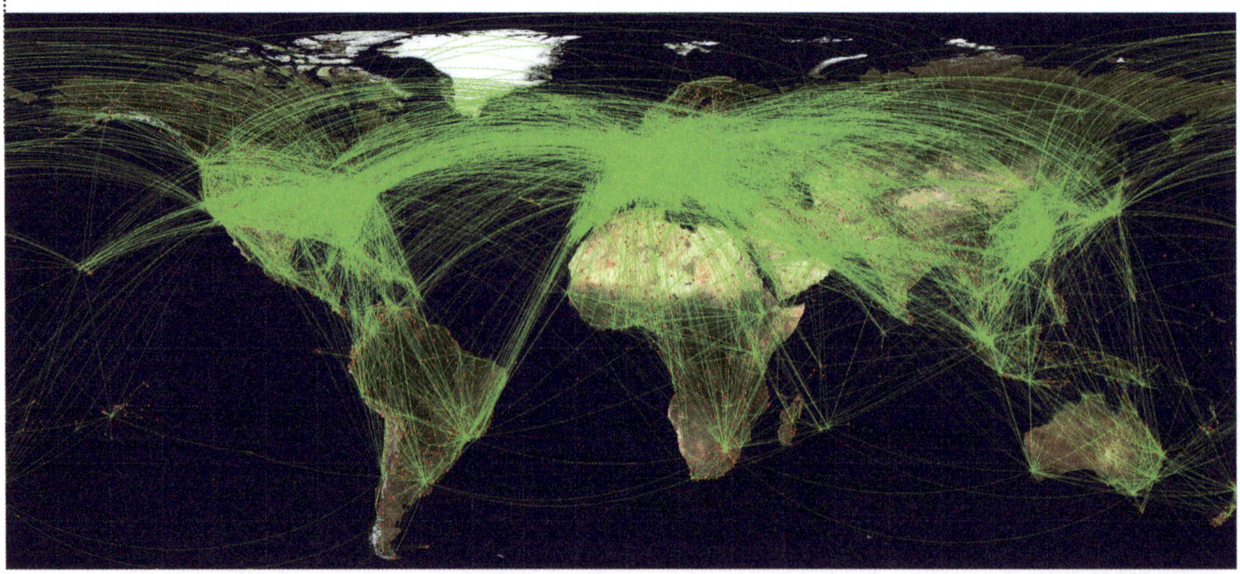

Google Earth, 2020.

Capacité

- **Identifier les notions dans une ou plusieurs situations**

Votre objectif

Vous allez étudier le lien qui existe entre les formes de mobilité et le changement climatique, deux notions importantes de votre programme de géographie.

LE SAVIEZ-VOUS ?

Les gaz à effet de serre sont la principale cause du réchauffement climatique. Ces gaz sont émis principalement par les activités industrielles et par les transports.

DÉMARCHE

Pour mener à bien cette capacité, suivez la démarche proposée.

Document 1 Des réfugiés climatiques au Kenya

Des centaines de milliers de Somaliens migrent vers le Kenya en raison de la famine provoquée par la sécheresse.

Document 2 Vers des modes de transports moins polluants

Les solutions pour réduire [les gaz à effet de serre] passent notamment par la transition énergétique : réorganiser l'espace pour limiter l'étalement urbain et les besoins en déplacements en rapprochant les logements des lieux de services, d'activités professionnelles et de loisirs. Cela passe aussi par des modes de déplacement alternatifs à la voiture (tramway, vélo, voiture électrique, etc). Il s'agit de faire évoluer les pratiques et les comportements de mobilités vers les modes de transports les plus écologiques. Or la moitié des déplacements effectués en voiture fait moins de trois kilomètres, distance aisément réalisable en vélo, à pied ou en transport en commun.

« Transports et mobilités », Réseau Action Climat France, 2019.

Faire le point sur les notions

1. Rappelez les définitions des deux notions principales : mobilités et changement climatique.

Étudier les documents

2. Indiquez les éléments qui montrent la sécheresse (**doc. 1**).

3. Soulignez dans le document 2 les deux solutions permettant le recul de la pollution de l'air par les transports.

Mettre en relation les documents et les notions

4. Rédigez un paragraphe expliquant quels sont les liens entre mobilités et changement climatique.

COURS 3. Quels sont les territoires à l'écart des grands réseaux ?

Les réseaux de transports sont inégalement répartis à l'échelle du monde, des continents et même des pays. Certaines régions restent à l'écart des grands réseaux, ce qui peut freiner leur développement.

Document 1 Les principaux réseaux de transports en Afrique

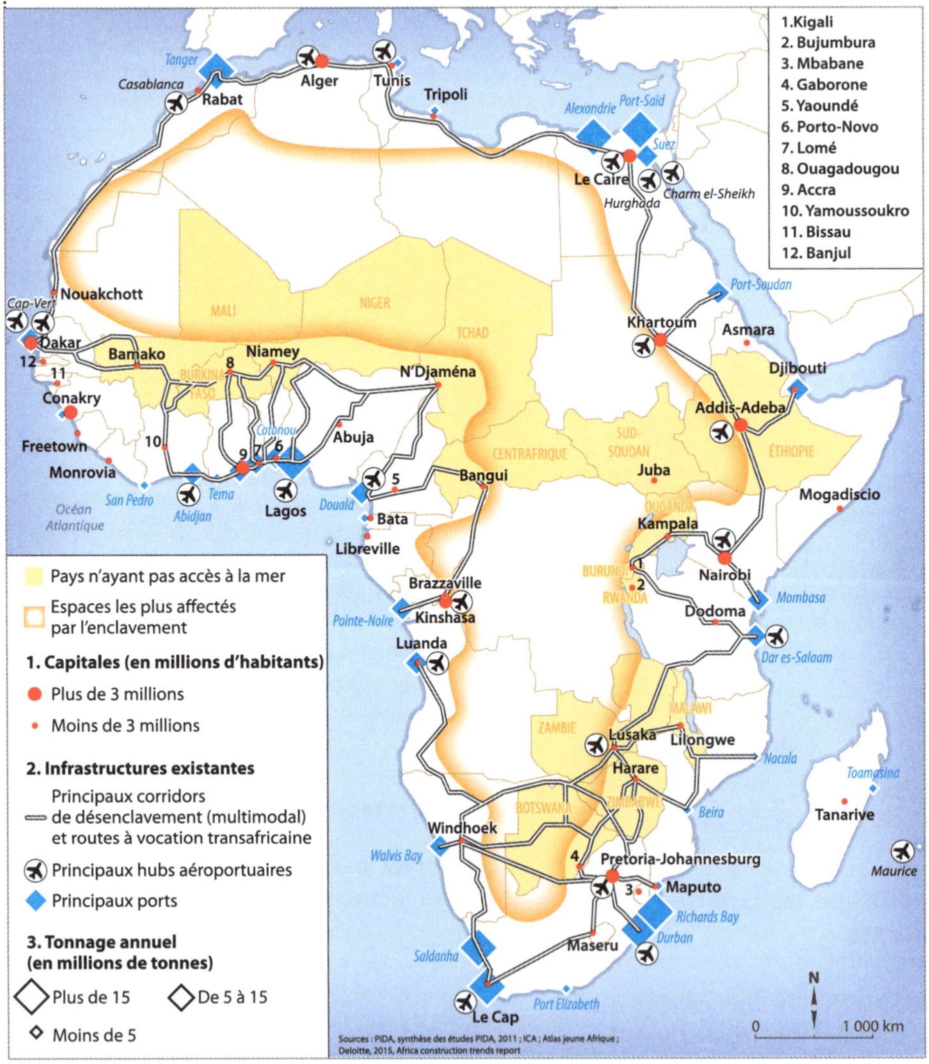

1 Entourez en rouge les régions africaines de plus fortes densités de réseaux.

2 Quelle différence apparaît entre les régions littorales et celles de l'intérieur ?

....

....

3 Pourquoi peut-on dire qu'une large partie de l'Afrique est en situation d'**enclavement** ?

....

....

....

Définition

Enclavement : situation d'un territoire mal connecté aux autres par les transports.

Document 2 Un camion embourbé sur une piste en Ouganda

(1) Repérez l'Ouganda sur la carte (doc. 1).

(2) Décrivez la photographie.

....

....

....

(3) D'après la carte (p. 102) et cette photographie, quelles difficultés l'Ouganda rencontre-t-il pour s'insérer dans les réseaux internationaux ?

....

....

....

Document 3 L'isolement numérique de Cuba

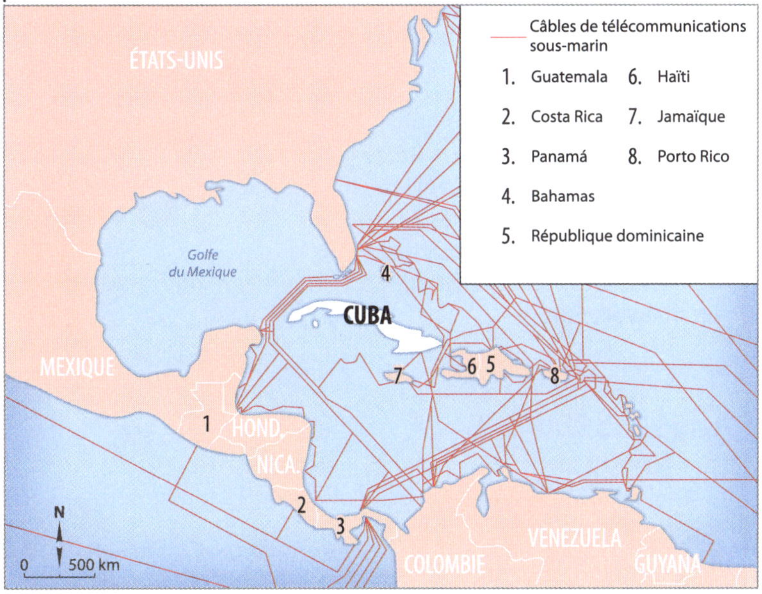

(1) Repérez la légende : à quoi correspondent les traits rouges cartographiés ?

....

(2) Combien de câbles sous-marins desservent Cuba ?

....

(3) En quoi est-ce un problème pour Cuba ?

....

....

....

....

....

....

Je retiens

Des régions sont à l'écart de la mondialisation, soit parce qu'elles sont **enclavées** par des **réseaux de transports peu denses**, soit parce qu'elles sont des **zones d'insécurité** (guerres, espaces contrôlés par les trafiquants) ou **sous embargo** de la communauté internationale (Iran, Corée du Nord, Cuba). Les pays pauvres, faute de moyens financiers, ont des infrastructures de transports insuffisantes ou mal adaptées qui les isolent des grands circuits d'échanges de la mondialisation.

Regards croisés

Géographie Histoire

Quel lien établir entre les transports et le développement sur le continent africain ? Vous répondrez à cette question dans un paragraphe d'une quinzaine de lignes en vous appuyant sur les documents et la rubrique Croiser les regards de cette double page.

Le contexte

L'Afrique est le continent qui possède la plus faible densité de réseaux de transports. Ceux-ci sont surtout présents près des littoraux. Les infrastructures de transports sont également en mauvais état.

Mes ressources numériques

La série documentaire *Les Routes de l'impossible* retrace le quotidien de celles et ceux qui conduisent dans des conditions difficiles au péril de leur vie.

Regardez un reportage.
liennathan.fr/7rn24w

Le récit d'un périple sur les routes d'Afrique sur le blog de la Banque mondiale.

Lisez le récit.
liennathan.fr/bk35s8

L'enclavement en Afrique

LE REGARD D'UN GÉOGRAPHE

1 Roland Pourtier, *Afriques noires*, 2001

« Routes trop mauvaises pour un transport en camion frigorifique ; infrastructure déficiente n'autorisant pas les liaisons entre villes et campagnes : la logistique de transport en Afrique ne suit pas toujours. L'aménagement de l'espace apparaît comme une des clés du développement. La route appelle le commerce, stimule le transport et la production de surplus. Il n'est que de voir l'animation des gares routières, l'activité déployée par les collecteurs de produits alimentaires le long des grands axes routiers, le surcroît de vitalité des marchés villageois lorsque le goudron arrive pour comprendre que le développement passe par la route. Quand la qualité des transports le permet, les circuits commerciaux ne se cantonnent pas aux marchés nationaux. [...] L'urbanisation, créatrice de demande alimentaire, et les infrastructures de transport, de plus en plus en mesure de la satisfaire, jouent ainsi un rôle décisif et complémentaire dans les processus de développement. »

LE REGARD DES STATISTIQUES

2 La part de la population ayant plus de cinq heures de transport pour commercialiser ses productions agricoles

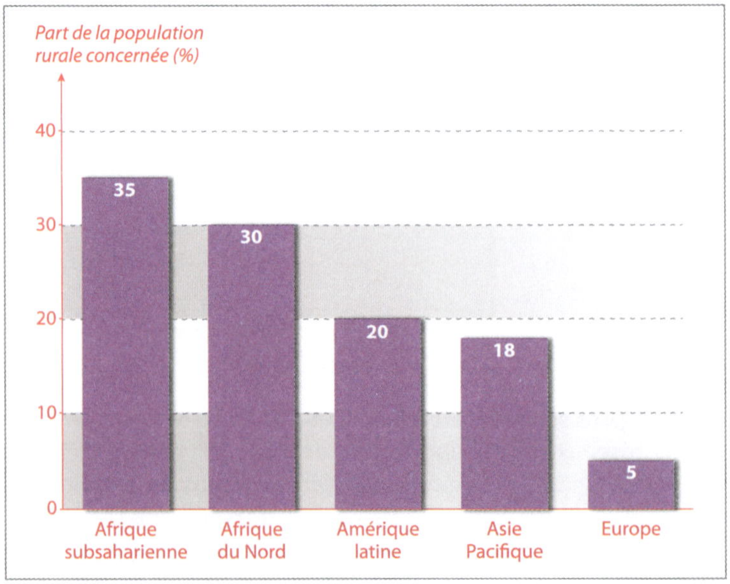

LE REGARD D'UN PHOTOGRAPHE

3 Dieter Telemans, *La Coopération belge en RDC*, 2009

À Bandundu, en République démocratique du Congo (RDC), la Belgique apporte son aide pour aménager les routes et développer l'économie du pays.

Croiser les regards

1. Comment définir et expliquer la situation d'enclavement en Afrique ?

2. Quels éléments montrent les difficultés des transports en Afrique ?

3. Quel lien établir entre transports et développement ?

Vers le CCF

Je m'entraîne à la première situation de l'évaluation

1 Les transports par voie aérienne au cœur de la mondialisation

Document FedEx, entreprise de fret aérien

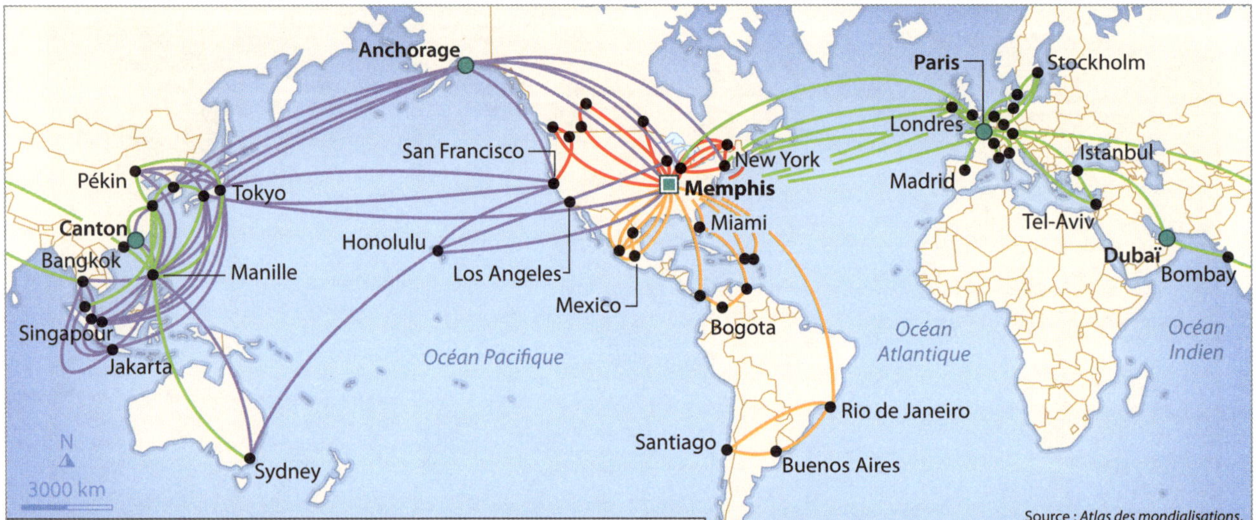

Source : *Atlas des mondialisations*, hors-série *La Vie / Le Monde*, 2010-2011, mise à jour 2019.

Fret aérien de FedEx à partir du *hub* de Memphis (États-Unis)

- Vers l'Amérique latine
- Vers le Canada
- Vers l'Asie et l'Océanie
- Vers l'Europe et l'Asie
- *Hubs* régionaux

Étape 1 Préparer l'oral

1. Présentez le document.
2. Décrivez le trajet des avions de FedEx.
3. Montrez l'organisation du réseau aérien de FedEx.

Aide

1. Précisez la nature du document, l'espace concerné et le thème principal.
2. Indiquez le lieu de départ, c'est-à-dire le siège de l'entreprise, et les principales régions du monde desservies par FedEx.
3. Montrez l'organisation entre le siège, les *hubs* régionaux et les autres dessertes.

Étape 2 S'entraîner à l'oral

1. Préparez à l'écrit le texte de votre présentation à partir de l'étape 1 de votre travail.
2. Enregistrez-vous sur votre smartphone.
3. Recommencez autant de fois que nécessaire jusqu'à ce que vous soyez satisfait(e) du résultat.

② Le transport par conteneurs au cœur de la mondialisation

Document — Un quai à conteneurs du port de Shenzhen (Chine)

Ce port du sud-est de la Chine connaît l'une des croissances de trafic les plus rapides au monde.

Étape 1 — Préparer l'oral

1. Présentez le document.
2. Décrivez la photographie.
3. Indiquez le rôle des conteneurs dans les échanges mondiaux.

Étape 2 — S'entraîner à l'oral

1. Préparez à l'écrit le texte de votre présentation à partir de l'étape 1 de votre travail.
2. Enregistrez-vous sur votre smartphone.
3. Recommencez autant de fois que nécessaire jusqu'à ce que vous soyez satisfait(e) du résultat.

CONSEIL

Prenez bien en compte les critères sur lesquels portera l'évaluation de votre oral.

Critères d'évaluation	
J'ai bien replacé les documents, les événements et les acteurs dans leur contexte.	
J'ai bien formulé le sens global du document.	
J'ai fait preuve d'esprit critique.	
J'ai bien utilisé le vocabulaire de la géographie.	
Mon discours est argumenté et personnel.	
Je me suis exprimé(e) de manière claire et correcte.	

Il est important pendant votre entretien avec le jury de participer activement à un échange.

BILAN LES TRANSPORTS À L'HEURE DE LA MONDIALISATION

Complétez cette carte mentale avec ce que vous avez appris sur le thème et les notions, les acteurs et les enjeux. Vous utiliserez les mots suivants : *détroits* • *matériels* • *conteneur* • *immatériels* • *numérique* • *enclavement* • *développés* • *émergents.*

1. Des échanges au cœur de la mondialisation

- **Des flux de marchandises en croissance.**
- **L'importance des câbles sous-marins et des satellites pour les flux ....**
- **Les flux .... utilisent essentiellement le rail et la route.**

2. Des échanges favorisés par la révolution des transports

- **L'invention du .... facilite le transport des marchandises.**
- **La spécialisation et le gigantisme des navires permettent la croissance des flux.**
- **La révolution .... permet une circulation mondiale et instantanée des informations et des capitaux.**

3. Mais des transports inégalement répartis dans le monde

- **Forte densité de transports dans les pays .... et ...., et notamment sur les façades maritimes.**
- **Des points de passage stratégiques : les canaux et les ....**
- **Des territoires à l'écart de la mondialisation en situation d' ....**

Faites le point sur vos connaissances et vos compétences en complétant cette carte mentale.

Je m'évalue

Dans ce chapitre

- J'ai appris à ……………………
- J'ai encore des difficultés à ……………………
- Je sais mieux ……………………
- Pour progresser, je peux ……………………

Pour aller plus loin...

Un roman

Beryl Markham, *Vers l'ouest avec la nuit*, 1942

L'autrice, aviatrice et aventurière, évoque son enfance au Kenya et ses exploits de pilote de brousse. Un roman qui permet de remonter aux origines de l'aviation en Afrique.

Un documentaire

***Thalassa*, « Au cœur des grandes routes maritimes », 2015**

Ce documentaire vous fera découvrir les grandes routes maritimes à bord d'un porte-conteneur, d'un brise-glace nucléaire ou encore d'une goëlette.

Une bande dessinée

Richard D. Nolane et Diego Olmos Alminana, *Trains de légende*, 2014

Cette série retrace en images l'histoire ferroviaire du monde à travers ses trains les plus mythiques comme *Le Transcontinental* nord-américain ou *L'Orient-Express*.

Un film

Paul Greengrass, *Capitaine Phillips*, 2013

Ce film raconte la prise d'otages du navire marchand américain *Maersk Alabama* par des pirates somaliens en 2009.

Chapitre 2

Les mobilités croissantes des individus

Les mobilités des individus sont de plus en plus nombreuses et s'effectuent à toutes les échelles. Elles sont facilitées par l'essor des transports et ont des conséquences sur les territoires qu'elles organisent.

Document 1 **Le tourisme international**

Des touristes au Taj Mahal à Agra (Inde).

1. D'après-vous, comment ces touristes se sont-ils rendus en Inde ?

2. À quelle échelle cette mobilité s'effectue-t-elle ?

Document 2 Des mobilités à plusieurs échelles, la gare de Strasbourg

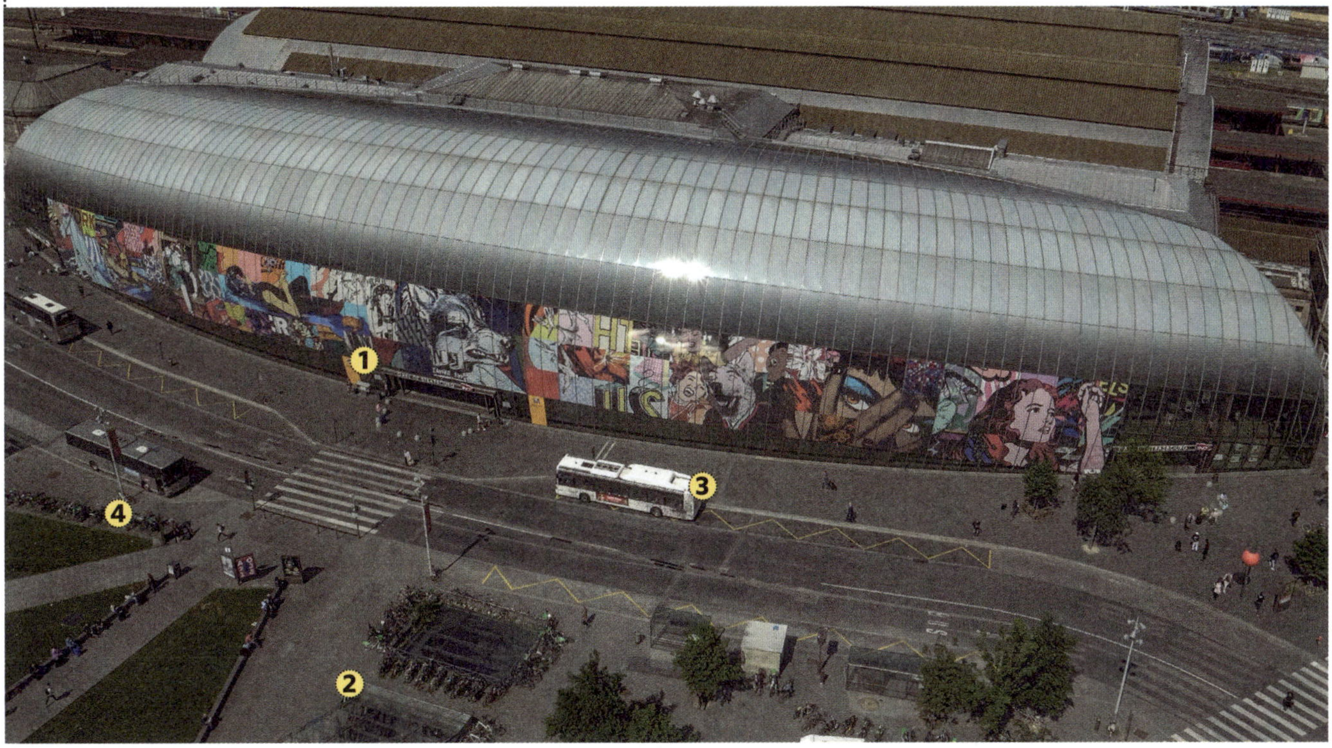

(1) Gare SNCF et TGV (2) Entrée de l'accès souterrain au tramway (3) Gare routière (4) Parking à vélos.

(3) Par quels moyens de transports peut-on accéder facilement à la gare ?

....

(4) Pourquoi cette gare est dite multimodale ?

....

En quoi suis-je concerné(e) ?

(5) Quelles mobilités effectuez-vous dans votre vie quotidienne ?

....

COURS

1. Pourquoi les migrations internationales sont-elles un enjeu mondial ?

Les migrations internationales se sont accélérées au début du XXIe siècle. Motivées par des raisons économiques ou politiques, elles déséquilibrent les régions de départ et provoquent dans les aires d'accueil des débats animés.

Document 1 Migrants et réfugiés en Méditerranée

Années	2014	2015	2016	2017	2018	2019	2020
Nombre de migrants ayant atteint l'Union européenne (en milliers de personnes)	216	1050	363	172	120	107	86
Nombre de décès en mer Méditerranée (en milliers de personnes)	3,5	3,8	5,1	3,1	2,3	2,1	2,3

OIM, Commission européenne, 2021.

1. Surlignez l'année de plus forte arrivée des migrants par la mer Méditerranée.
2. D'après-vous, qu'est-ce qui motive ces migrations ?

....

....

3. Comment expliquez-vous les nombreux décès en Méditerranée ?

....

....

4. Comment pouvez-vous expliquer la baisse des migrations en 2020 ?

....

....

Document 2 Les travailleuses saisonnières marocaines en Espagne

Nos enquêtes menées dans la province de Huelva, au sud-ouest de l'Espagne, montrent que les fraises sont perçues comme une manne financière surnommée « l'or rouge », s'inscrivant dans cette mondialisation de l'économie. Parmi ces saisonnier(e)s, nombreuses sont les ouvrières agricoles d'origine marocaine. [...] Il s'agit très souvent, à la base, de femmes pauvres et précaires, qui sont dans l'obligation de travailler pour subvenir aux besoins de leur famille. [...] Souvent analphabètes, peu scolarisées, beaucoup d'entre elles sont aussi dans des situations familiales complexes avec des enfants à charge (veuves, divorcées et parfois mères célibataires). Les dames de fraises de Huelva sont recrutées directement au Maroc (via le ministère de l'Emploi et l'Agence nationale de promotion de l'emploi et des compétences), après les remontées en besoin de main-d'œuvre par les employeurs agricoles en Espagne.

The Conversation, 10 juin 2020.

1. Quelles motivations poussent ces femmes à émigrer ?

....

....

....

....

2. Cette migration est-elle temporaire ou définitive ?

....

....

....

....

Document 3 — Des opinions divisées face à l'immigration

2,00 € Première édition. N° 10674 — LUNDI 14 SEPTEMBRE 2015 — www.liberation.fr

Le Labour met la barre à gauche

En portant Jeremy Corbyn à leur tête, les militants travaillistes renouent avec une politique longtemps délaissée. Les blairistes, eux, voient l'avenir du parti en noir. PAGES 12-13

Portables: en clair ou en crypté ?

Le chiffrement des données au nom de la vie privée subit les foudres de la justice et de la police, qui alertent sur la difficulté d'enquêter. PAGES 18-19

Libération

MIGRANTS L'EUROPE FRACTURÉE

Manifestations en faveur des réfugiés d'un côté, mur anti-immigrés et défilé xénophobe de l'autre: l'Union européenne apparaît de plus en plus divisée, alors que les Vingt-Huit se réunissent ce lundi sur le sujet. «ÉVÉNEMENT», PAGES 2-6, ET «IDÉES», PAGES 22-23

Une de *Libération*, 14 septembre 2015.

(1) Comment cette Une de presse est-elle organisée ?

....

....

....

(2) Quels sont les deux réactions que les flux migratoires peuvent provoquer ?

....

....

Je retiens

Les migrations internationales, répondant à des motivations politiques ou économiques, concernent près de **260 millions de personnes par an**. Les migrants contribuent à la **croissance économique** de leur pays d'accueil et favorisent le **brassage culturel**. Mais les tensions entre communautés d'accueil et migrants s'intensifient, et la construction des **murs-frontières progresse**. Face au drame des réfugiés, qui sont par exemple nombreux à mourir en traversant la Méditerranée, une réponse internationale doit être apportée.

Activité — Situer un événement dans son contexte et l'expliquer : un mur-frontière qui fait polémique

Collez ici votre photographie.

(1) Cherchez une photographie de la frontière séparant les États-Unis et le Mexique et collez-la.

(2) D'après vos recherches, pourquoi ce mur a-t-il été érigé par les États-Unis ?

Oral

(3) Expliquez votre choix à vos camarades : comment cette photographie illustre-t-elle les tensions et les polémiques autour de ce mur ?

Définitions

Migrant : personne qui change de pays pour des motifs divers et pour une longue durée.

Mur-frontière : ligne frontière aménagée physiquement (mur, grillages, palissades, etc.) pour arrêter les flux ou se protéger du pays voisin.

Réfugié : migrant qui a quitté son pays pour fuir un danger (guerre, guerre civile, rébellion, etc.).

Travailleur saisonnier : personne qui ne travaille qu'une partie de l'année dans une activité précise.

Regards croisés

Géographie
Français

Pourquoi peut-on dire que les migrations clandestines en Amérique latine constituent de terribles épreuves ? Vous répondrez à cette question dans un paragraphe d'une quinzaine de lignes à l'aide des documents et de la rubrique Croiser les regards de cette double page.

Le contexte

Il existe d'importantes migrations des pays latino-américains vers les États-Unis. Les migrants espèrent y trouver une meilleure vie.

Mes ressources numériques

Consultez un site proposant des statistiques sur les migrations en Amérique.
liennathan.fr/2h6mk5

Écoutez un podcast sur les migrations et les situations d'exil en Amérique latine.
liennathan.fr/25zrh5

Migrants d'Amérique, un parcours difficile

LE REGARD D'UN CINÉASTE

1 Pedro Ultreras, *La Bestia*, 2010

La « Bestia » ou « train de la mort » est le surnom donné au train de marchandises qui traverse le Mexique du sud au nord et sur le toit duquel s'entassent des migrants latino-américains clandestins souhaitant rejoindre, au péril de leur vie, les États-Unis.

Traduction : *La Bête*, de Pedro Ultreras
« La souffrance humaine la plus cruelle de toutes »

LE REGARD D'UNE ÉCRIVAINE

2 Jeanine Cummins, *American Dirt*, 2020

Dans ce roman, Jeanine Cummins raconte l'épopée de Lydia et de son fils de 8 ans, qui fuient Acapulco au Mexique pour rejoindre les États-Unis afin d'échapper aux cartels de la drogue.

« Si c'est juste une meilleure vie que vous recherchez, cherchez-la ailleurs, continue le Padre. Le chemin que vous suivez, il est uniquement pour ceux qui n'ont pas le choix, pas d'autre option, qui n'ont que la misère et la violence derrière eux. À partir d'ici, votre voyage va devenir de plus en plus dangereux. Tout conspire contre vous, fait obstruction. Certains d'entre vous tomberont du train. Beaucoup seront estropiés ou blessés. Beaucoup mourront. Beaucoup, beaucoup d'entre vous seront kidnappés, torturés, victimes de traite ou rançonnés. Certains auront suffisamment de chance pour survivre à tout et gagner les "Estados Unidos"[1], rien que pour connaître le privilège de mourir seuls dans le désert sous le soleil, abandonnés par un coyote corrompu, ou exécuté par un narco à qui leur tête ne revient pas. Chacun d'entre vous se fera dévaliser. Sans exception. Si vous réussissez à atteindre "el norte"[2], ce sera sans un sou. C'est garanti. »

1. États-Unis.
2. Le nord.

LE REGARD D'UN SOCIOLOGUE

3 Argán Aragón, *Migrations clandestines. D'Amérique centrale vers les États-Unis*, 2013

C'est dans l'expérience du voyage clandestin que la frontière se révèle aux migrants sous ses multiples visages. La frontière à laquelle ont affaire les migrants d'Amérique centrale se déploie d'abord comme une zone tampon sur l'ensemble du territoire mexicain, avant de se dresser en rempart high-tech sur la frontière sud des États-Unis. Ce voyage, comme dirait un migrant hondurien, est un voyage « contre le courant », car au fur et à mesure qu'il avance, l'acteur voit venir sur lui trois forces persistantes : la première cherchant à le saisir légalement pour le renvoyer en arrière, la deuxième qui tente de s'emparer de lui pour lui imposer le prix arbitraire du passage ou de la survie, et la troisième, plus anonyme mais tout aussi fatale, qui se manifeste dans les milieux naturels extrêmes qu'il tente de traverser. [...]

Ceux qui partaient pour vivre ou pour survivre meurent parfois au cours de leur tentative. La mort pendant le transit au Mexique n'est plus seulement ce qu'elle était dans les années 1990, une mort par chute du train, électrocution ou agression. Cette mort peut désormais survenir dans une violence inouïe extrêmement sophistiquée : les clandestins sont assassinés, souvent après torture, et les bourreaux essaient de faire disparaître leurs restes.

Croiser les regards

1 Qu'est-ce qui motive les migrations du Sud vers le Nord de l'Amérique ?

2 À quels dangers les migrants sont-ils confrontés ?

3 Quelle image de la frontière ressort de ces documents ?

COURS

2. En quoi le tourisme est-il une forme particulière de mobilité ?

Qu'il soit national ou international, le tourisme est une pratique en plein essor depuis les années 1950. Mais il peut être fragilisé par des crises nationales ou internationales.

Document 1 Les espaces et les flux du tourisme international

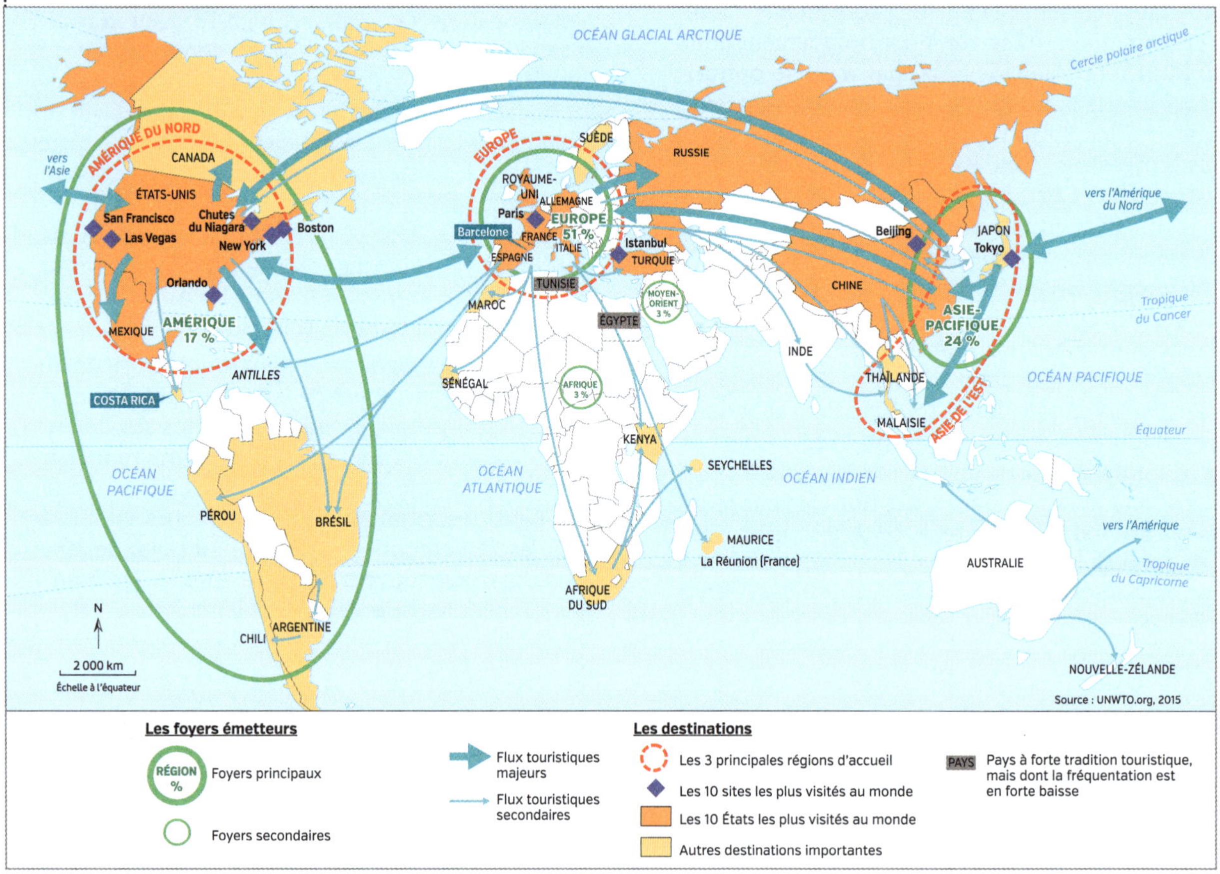

1 Citez les trois principaux foyers de départ des touristes.

2 Citez les trois principales régions d'arrivée des touristes.

3 Indiquez les noms des pays où se situent les lieux les plus visités au monde.

4 Le tourisme international a fortement baissé depuis 2020 : savez-vous pour quelle raison ?

Définition

Tourisme : activité économique fondée sur le déplacement temporaire des personnes pour des motifs de repos et de détente et impliquant des pratiques spécifiques.

Document 2 Plage de Maho Beach, sur l'île de Saint-Martin aux Antilles

L'île de Saint-Martin dans les Antilles attire plus de 2,5 millions de touristes par an.

1. D'après cette photographie, quels sont les atouts touristiques de Saint-Martin ?

2. Par quel moyen de transports les touristes arrivent-ils à Saint-Martin ? Pourquoi est-ce aujourd'hui critiqué ?

Activité Suivre une démarche d'analyse géographique sur le tourisme intérieur en Chine

Collez ici votre document.

1. Recherchez et collez une photographie qui montre l'importance du tourisme en Chine pendant la « semaine d'or ».

2. Qu'est-ce qui vous apparaît frappant ? Décrivez la photographie pour justifier votre propos.

3. Quels mots ou quelles expressions pouvez-vous proposer pour qualifier le tourisme intérieur ou national en Chine ?

Je retiens

Le tourisme dans le monde est en croissance, qu'il soit international (plus d'1,4 milliard de touristes internationaux en 2019) ou national (4 à 5 milliards de touristes nationaux en 2019). Il s'agit d'une **mobilité** particulière car elle est **temporaire** et **liée à des activités de loisirs**. Mais le tourisme peut fortement chuter au moment d'une crise sanitaire (pandémie), économique ou sécuritaire (guerre, attentats).

COURS

3. Quels sont les motifs et les formes de mobilité du quotidien en France ?

Les mobilités du quotidien s'effectuent aux échelles locale ou régionale avec des moyens de transports variés.

Document 1 La répartition des déplacements selon le lieu de résidence en France

Type d'espace du lieu de résidence	Marche (en %)	Vélo (en %)	Voiture (en %)	Transports en commun (en %)	Autres (en %)
Espace rural	12,8	2,2	79,5	3,3	2,2
Agglomération de moins de 20 000 habitants	18,9	2,9	73,2	3,7	1,3
Agglomération de 20 000 à 100 000 habitants	25,6	2,7	66,1	5,0	0,6
Agglomération de 100 000 à 2 millions d'habitants	26,2	3,2	58,5	10,0	2,1
Agglomération parisienne	38	2,2	33,3	24,8	1,7
Moyenne nationale	23,7	2,7	62,8	9,1	1,7

Ministère du Développement durable, 2021.

1 Surlignez d'une couleur pour chaque type d'espace la part du moyen de transport le plus utilisé et d'une autre couleur celle du moins utilisé.

2 Quel est le mode de transports le moins utilisé en France ? D'après vous, pourquoi ?

....

....

....

....

3 Quel moyen de transport utilisez-vous pour vous déplacer ? Dans quelle case de ce tableau vous situez-vous ?

....

....

Document 2 Les motifs de mobilités du quotidien en France

En moyenne, chaque jour de la semaine (à l'exception du dimanche), près de 20 millions de Français se déplacent pour réaliser leurs achats. Tous territoires confondus, les achats constituent la deuxième motivation d'un déplacement (21 %), juste derrière le travail (24 %) mais largement devant les loisirs (18 %), les études (8 %) ou les démarches administratives (6 %). Dans certaines agglomérations comme Béziers (27 %), Nantes (24 %) ou Marseille (23 %), c'est même le premier motif de mobilité. […] <u>Pour développer la mobilité alternative, maintenir de la proximité dans les commerces semble essentiel</u>, car au-delà de trois kilomètres de distance, la voiture s'impose comme le transport roi, huit fois sur dix.

Le Parisien, 30 janvier 2020.

1 Surlignez les trois principaux motifs de déplacement quotidien en France.

2 Quelle est la distance à partir de laquelle on prend sa voiture pour se déplacer ?

....

3 Expliquez la phrase soulignée.

....

....

....

....

....

Document 3 Les mobilités dans les territoires du quotidien

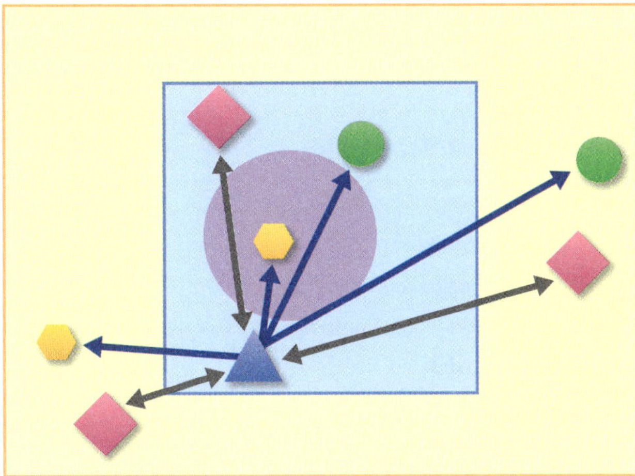

1. Surlignez dans la légende le point de départ des déplacements.
2. D'après le schéma, définissez les mobilités pendulaires.
3. Quelles sont les deux échelles des mobilités du quotidien ?

Activité Identifier une notion dans une situation : les mobilités dans votre Région

1. Recherchez et collez une affiche sur le forum des mobilités de votre Région.

Collez ici votre affiche.

2. Quels sont les modes de transports représentés ?
3. Selon vous, quel est le but d'un forum sur les mobilités ?

Je retiens

Les **mobilités quotidiennes** s'effectuent majoritairement à l'**échelle locale** et **régionale** et sont de **courte durée**. Elles relèvent d'une **circulation**. Les moyens de transports utilisés dépendent du type d'espace dans lequel le déplacement doit se tenir. Avec la distance, ils changent : plus le trajet est long, plus la voiture ou le train s'imposent. Les principaux **motifs** des mobilités quotidiennes sont le **travail**, les **achats** et les **loisirs**.

Définitions

Circulation : déplacement des individus de façon temporaire pour diverses raisons (achats, école, travail, loisirs, etc.).

Mobilité : déplacement d'un individu d'un lieu à un autre.

LES OUTILS DU GÉOGRAPHE

Capacité

- Décrire une situation géographique

Votre objectif

Vous allez raconter les différents déplacements quotidiens d'un habitant d'un territoire.

Document **Les transports collectifs dans l'agglomération de Marseille**

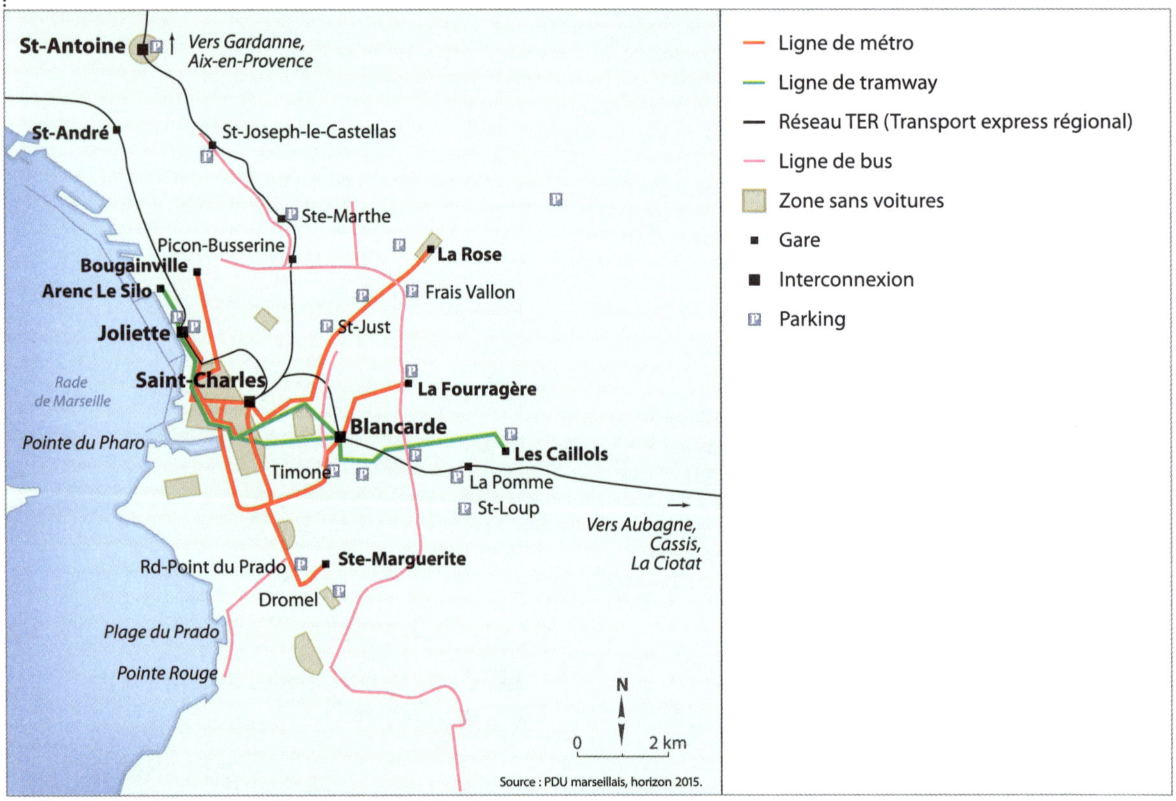

Situation : Suivez les déplacements de Lucas.

Lucas habite à Marseille près de Sainte-Marthe. Aujourd'hui, comme tous les mercredis, il se rend dans son établissement aux Caillols, puis se rend à son cours de boxe à Sainte-Marguerite avant de rentrer chez lui.

DÉMARCHE

Pour mener à bien cette capacité, suivez la démarche proposée.

Localiser

1. Entourez sur la carte les lieux fréquentés par Lucas le mercredi.
2. Identifiez le trajet de Lucas.

Présenter votre travail à l'oral

3. Vous présenterez les différents modes de transports utilisés par Lucas dans la journée du mercredi (du départ au retour chez lui). Vous vous demanderez si les transports en commun sont denses ou au contraire peu denses. Dans ce dernier cas, quel mode de transport s'impose ?

Capacité

• Compléter ou réaliser un croquis

Votre objectif

Vous allez compléter un croquis ou un schéma d'un aménagement de proximité.

Document **L'aéroport d'Heathrow (à Londres), une plate-forme multimodale**

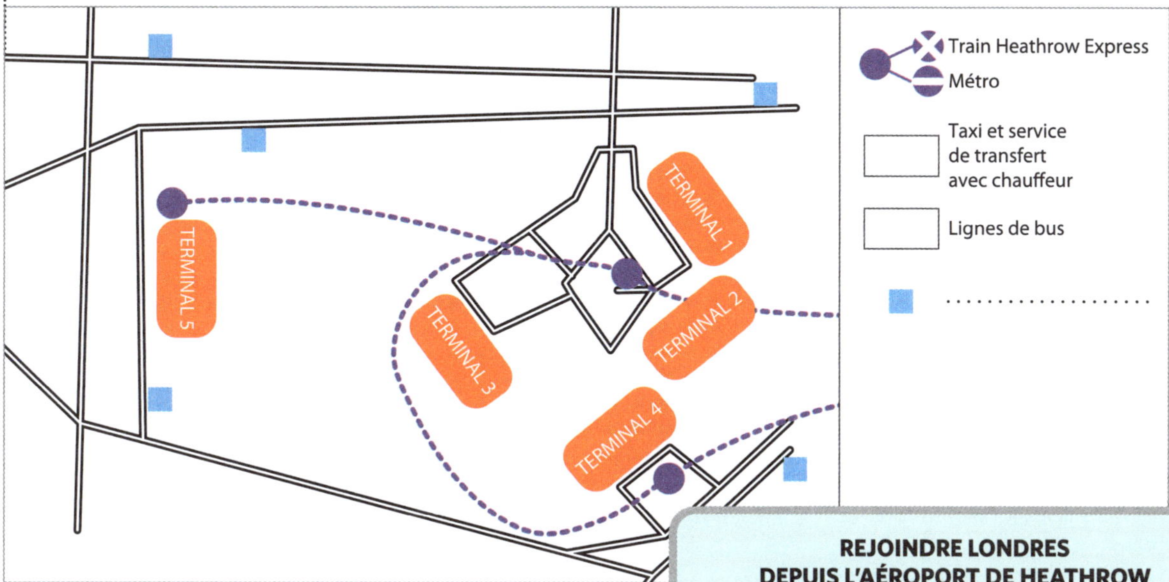

REJOINDRE LONDRES DEPUIS L'AÉROPORT DE HEATHROW

- **le taxi**, présent devant chaque terminal, permet de rejoindre le centre de Londres par l'autoroute M4 ;
- **le train Heathrow Express** relie les terminaux 2, 3 et 5 à la gare de Paddington en 15 minutes ;
- **le métro** se situe au sous-sol des terminaux 4 et 5 et à proximité des terminaux 1 et 2 (en 45 minutes à Londres) ;
- **le bus** se trouve au terminal 3 et à proximité des terminaux 1 et 2 ;
- **la location de voitures** se situe au niveau des parkings de l'aéroport.

DÉMARCHE

Pour mener à bien cette capacité, suivez la démarche proposée.

Observer et analyser le document

1. Listez les réseaux de transports qui desservent l'aéroport.
2. Expliquez pourquoi on qualifie cet aéroport de plate-forme multimodale.

Compléter le schéma

3. En vous aidant du document, attribuez à chaque type de transport un figuré.
4. Replacez les moyens de transports présents à l'aéroport d'Heathrow au bon endroit sur le schéma.
5. Complétez la légende.

Définition

Plate-forme multimodale : lieu (gare, aéroport, etc.) qui assure l'interconnexion entre différents réseaux de transports.

COURS

4. Pourquoi et comment aménager les transports ?

Les territoires de proximité sont aménagés afin de répondre aux mobilités croissantes des individus. Ces aménagements constituent également un enjeu de développement durable.

Document 1 Des déplacements difficiles à Nouméa (Nouvelle-Calédonie)

Le Grand Nouméa nécessite urgemment une politique d'aménagement cohérente en matière de déplacement. La croissance démographique et l'étalement de l'habitat, très rapides, conduisent à une saturation routière. Les habitants ne sont pas prêts à abandonner leur véhicule au profit des transports en commun, vu la médiocrité de l'offre. Le réseau de transport en commun Karuïa est limité à la commune de Nouméa. Il y a deux réseaux mal connectés et sans tarification unique, ce qui pénalise les plus modestes.

Il est temps de faire évoluer les choses, dans une agglomération où 16 % des ménages ne sont pas motorisés et où deux tiers des usagers des bus sont des Kanaks[1]. Les déficiences[2] des bus sont nombreuses : fréquence insuffisante, non-respect des horaires, coût élevé, arrêts non aménagés ou non adaptés aux personnes à mobilité réduite.

D'après Jean-Christophe Gay, *La Nouvelle-Calédonie, un destin peu commun*, IRD, 2014.

1. Population autochtone de Nouvelle-Calédonie.
2. Insuffisances.

1. Surlignez d'une couleur les éléments qui expliquent l'augmentation des déplacements à Nouméa.
2. Entourez les informations illustrant les difficultés liées aux transports en commun.
3. Quelles sont les populations les plus pénalisées ?

....

....

....

....

Document 2 Un aménagement : l'échangeur autoroutier de Saint-Gaudens

Saint-Gaudens (Haute-Garonne) est une petite ville située au pied des Pyrénées dans un espace à dominante rurale, à 80 km au sud de Toulouse.

1. Qu'est-ce qu'un échangeur routier ?

....

....

....

2. Décrivez la photographie : d'abord le paysage, puis les réseaux de transports qui se rencontrent.

....

....

....

3. Pourquoi cet échangeur est-il important pour les mobilités des habitants de Saint-Gaudens ?

....

....

....

Document 3 Un projet de prolongation d'une ligne de tramway

Une pétition a été lancée en avril 2021 pour prolonger la ligne de tramway à Orly, au sud de Paris. L'aéroport d'Orly est le deuxième aéroport de France, le 11e européen par son trafic : c'est un pôle d'activité économique majeur.

1 Quelle action est demandée par cette affiche ?

....

2 Comment les citoyens sont-ils invités à se mobiliser ?

....

3 Quels pourraient être les avantages pour la commune d'Orly d'un tel prolongement ?

....

....

Activité Décrire une situation géographique : les mobilités durables dans votre Région

1 Rendez-vous sur le site Internet de votre Région. Cherchez ensuite dans la rubrique « Transports » les pages qui évoquent des projets de mobilités durables.

2 Prenez des notes sur un projet de mobilité qui vous intéresse : quels sont les objectifs du projet ? Les travaux prévus ? Par qui est-il financé ? Qui sont les acteurs impliqués ?

Oral

3 Faites une courte présentation de ce projet à vos camarades.

Je retiens

Les politiques publiques souhaitent en France garantir et améliorer les déplacements des populations. Il s'agit de **désenclaver les espaces** mal desservis et de **financer des transports en commun** afin de faciliter des mobilités durables moins polluantes. Les **acteurs** de ces politiques sont nombreux, de l'**État** aux **collectivités territoriales** en passant par les **habitants** eux-mêmes.

Définitions

Acteur : personne, entreprise ou collectivité qui agit sur le territoire.

Aménagement : ensemble des actions et/ou des politiques mises en œuvre pour réduire les inégalités entre les territoires.

Mobilités douces ou durables : mobilités réalisées au moyen de réseaux de transports moins polluants pour l'air.

Vers le CCF

Je m'entraîne à la première partie de l'évaluation

1 Présenter l'évolution des transports dans une métropole

Document L'évolution des modes de transports à Lyon entre 2008 et 2018 (en %)

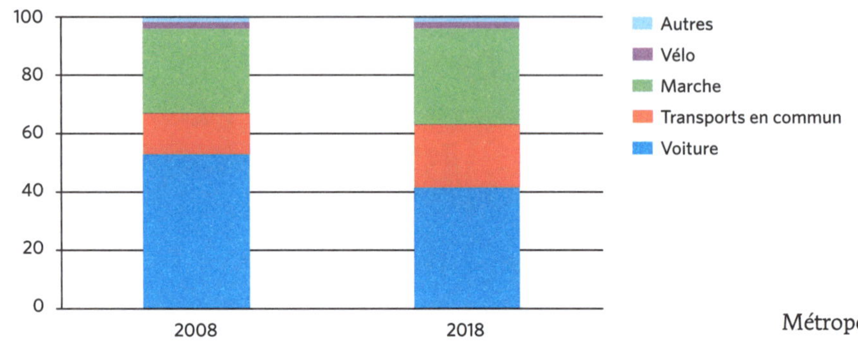

Métropole de Lyon, 2021.

Étape 1 Préparer l'oral

1. Présentez le document.
2. Décrivez l'évolution des mobilités quotidiennes dans l'agglomération lyonnaise.
3. Expliquez ce que vous avez observé.

Étape 2 S'entraîner à l'oral

1. Préparez à l'écrit le texte de votre présentation à partir de l'étape 1 de votre travail.
2. Enregistrez-vous sur votre smartphone.
3. Recommencez autant de fois que nécessaire jusqu'à ce que vous soyez satisfait(e) du résultat.

Aide

1. Précisez sa nature, son auteur ou sa source ; donnez les dates des informations fournies ; indiquez l'espace concerné et définissez les mobilités quotidiennes.
2. Relevez pour chaque mode de transport si sa part a augmenté, diminué ou stagné.
3. Émettez des hypothèses : pourquoi certains modes de transports régressent-ils tandis que d'autres progressent au contraire ? Quels aménagements cette évolution implique-t-elle ?

CONSEIL

Prenez bien en compte les critères sur lesquels portera l'évaluation de votre oral.

Critères d'évaluation	
J'ai bien replacé les documents, les événements et les acteurs dans leur contexte.	
J'ai bien formulé le sens global du document.	
J'ai fait preuve d'esprit critique.	
J'ai bien utilisé le vocabulaire de géographie.	
Mon discours est argumenté et personnel.	
Je me suis exprimé(e) de manière claire et correcte.	

Il est important pendant votre entretien avec le jury de participer activement à un échange.

② Améliorer les mobilités d'une plate-forme multimodale : l'aéroport de Roissy-Charles-de Gaulle

Document 1 L'organisation de la plate-forme multimodale de Roissy

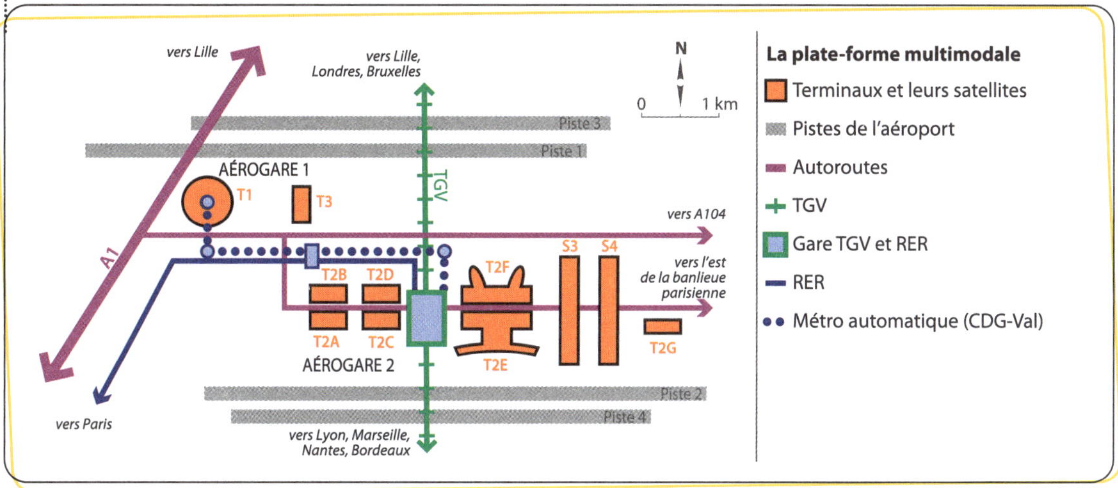

Document 2 Améliorer les mobilités

La plate-forme de Paris-Charles-de-Gaulle est desservie par un réseau de transport routier et ferroviaire qui la rend accessible pour les passagers, les transporteurs de fret et le personnel des entreprises exerçant leur activité sur l'aéroport et qui la place à la pointe des pôles aéroportuaires en termes d'intermodalité. L'aéroport est accessible grâce à la proximité d'autoroutes, une gare TGV au cœur du terminal 2, deux stations de RER et une gare routière au terminal 1 en zone Roissypole. Enfin, le système de transport automatique CDGVal relie les 3 terminaux de la plateforme, les gares RER-TGV et les parcs de stationnement longue durée.

L'aéroport de Paris-Charles-de-Gaulle compte environ 28 600 places de parking dont environ 18 000 sont situées au contact direct des terminaux.

Par ailleurs, dans le cadre du projet du « Nouveau Grand Paris » le Premier ministre a indiqué que le gouvernement souhaitait une mise en service de la ligne 17 entre Saint-Denis Pleyel et l'aéroport Paris-Le Bourget à l'horizon 2024 et une prolongation jusqu'à l'aéroport Paris-Charles-de-Gaulle d'ici 2030. La plate-forme serait alors située à 35 minutes de La Défense et à 32 minutes de Saint-Lazare. La liaison ferroviaire CDG EXPRESS permettra de rejoindre directement Paris intra-muros en quinze à vingt minutes, la mise en service est prévue pour 2024.

parisaeroport.fr, 2019.

Étape 1 Préparer l'oral

1. Présentez les documents.
2. Dressez la liste des aménagements qui existent déjà.
3. Expliquez pourquoi on peut dire que l'aéroport de Roissy-Charles-de-Gaulle est bien une plate-forme multimodale.
4. Quels sont les aménagements prévus pour améliorer l'accès à l'aéroport ?

Étape 2 S'entraîner à l'oral

1. Préparez à l'écrit le texte de votre présentation à partir de l'étape 1 de votre travail. Utilisez les notions suivantes : *plate-forme multimodale - desserte - mobilités - touristes - aménagements.*
2. Enregistrez-vous sur votre smartphone.
3. Recommencez autant de fois que nécessaire jusqu'à ce que vous soyez satisfait(e) du résultat.

BILAN

LES MOBILITÉS CROISSANTES DES INDIVIDUS

Complétez cette carte mentale avec ce que vous avez appris sur le thème et les notions, les acteurs et les enjeux importants. Vous utiliserez les mots suivants : *services* • *achats* • *train* • *migration* • *loisirs* • *tourisme* • *avion* • *réseaux de transports* • *voiture* • *citoyens* • *entreprises privées* • *bateau.*

Les mobilités croissantes des individus

Des mobilités du quotidien

- **Différents mobiles de déplacement :**
  - ....
  - Travail
  - ....
  - ....
- **Différents modes de transports :**
  - Marche
  - Vélo
  - ....
  - ....

Des mobilités internationales

- **Différents mobiles de déplacement :**
  - ....
  - ....
- **Différents modes de transports :**
  - ....
  - Voiture
  - ....
  - Train

Des mobilités qui nécessitent des aménagements à différentes échelles

- ....
- Importance des plate-formes multimodales

Des mobilités qui impliquent de nombreux acteurs

- ....
- ....
- ONG

Faites le point sur vos connaissances et vos compétences en complétant cette carte mentale.

Je m'évalue

Dans ce chapitre

- J'ai appris à ....
- J'ai encore des difficultés à ....
- Je sais mieux ....
- Pour progresser, je peux ....

Pour aller plus loin...

Un roman

Jean-Marc Ligny, *Exodes*, 2012

Quel avenir pour les personnes face au réchauffement climatique ? Olaf Eriksson et sa femme, réfugiés climatiques, fuient les îles Lofoten en Norvège et cherchent une terre un peu plus hospitalière.

Un documentaire

Sara Creta, *Libye, les centres de la honte*, 2021

En Libye, des milliers de migrants venus de toute l'Afrique sont parqués dans des centres de détention aux conditions inhumaines, dans l'attente que l'Europe et l'ONU statuent sur leur sort.

Une bande dessinée

Fabien Toulmé, *L'Odyssée d'Hakim*, t. 3, 2020.

L'histoire vraie d'Hakim, un jeune Syrien qui a dû fuir son pays avec sa famille pour devenir « réfugié » en France. La BD est composée de trois tomes retraçant les étapes de son parcours.

Un film

Olivier Nakache et Éric Toledano, *Samba*, 2014

Ce film met en regard un jeune migrant sénégalais en France qui collectionne les petits emplois et une jeune cadre en surmenage qui tente de se reconstruire en venant en aide aux sans-papiers.

Chapitre 3 La France des villes

La France des villes se caractérise par le poids de la capitale Paris et des grandes métropoles mais également par le dynamisme des petites et moyennes villes, dans lesquelles vivent plus de la moitié des Français.

Document 1 **Marseille, une ville riche par sa culture et son patrimoine**

1. Identifiez sur cette photographie le musée des Civilisations de l'Europe et de la Méditerranée (Mucem inauguré en 2013), la cathédrale La Major (XIXe siècle), la tour du Fanal (XVIIe siècle).

2. Pourquoi ces lieux sont-ils un atout pour Marseille ?

....

....

....

....

Document 2 **Marseille, une ville marquée par la pauvreté et l'insalubrité**

3 Décrivez le bâti dans ce quartier de Marseille.

4 Quel contraste les deux photographies mettent-elles en avant ?

En quoi suis-je concerné(e) ?

5 Quels sont les éléments d'attractivité de la métropole la plus proche de chez vous ? Montrez qu'elle est aussi marquée par les inégalités.

COURS

1. De quelle manière les métropoles dominent-elles le réseau urbain ?

Le réseau urbain français est dominé par les métropoles, qui concentrent les fonctions de commandement (politique, économique, culturel) et rayonnent sur des territoires plus ou moins étendus.

Document 1 **La France dominée par les métropoles**

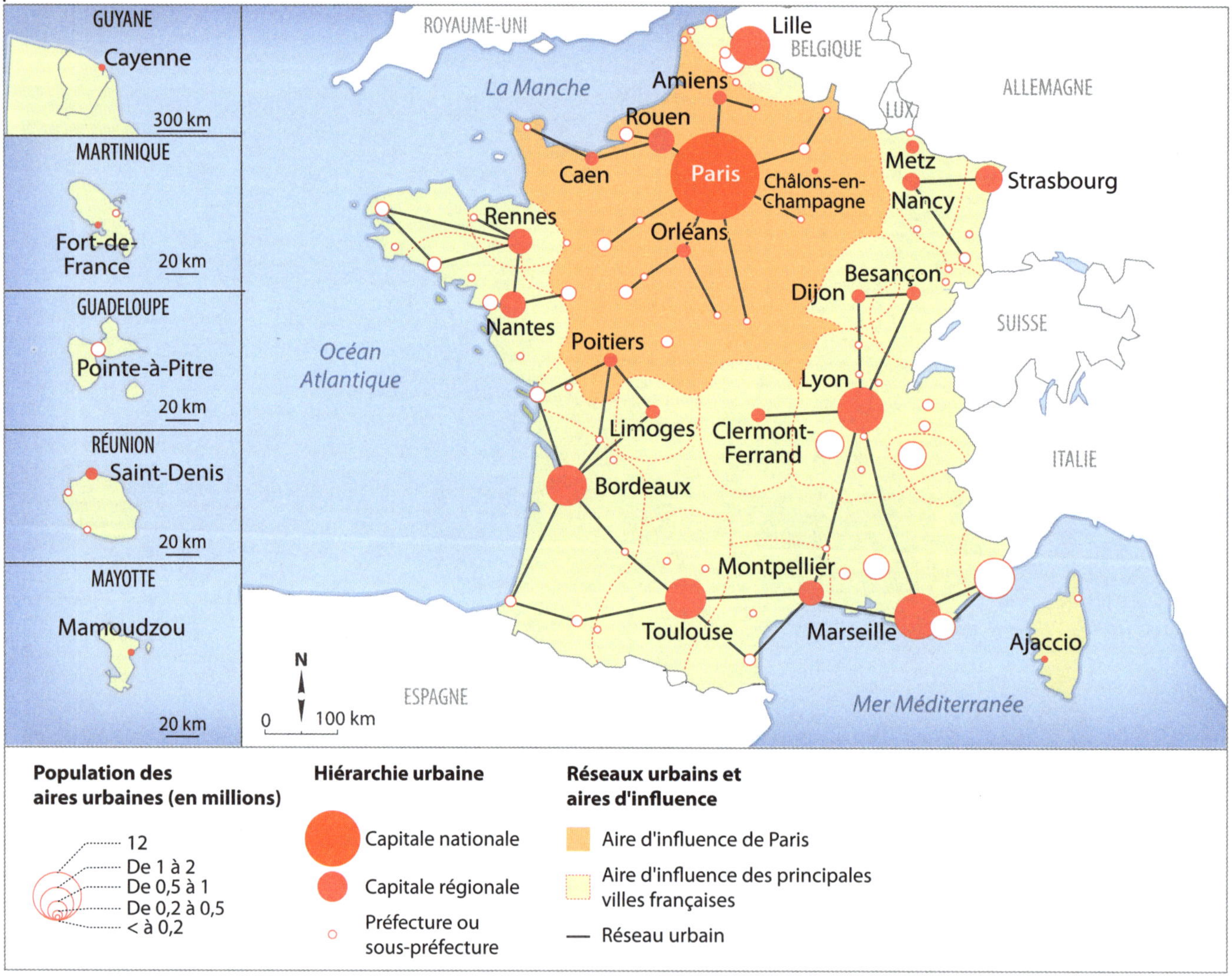

1 Quelle métropole a l'aire d'influence la plus grande ? D'après vous, pourquoi ?

2 Dans quelles régions trouve-t-on de nombreuses métropoles ?
Lesquelles semblent au contraire peu concentrer de métropoles ?

3 Entourez la métropole qui domine votre région ainsi que les capitales régionales.

Document 2 La métropole, une concentration de fonctions : l'exemple de Paris

(1) UNESCO (2) Quartier d'affaires de la Défense (3) Hôtel des Invalides (4) Ministère des Solidarités et de la Santé.

Classez dans le tableau les lieux de Paris selon les fonctions qu'ils occupent. Vous vous appuierez sur la photographie et en vous aidant de Google Maps.

Fonction politique	Fonction culturelle	Fonctions économique et financière
....	*Musée du Louvre*	....
....	....	....
....	....	....
....	....	....
....	....	....
....	....	....
....	....	....

Je retiens

Grâce à leur concentration de fonctions de commandement, les **métropoles** dominent le **réseau urbain** français. Elles sont des **lieux d'impulsion** (politique, économique) et de **créativité**. Pour rester ou devenir compétitives, les métropoles se spécialisent. Le poids grandissant des métropoles traduit l'interdépendance croissante des sociétés et des économies dans un contexte de mondialisation.

Définitions

Métropole : ville qui possède des fonctions de commandement dans les domaines diplomatiques, politiques, culturels, économiques, avec des activités à haute valeur ajoutée et un rayonnement international.

Réseau urbain : relations entre les villes qui sont interdépendantes.

COURS

2. Quelles sont les dynamiques des petites et moyennes villes françaises ?

Plus d'un Français sur deux vit dans une petite ou moyenne ville. Longtemps dévalorisées et en difficulté, ces villes connaissent aujourd'hui des dynamiques spatiales et sociales et redeviennent attractives.

Document 1 — Atouts et faiblesses des petites villes

En octobre 2021, l'agence de sondages Ipsos a mené une étude sur les petites villes.

L'image des petites villes aux yeux des Français qui vivent dans un autre type de territoire est très satisfaisante : 89 % portent un regard positif sur « la vie dans les petites villes », contre seulement 11 % qui en ont une opinion négative. Cet enthousiasme est partagé par toutes les catégories de la population, mais les jeunes (93 %) sont encore plus positifs que la moyenne.

Pour les Français qui n'y vivent pas, les petites villes disposent d'atouts nombreux. Le premier, cité par 62 % des répondants, concerne « la proximité de la nature, les paysages » — un aspect encore plus présent à l'esprit des Français qui vivent dans des grandes métropoles (65 %). Deux autres aspects sont largement mentionnés par les répondants : « la qualité des relations sociales entre les habitants » (46 %), « le niveau de sécurité » ou encore « l'offre de logements ».

[...] Malgré leurs atouts indéniables, les petites villes souffrent aussi de certains manques aux yeux du grand public : activité économique et commerciale, services publics, mobilités... Interrogés sur les freins qui pourraient empêcher leur éventuelle installation dans une petite ville, les Français citent avant tout « les difficultés pour effectuer des déplacements » (43 %). La question de l'offre de services est aussi fréquemment avancée, avec notamment « la faible présence de services de santé ».

Ipsos.com.

1. Entourez les données statistiques qui montrent que les petites villes ont une bonne image.
2. Soulignez les faiblesses des petites villes mises en avant par cette étude.
3. Pourquoi les deux passages soulignés permettent-ils de relativiser la portée de cette étude ?

....

....

....

....

....

....

Document 2 — La crise de Covid-19 : une chance pour les petites villes ?

Pour la première fois depuis des décennies, le mouvement de concentration dans les grandes villes pourrait s'inverser. Les petites agglomérations qui souffraient de voir leur population s'étioler[1] progressivement, leurs commerces fermer les uns après les autres, les services à la population, services publics ou privés, se réduire comme peau de chagrin, pourraient bien retrouver des couleurs, de l'attractivité et leur charme être ainsi redécouvert. À travers leurs atouts écologiques, gastronomiques, météorologiques, technologiques même, tant le déploiement de la fibre s'accélère en France et rend les petites villes aussi connectées que les grandes. [...] À l'exode rural était en train de succéder un véritable exode sanitaire.

Le Monde, 16 mars 2021.

1. Reculer

1. Pourquoi les grandes villes peuvent-elles perdre des habitants ? Soulignez les éléments de réponse.
2. Expliquez la phrase soulignée.

....

....

....

....

....

....

3. Comment comprenez-vous le titre du document ?

....

....

....

....

....

....

Document 3 **Châlons-en-Champagne, une ville moyenne attractive**

Campagne de communication de la ville de Châlons-en-Champagne (2021).

1. Présentez ce document : par qui a-t-il été diffusé, quand et pour quelle raison ?

2. Quel argument principal est mis en avant pour attirer les populations ?

3. Entourez l'élément qui montre que cette affiche s'adresse en particulier aux Parisiens.

Mes ressources numériques

Accédez aux informations sur la ville de Châlons-en-Champagne.
liennathan.fr/n3r8u8

Je retiens

Les villes petites et moyennes ont longtemps été menacées par le phénomène de métropolisation. La perte d'habitants et la fermeture des commerces ou des **services de proximité** ont témoigné de cette désaffection. Cependant, ces dernières années, leurs atouts économiques (prix du foncier plus bas), leurs atouts paysagers et patrimoniaux ont contribué à les rendre **à nouveau attractives**.

Définitions

Métropolisation : renforcement du poids et du rôle des métropoles dans le réseau urbain.

Petite ville : ville qui compte entre 2 000 et 20 000 habitants.

Ville moyenne : ville qui compte entre 20 000 et 200 000 habitants.

COURS

3. Comment les villes transforment-elles les territoires ?

Les villes, surtout lorsqu'elles sont grandes et dynamiques, exercent une forte influence sur leurs périphéries et leur environnement proche, qu'elles contribuent à transformer.

Document 1 L'étalement urbain à Basse-Terre (Guadeloupe)

a. **Basse-Terre en 1965.**

b. **Basse-Terre en 2010.**

Géoportail – « Remonter le temps ».

1. Dans quelle direction l'urbanisation progresse-t-elle entre 1965 et 2010 ?

2. Au détriment de quels espaces l'étalement urbain se fait-il ?

3. D'après-vous, quelles peuvent en être les conséquences ?

Document 2 Périurbanisation et dynamiques rurales

L'activité agricole a encore de l'avenir dans la plaine de Montesson. La communauté d'agglomération de Saint-Germain-Boucles-de-Seine vient en effet de lancer une procédure de classement en zone agricole protégée (ZAP), une mesure de protection juridique du foncier agricole face à la périurbanisation. Et ce pour un peu plus de 270 ha de terres cultivées. [...] La délibération a été votée à l'unanimité. « Nous apprécions toutes les actions de préservation de l'espace naturel et agricole », a ainsi appuyé Monika Bellala, conseillère PS à Houilles, en énumérant les chiffres : « 150 emplois et 10 M€ de chiffre d'affaires de culture maraîchère » qui « militent effectivement pour la mise en place de zones agricoles protégées ». Pour Jean-François Bel, le maire LR de Montesson, cette perspective « est un signal fort qui montre que la ville et l'agglomération comptent sur l'agriculture à long terme ».

Le Parisien, 29 mai 2018.

1. Pourquoi les zones agricoles de la plaine de Montesson sont-elles menacées ?

2. Soulignez les termes qui montrent la manière dont cette zone est protégée.

Document 3 Le processus de périurbanisation à Poissy

Poissy se situe dans les Yvelines, à 20 km de Paris.

(1) Seine (2) Prison (3) Gare (4) Usine Renault (5) Vers l'autoroute en direction de Paris.

1. Entourez de deux couleurs les différents types d'habitat de la ville de Poissy (habitat en barres et en tours, habitat pavillonnaire).
2. Décrivez le paysage : pourquoi peut-on dire qu'il est à la fois rural et urbain ?

....

....

....

3. Quels éléments de ce paysage montrent les liens qui existent entre Poissy et Paris ?

....

....

....

....

Je retiens

Étalement urbain, périurbanisation, intégration des périphéries : de différentes manières, les villes contribuent à transformer les territoires qui les entourent. Dans ce contexte, la **question des transports** est essentielle : la proximité d'une gare et la densité du réseau urbain sont des facteurs de dynamisme et d'attractivité.

Définitions

Étalement urbain : progression des surfaces urbanisées à la périphérie des villes, au détriment des sols végétaux.

Périurbanisation : extension des surfaces artificialisées, c'est-à-dire des routes et des parcelles en périphérie des agglomérations.

COURS

4. Quelles sont les conséquences socio-spatiales de la métropolisation ?

*Le processus de **métropolisation** a des conséquences sur les populations qui habitent la ville. L'une des plus importantes est le creusement des inégalités socio-spatiales.*

Document 1 De fortes inégalités au cœur des villes

De 70 % à 80 % de personnes pauvres dans certains quartiers en France métropolitaine : voici ce que révèlent les données de l'Insee pour les communes de plus de 10 000 habitants. Ces chiffres étaient insoupçonnables jusque-là, cachés derrière des moyennes trompeuses. Dans les quartiers les plus pauvres, près de huit personnes sur dix vivent avec un revenu inférieur au seuil de pauvreté à 60 % du revenu médian, soit avec moins de 1 000 euros par mois et par personne. Le record est atteint dans le quartier « Jean Perrin » à Nîmes, où près de 80 % des habitants, soit 1 200 personnes, vivent sous ce seuil de pauvreté. [...] Les villes du Sud de la France sont nombreuses dans notre classement des quartiers les plus pauvres. Sept quartiers de Montpellier notamment y apparaissent. Dans cette ville, le taux de pauvreté oscille entre 53,8 % dans le quartier de « Blayac » et 70,8 % dans celui du « Mail Nord ».

L'Observatoire des inégalités, 2017.

Ce texte fait apparaître deux idées essentielles : lesquelles ?

....

....

....

....

....

LE SAVIEZ-VOUS ?

Mesurer la pauvreté

En France, un individu (ou un ménage) est considéré comme pauvre lorsqu'il a un niveau de vie inférieur au seuil de pauvreté. Ce seuil est le plus souvent fixé à 60 % du niveau de vie médian (moyen), c'est-à-dire à 1 102 euros par mois pour une personne seule et à 2 314 euros par mois pour un couple avec deux enfants âgés de moins de 14 ans (chiffre 2021).

Document 2 Le processus de gentrification

Le quartier de la Guillotière (à Lyon), ancien faubourg populaire industriel, fréquenté pour ses cafés et ses cabarets dès le début du XXe siècle, présente la plupart des caractéristiques des quartiers populaires centraux des grandes villes : un bâti ancien, une population cosmopolite, une vie culturelle animée. Ce sont aussi ces trois critères qui prédisposent un quartier au processus de gentrification : l'installation de catégories sociales favorisées appartenant aux « classes créatives », suivie, par effet de mode, par l'arrivée de la nouvelle bourgeoisie ; concomitamment[1], réhabilitation du bâti et hausse des prix de l'immobilier [...] et finalement éviction progressive des classes populaires [...]. Cette gentrification est visible dans le paysage urbain à hauteur de rue, notamment par la transformation de cafés populaires en cafés branchés, par l'installation de chaînes de restauration visant un public jeune et aisé, et par l'apparition de cabinets d'architecture ou d'urbanisme dans les anciens ateliers industriels transformés en lofts.

Géoimage, 2020.

1. En même temps.

Soulignez tous les mots ou expressions qui montrent que la gentrification est un phénomène social.

Définitions

Métropolisation : renforcement du poids et du rôle des métropoles dans le réseau urbain.

Gentrification : phénomène qui transforme des quartiers populaires en quartiers plus aisés, par l'arrivée d'une population issue des couches moyennes et supérieures. Outre les prix du foncier plus élevés, le bâti est rénové et les activités peuvent changer.

Document 3

Mobilisation contre la gentrification à Lyon, dans le quartier de la Guillotière

Affiche réalisée par un collectif d'habitants, à Lyon, en 2019.

1 Présentez et décrivez ce document.

2 En vous aidant du document 2, expliquez le message « La Guillotière n'est pas à vendre ».

Activité — Réaliser un schéma simple : la gentrification

a. Représentez une ville composée d'un centre et de plusieurs quartiers en périphérie de ce centre.

b. Utilisez un figuré particulier pour faire apparaître le quartier en proie à la gentrification.

c. Indiquez les mouvements des différentes catégories de population (les personnes qui partent de ce quartier gentrifié ou bien qui y arrivent) par des flèches de couleur.

d. Donnez un titre à votre schéma.

Titre :

Je retiens

La **métropolisation** renforce les inégalités urbaines en privilégiant certains espaces au détriment d'autres moins favorisés. Les inégalités peuvent être importantes à l'échelle locale, entre quartiers, mais aussi parfois au sein d'une même rue ou d'un même immeuble. **La gentrification contribue à repousser en périphérie les populations pauvres.**

Regards croisés

Géographie
Français

Quels sont les principaux enjeux de la ville de demain ? Vous répondrez à cette question dans un paragraphe d'une quinzaine de lignes à l'aide des documents et de la rubrique Croiser les regards de cette double page.

Le contexte

Aujourd'hui près de 56 % de la population mondiale vit dans les villes. Phénomène fascinant ou répulsif pour certains, l'urbanisation interroge notre imaginaire et conduit aussi à l'éveil d'une conscience écologique.

Les villes du futur

LE REGARD D'UN GÉOGRAPHE

1 Alain Musset, *Station Metropolis direction Coruscant*, 2019

Alain Musset est un géographe qui étudie les relations entre la fiction et les villes actuelles.

Depuis la Metropolis de Fritz Lang (1926) jusqu'à la cité-planète de Coruscant imaginée par George Lucas pour la saga *Star Wars*, les cités du futur et parfois de l'ailleurs semblent toutes bâties sur les mêmes schémas dystopiques[1] : gigantisme, surpopulation, hyper-concentration des activités industrielles et commerciales, pollution, violence, peur de l'autre, racisme, oppression des minorités ethniques, exploitation des classes sociales inférieures au profit d'une élite sans cœur et sans scrupule — sans oublier [...] la destruction de la nature. [...] Les villes de science-fiction apparaissent souvent comme l'accomplissement, imaginaire ou non, d'une menace qui pèserait sur nos sociétés modernes. [...] Si les urbains ne représentaient que 7 % des 650 millions de Terriens en 1700, leur part était montée à 53 % (sur 7,2 milliards) en 2013 et on projette que ce pourcentage atteindra les 65 % en 2050. [...] C'est d'abord depuis l'espace que l'on peut se rendre compte du caractère exceptionnel de cette planète (Coruscant) complètement recouverte par des constructions humaines, comme on peut le voir depuis le vaisseau qui transporte Anakin et Padmé dans *La Menace fantôme* (George Lucas, 1999). Elle ressemble à une énorme sphère sur laquelle on aurait tracé des dessins mystérieux [...] : ce sont en fait les grandes structures urbaines reliées entre elles par des systèmes complexes de communication.

1. Correspondant à une dystopie, société imaginaire conçue comme cauchemardesque.

Mes ressources numériques

Cette vidéo propose un montage amateur sur Coruscant.

Regardez le vidéo sur Coruscant.
liennathan.fr/3ydj98

Cette conférence de la Cité des sciences traite du problème de l'urbanisation et du changement climatique.

Regardez la vidéo.
liennathan.fr/q47y7n

Cet article présente huit projets d'urbanisme et d'architecture pour des villes plus respectueuses de l'environnement.

Regardez le dossier photos sur les villes du futur.
liennathan.fr/8r7x7j

LE REGARD D'UN ROMANCIER

2 René Barjavel, *Ravage*, 1943

Dans ce roman, l'auteur imagine le Paris de 2052.

Tout (dans la ville) composait un grondement énorme et confus auquel les oreilles s'habituaient vite, et qui couvrait les simples bruits de vie, d'amour et de mort des vingt-cinq millions d'êtres humains entassés dans les maisons et dans les rues.

Vingt-cinq millions, c'était le chiffre donné par le dernier recensement de la population de la capitale. Le développement de la culture en usine avait ruiné les campagnes, attiré tous les paysans vers les villes, qui ne cessaient de croître. À Paris sévissait une crise du logement que la construction des quatre Villes Hautes n'avait pas conjurée. Le Conseil de la ville avait décidé d'en faire construire dix autres pareilles.

Pendant les cinquante dernières années, les villes avaient débordé de ces limites rondes qu'on leur voit sur les cartes du xxe siècle. Elles s'étaient déformées, étirées le long des voies ferrées, des autostrades[1], des cours d'eau. Elles avaient fini par se rejoindre et ne formaient plus qu'une seule agglomération en forme de dentelle, un immense réseau d'usines, d'entrepôts, de cités ouvrières, de maisons bourgeoises, d'immeubles champignons.

1. Autoroutes.

Coruscant est une planète imaginée par Georges Lucas pour la saga *Star Wars*.

Croiser les regards

1. Quels phénomènes spatiaux caractérisent les villes du futur pour les auteurs de science-fiction ?

....

....

....

....

2. En quoi cette représentation de Coruscant peut-elle illustrer les caractéristiques des villes du futur ?

....

....

....

....

LES OUTILS DU GÉOGRAPHE

Capacité

- Décrire une situation géographique

Votre objectif

Vous allez décrire et expliquer le paysage urbain du quartier d'affaires de La Défense près de Paris.

Document **Le quartier de La Défense**

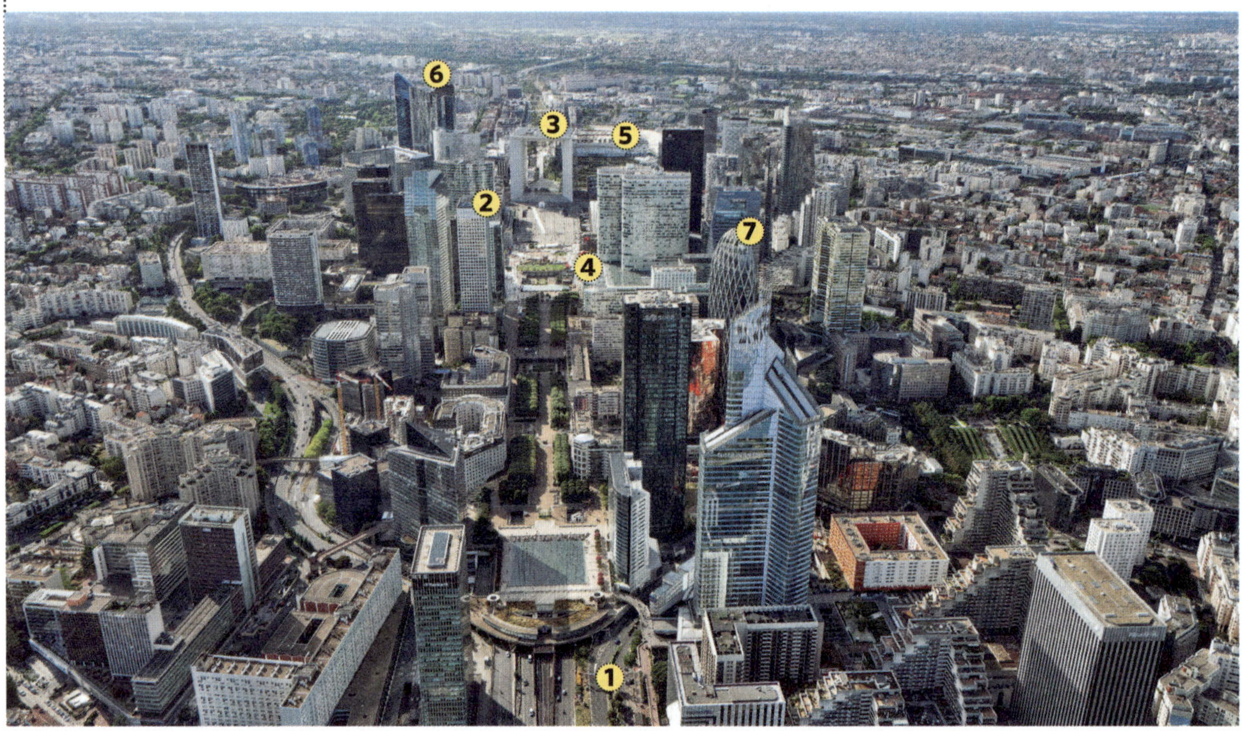

(1) Pont de Neuilly (2) Centre commercial des Quatre-Temps (3) Arche de la Défense offrant une perspective sur l'Arc de Triomphe (4) Métro (5) Salle de spectacle et de compétition sportive Paris La Défense-Arena (6) Société générale (7) Tour D2 (tour de bureaux).

DÉMARCHE

Pour mener à bien cette capacité, suivez la démarche proposée.

Décrire

(1) Observez attentivement la photographie et lisez la légende.

(2) Portez votre attention sur :
a. La situation (localisation géographique).
b. La forme des bâtiments et leurs fonctions.
c. Les différentes voies de communication.

Expliquer

(3) Établissez un lien entre votre travail et les connaissances acquises : comment ce quartier rend-il compte du rôle des métropoles dans la mondialisation ?

Capacité

• Compléter un croquis simple de géographie

Votre objectif

Vous allez réaliser la légende du croquis d'un paysage périurbain.

Document **La zone d'aménagement concerté d'Augny, située en périphérie de Metz**

A31 vers Metz (à 7km au nord) et vers Nancy (40km au sud)

Waves Actisud (centre commercial)

Le croquis

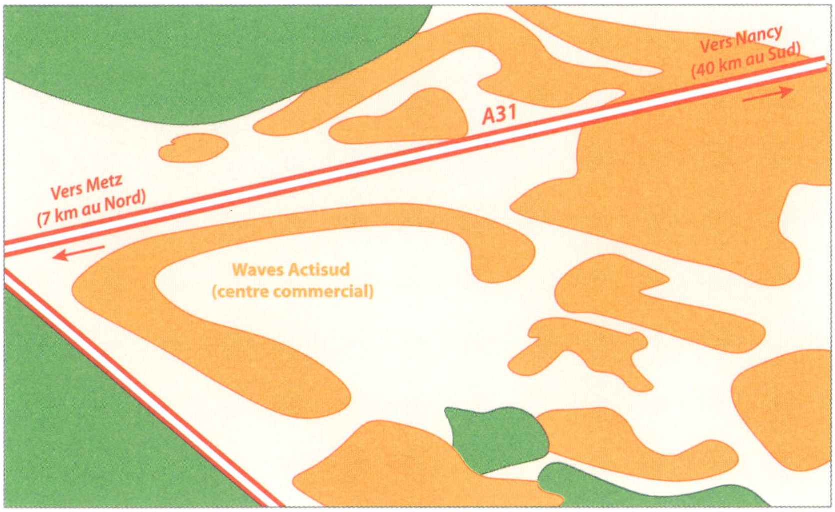

DÉMARCHE

Pour mener à bien cette capacité, suivez la démarche proposée.

1 Observez attentivement ce paysage : que fait-il apparaître ? Attachez-vous aux activités, infrastructures, transports, paysage.

2 Réalisez la légende du croquis en utilisant les mots suivants : *routes, espaces végétalisés, surfaces commerciales ou restaurants*.

Vers le CCF

Je m'entraîne à la première situation de l'évaluation

① La dynamique des villes moyennes

Document **La croissance des villes moyennes**

Un cadre de vie exceptionnel, dans le nord-est de l'Ille-et-Vilaine, entre verdure et patrimoine médiéval, avec toutes les commodités à portée de main. « *Fougères offre tous les avantages de la ville sans les inconvénients* », résume Mélanie, 39 ans. Cette blogueuse et consultante en communication numérique y a posé ses valises début octobre, après douze ans de vie parisienne. « *Ici, j'ai un logement deux fois plus grand, un jardin, et je paie deux fois moins de loyer que dans la capitale* », se réjouit-elle. Bien sûr, l'offre de loisirs n'est pas comparable. Mais il y a quand même une médiathèque, un théâtre, un cinéma, un espace culturel… « *Et si, une fois l'épidémie terminée, j'ai vraiment envie de voir un spectacle précis, j'aurai toujours la possibilité d'aller faire un saut à Rennes ou à Paris, souligne-t-elle. Avec le bus et le TGV, c'est très facile de bouger.* » […] Selon le dernier Baromètre des territoires 2020 de Villes de France, 63 % des moins de 35 ans s'établiraient dans une ville moyenne s'ils avaient le choix.

« Calme, coût de la vie, espace… Les villes moyennes tiennent leur revanche », *Le Monde*, 21 février 2021.

Étape 1 Préparer l'oral

1. Présentez le document.
2. Pour cette blogueuse, quels sont les atouts de Fougères ?
3. Quel a été l'impact de l'épidémie de Covid-19 sur les dynamiques urbaines ?
4. Expliquez la phrase soulignée.

Aide

1. Précisez sa nature, son auteur, sa date et le contexte dans lequel il s'inscrit.
2. Interrogez-vous sur le pouvoir d'achat et les transports pendant cette période de pandémie.

Étape 2 S'entraîner à l'oral

1. Préparez à l'écrit le texte de votre présentation à partir de l'étape 1 de votre travail.
2. Enregistrez-vous sur votre smartphone.
3. Recommencez autant de fois que nécessaire jusqu'à ce que vous soyez satisfait(e) du résultat.

② Les dynamiques spatiales d'une métropole

Document Photographie aérienne de Pointe-à-Pitre (Guadeloupe)

Étape 1 Préparer l'oral

1. Rappelez la définition d'une métropole et listez les principales fonctions qui font de Pointe-à-Pitre une métropole.
2. D'après les éléments du paysage, pourquoi la mobilité doit-elle être pensée à plusieurs échelles ?

Étape 2 S'entraîner à l'oral

1. Préparez à l'écrit le texte de votre présentation à partir de l'étape 1 de votre travail.
2. Enregistrez-vous sur votre smartphone.
3. Recommencez autant de fois que nécessaire jusqu'à ce que vous soyez satisfait(e) du résultat.

CONSEIL

Prenez bien en compte les critères sur lesquels portera l'évaluation de votre oral.

Critères d'évaluation	
J'ai bien replacé les documents, les événements et les acteurs dans leur contexte.	
J'ai bien formulé le sens global du document.	
J'ai fait preuve d'esprit critique.	
J'ai bien utilisé le vocabulaire de géographie.	
Mon discours est argumenté et personnel.	
Je me suis exprimé(e) de manière claire et correcte.	

Il est important pendant votre entretien avec le jury de participer activement à un échange.

BILAN LA FRANCE DES VILLES

Complétez cette carte mentale avec ce que vous avez appris dans le chapitre. Vous utiliserez les mots suivants : *métropole* ▪ *20 000* ▪ *200 000* ▪ *déserts médicaux* ▪ *loyers abordables* ▪ *spécialisation* ▪ *quartier d'affaires* ▪ *Paris* ▪ *fermeture des services publics et des commerces* ▪ *2 000 métropoles* ▪ *attractivité économique et culturelle mondiale* ▪ *accessibilité* ▪ *gentrification* ▪ *étalement urbain* ▪ *services à haute valeur ajoutée* ▪ *20 000.*

La mondialisation a des conséquences sur les villes et leurs dynamiques

...., capitale nationale et .... mondiale.

Villes moyennes : entre .... et .... habitants.

Des villes en difficulté :

– ....

– ....

– ....

Des villes qui ont des atouts et redeviennent attractives :

....

Petites villes : moins de .... habitants.

.... : grandes villes qui cumulent les fonctions de commandement.

Les principales caractéristiques permettant de définir une métropole :

– ....

– ....

– ....

Les dynamiques spatiales des métropoles :

– ....

– ....

– ....

Faites le point sur vos connaissances et vos compétences en complétant cette carte mentale.

Je m'évalue

Dans ce chapitre

- J'ai appris à ……………………………………
- J'ai encore des difficultés à ……………………………………
- Je sais mieux ……………………………………
- Pour progresser, je peux ……………………………………

Pour aller plus loin…

Une bande dessinée

Anne Baraou et Hubesch, *Back in town*, t. 1, *Gloire aux trottoirs !*, 2010

Une famille revient à Paris après des années à la campagne. Elle y redécouvre les atouts d'une grande ville mais aussi le coût de la vie élevé et bien d'autres contraintes.

Un podcast

***Va-t-on vers un exode urbain ?*, France Culture, 23 juillet 2020**

La pandémie de Covid-19 a rebattu les cartes autour du mode de vie des citadins. Désormais, certains aspirent à une vie plus rurale, aérée, laissant de côté la densité, la pollution… Va-t-on assister à une reconquête des territoires et un exode urbain vers des espaces délaissés jusqu'alors ?

Un documentaire

Philippe Pujol, *Péril sur la ville*, 2019

Ce documentaire porte sur les inégalités socio-spatiales à Marseille.

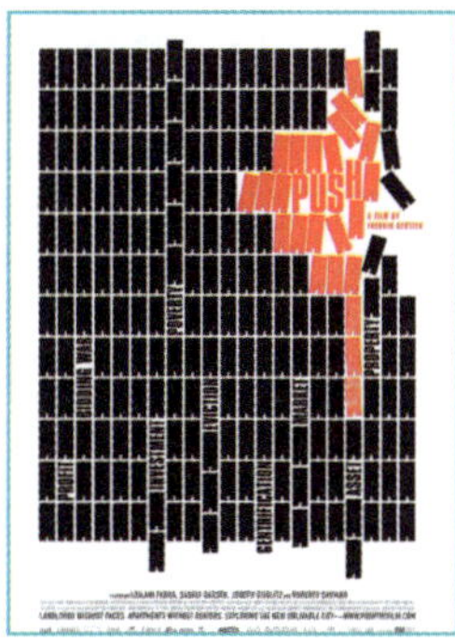

Un documentaire

Fredrik Gertten, *Push*, 2019

Ce documentaire dénonce les inégalités croissantes liées au phénomène de gentrification.

Chapitre 4

Acteurs et enjeux de l'aménagement des villes

Quelle que soit leur taille, les villes mettent en œuvre des politiques et des aménagements pour renforcer leur attractivité et leur dynamisme. De nombreux acteurs sont engagés dans ce processus, qui suscite des coopérations mais peut aussi provoquer des tensions.

Document 1 Aménager par les transports

Le prolongement de la ligne 14 du métro jusqu'à l'aéroport d'Orly doit être réalisé avant 2024, année des JO de Paris.

Affichage public annonçant le prolongement de la ligne 14 jusqu'à l'aéroport d'Orly.

1. Pourquoi la date de 2024 est-elle retenue comme objectif pour la fin de ces travaux ?

....

....

....

2. D'après vous, pourquoi l'État est-il l'acteur principal de ce grand projet ?

....

....

....

Document 2 **Aménager en combinant tradition et modernité**

Ce complexe artistique et culturel comprend sept anciennes usines ferroviaires rénovées et une tour dessinée par le célèbre architecte Frank Gehry. Ce projet a vu le jour grâce à la fondation LUMA.

La tour Luma à Arles.

(3) Quels éléments de tradition repérez-vous ?
Quels sont les éléments de modernité ?

....

....

....

En quoi suis-je concerné(e) ?

(4) Pouvez-vous citer un aménagement récent dans votre région ?

....

....

....

COURS

1. Quels sont les principaux acteurs de l'aménagement des villes ?

De nombreux acteurs interviennent pour aménager les villes : acteurs publics comme l'État ou les collectivités locales, acteurs privés comme les entreprises, et enfin les citoyens. Tous ces acteurs contribuent à transformer les espaces urbains.

Document 1 Les acteurs de l'aménagement

L'aménagement des territoires n'est plus l'affaire d'un seul, l'État. Régions, départements, communes ou intercommunalités, après avoir hérité de nouvelles compétences avec les lois de décentralisation du début des années 1980, sont progressivement devenus d'importants prescripteurs de dépenses d'aménagement [...]. L'Union européenne intervient à la fois comme financeur, dans la définition de grands schémas d'infrastructures et par des réglementations spécifiques. Les entreprises disposent depuis la fin des années 1980 d'une liberté totale dans leur stratégie de localisation, elles sont maîtresses du jeu et l'État, bien en peine d'exercer la moindre pression sur elles, en est réduit à dérouler le tapis rouge pour essayer de les attirer là où il le souhaite. Les associations, enfin, jouent un rôle décisif en bloquant de nombreux projets d'équipement ou en influant, par la contestation, sur leur contenu, leur localisation, leur tracé et, on l'a vu, leur coût. Certes, l'État reste le responsable des grands schémas d'infrastructures et l'ultime décideur en la matière, maître des priorités et de l'ordre de réalisation des grands projets. [...] Mais ce pouvoir s'exerce désormais dans le cadre d'un système d'acteurs et de rapports de force complexe et instable.

Philippe Subra, « Ce que le débat public nous dit du territoire et de son aménagement », *Géocarrefour*, 2006.

1 Soulignez d'une couleur les acteurs publics de l'aménagement du territoire.

2 Encadrez les autres acteurs évoqués.

Activité Situer un acteur dans son contexte : le rôle des maires

1 Rendez-vous sur le site Vie publique à l'aide du QRCode et collez la fiche sur les prérogatives du maire.

Collez ici la fiche.

2 Citez trois actions du maire qui concernent directement la vie quotidienne de ses administrés.

....

....

....

3 Quelles sont les missions que le maire accomplit en tant que représentant de l'État ?

....

....

....

Mes ressources numériques

Accédez au site Vie publique.
liennathan.fr/t663jk

Document 2 Le rôle des associations

L'Association œuvre pour le partage, la préservation, la valorisation du patrimoine nantais. Elle contribue à la transmission des savoirs et à la promotion des savoir-faire en matière de restauration du bâti ancien et favorise les échanges entre professionnels et passionnés, entre jeunes et adultes, entre curieux et experts : c'est un point de rencontre, un carrefour du patrimoine.

Plaquette de présentation de l'association Nantes Renaissance.

Nantes Renaissance
Sauvegarder, Restaurer, Transmettre le Patrimoine

1. Quel est l'acteur présenté par ce document ?

2. Quels sont les principaux objectifs de cette association ?

3. En quoi cet exemple témoigne-t-il de l'implication des citoyens dans l'aménagement de leur ville ?

Je retiens

De nombreux **acteurs** participent à l'**aménagement** des villes : les **acteurs publics** bien sûr avec l'État et, dans le cadre de la décentralisation, les collectivités locales. Les **entreprises privées**, parfois en partenariat avec l'État, constituent les autres grands acteurs qui modèlent nos villes. Enfin, les **citoyens**, réunis notamment en associations, jouent un grand rôle dans la gestion de leur ville au quotidien.

Activité

Identifier les principaux acteurs d'un territoire

1. Trouvez une association dans votre environnement proche dont l'action concerne l'aménagement de votre lieu de vie ou de votre établissement. Notez son nom.

2. Présentez les objectifs et les actions de cette association.

3. Identifiez les autres acteurs avec lesquels cette association travaille : entreprises privées, acteurs publics : collectivités locales, État, Union européenne…

Définitions

Acteur : groupe ou institution, public ou privé, d'échelle internationale, nationale ou locale, dont l'action participe à l'organisation des territoires.

Aménagement des territoires : action publique sur les territoires qui s'efforce de répondre aux enjeux de compétitivité économique et de développement durable.

Collectivités territoriales (ou locales) : services administratifs dirigés par une assemblée d'élus. On en compte quatre en France : les communes, les intercommunalités, les départements et les Régions.

COURS

2. Comment renforcer l'attractivité des espaces urbains ?

Les villes sont des bassins d'emplois importants, mais elles sont soumises aux transformations de l'économie et à la réduction de certains services publics. Elles doivent tout mettre en œuvre pour rester attractives pour leurs habitants et pour les entreprises.

Document 1 L'importance des services publics dans les villes petites et moyennes

Moins fréquentes, les fermetures de services ou établissements hospitaliers surviennent tout de même encore, plus vraiment pour des raisons financières ou de sécurité mais parce que la tension du marché de l'emploi médical et soignant impacte des hôpitaux des petites villes de plein fouet. L'emploi et l'attractivité des territoires concernés en pâtit toujours [...]

À Luçon (Vendée, 9 400 hab.), les habitants militent pour le maintien du service d'urgences. Celui de Sarlat (Dordogne, 9 000 hab.) a été « sauvé », titre la presse locale. À Dole (Jura, 23 400 hab.), les habitants se mobilisent contre la fermeture du service de chirurgie conventionnelle au profit de la chirurgie ambulatoire et craignent celle de la maternité. À Vierzon (Cher, 26 900 hab.), la fermeture de l'hôpital, ardemment décriée par les habitants et les élus, a été écartée en 2019 mais une menace sur sa maternité a suivi...

Géraldine Langlois, *La Gazette des communes*, septembre 2021.

1 Soulignez dans le texte les raisons pour lesquelles certains services hospitaliers peuvent fermer.

2 Quelles sont les conséquences de ces fermetures pour l'emploi et l'**attractivité** des territoires concernés ?

3 Entourez le nom d'acteurs menant des actions pour conserver ce type de services dans leur ville.

Document 2 Le rôle des pôles de compétitivité

1 Dans quelle Région se trouve ce **pôle de compétitivité** ?

2 Quels acteurs participent au pôle de compétitivité Materalia ?

3 D'après vous, en quoi ce pôle peut-il renforcer l'attractivité des territoires ?

Activité Nommer et localiser les grands repères géographiques

Y a-t-il un pôle de compétitivité près de chez vous ? Quelle est sa spécialité ? Pour le savoir, vous pouvez vous référer à la carte disponible sur le site de la Banque des territoires.

Mes ressources numériques

Consultez le site.
liennathan.fr/4bq24h

Document 3 Le rôle des transports

Une nouvelle ligne de tramway va desservir la vallée du Paillon et l'Ariane d'ici 2026. Une bonne nouvelle pour les habitants. Depuis près de 20 ans, les habitants du quartier de l'Ariane à Nice entendent parler d'une ligne de tramway. Aujourd'hui, sa construction a été officiellement annoncée par le maire de Nice, Christian Estrosi. Cette ligne desservira l'Ariane, La Trinité et Drap. Cette nouvelle ligne longue de six kilomètres devrait pouvoir désengorger la vallée du Paillon et améliorer ainsi la circulation automobile.

Justine Leclercq, pour la radio France Bleu Azur, le 22 mars 2021.

1. Qu'annonce cette journaliste ?

2. Pourquoi cette infrastructure de transport est-elle si attendue par les habitants des quartiers qu'elle doit traverser ?

3. En quoi cet exemple illustre-t-il le rôle des maires dans la gestion de leur territoire communal ?

Activité Identifier les différents services présents dans votre ville

1. Rendez-vous sur le site de votre ville.
2. Quels sont les services publics existants dans votre ville ? Classez-les dans le tableau suivant.

Éducation	Santé	Transports	Sécurité	Service aux personnes

3. Enquêtez sur l'un des services publics de votre ville.

J'ai choisi le service public ……

parce que ……

a. Quelles sont les missions de ce service ?

b. Comment fonctionne-t-il ? (quel budget ? combien d'agents ? combien de métiers différents ? etc.)

Je retiens

Les **villes**, quelle que soit leur taille, cherchent toutes à **renforcer leur attractivité** et leur **compétitivité** pour maintenir et créer des emplois. Elles doivent pour cela conserver des services publics de qualité — un défi pour les plus petites villes — soutenir leurs **pôles de compétitivité**, mais aussi mener une ambitieuse politique culturelle et **organiser au mieux leur offre de transports**, essentielle aux habitants et aux entreprises.

Définitions

Service public : activité dont l'objectif est de satisfaire un besoin d'intérêt général, dans les domaines de la santé, de l'éducation, de la police…

Attractivité/compétitivité : capacité d'un territoire à faire face à la concurrence et à maintenir un dynamisme économique et démographique avec le maintien et la création d'emplois.

Pôle de compétitivité : rassemblement, sur un territoire bien identifié et sur une thématique ciblée, d'entreprises de laboratoires de recherche et d'établissements de formation, en lien avec les pouvoirs publics nationaux, régionaux et locaux.

COURS

3. Comment interagissent les différents acteurs de l'aménagement ?

De nombreux acteurs interviennent dans l'aménagement des villes. Leurs logiques peuvent être complémentaires ou en concurrence, des rapports de force peuvent même s'engager. Il est donc important que tous ces acteurs apprennent à travailler ensemble.

Document 1 Un exemple d'aménagement

La Rochelle a plusieurs projets d'aménagements notamment la création d'un nouveau quartier.

À l'est de la commune, au lieu-dit Champ Pinson, la Communauté d'agglomération de La Rochelle et la ville de Nieul-sur-Mer envisagent la création d'un nouveau quartier. Le projet prévoit la construction d'environ 400 habitations réparties sur 12 hectares, pour un quartier connecté à la commune, intégré dans son environnement et pensé dans une démarche responsable : large place accordée aux mobilités douces, conception bioclimatique, respect et valorisation de l'environnement bocager et de la biodiversité, gestion alternative des eaux de pluie au service de la qualité du paysage.

Enfin, la place de la nature sera valorisée à travers des jardins familiaux et/ou partagés...

Site de l'agglomération de La Rochelle.

1. Soulignez les différents acteurs qui participent à la création du nouveau quartier.
2. Ce quartier sera écoresponsable. D'après cette courte présentation, qu'est-ce que cela signifie ?

....

....

....

Document 2 Un conflit d'aménagement à Paris

En octobre 2015, la mairie de Paris s'engage publiquement à céder gratuitement à l'État, pour une durée de trois ans, un terrain constructible dans le 16e arrondissement, en lisière du bois de Boulogne, pour y implanter un centre d'hébergement d'urgence provisoire. [...] Avant même la présentation du projet au conseil de Paris en décembre 2015, une pétition en ligne est lancée par Claude Goasguen, maire du 16e arrondissement [...]. La mairie du 16e organise une première réunion d'information en février 2016, avant que la Mairie de Paris n'en convoque une seconde, plus médiatisée, qui se tient en mars 2016 [...]. Le 1er avril 2016, trois associations, la Coordination pour la sauvegarde du bois de Boulogne, l'Association des riverains du bois de Boulogne et l'Association XVIe demain, déposent un recours auprès du juge des référés du Tribunal de Paris requérant la suspension du permis de construire du centre d'hébergement d'urgence. Cette requête est rejetée trois semaines plus tard. Le centre d'hébergement d'urgence est inauguré en novembre 2016 après avoir été la cible de deux tentatives d'incendie criminel dans les mois qui précèdent son ouverture.

Matthieu Jeanne, « Un conflit d'aménagement dans les " beaux quartiers " parisiens », *Géographies des mobilisations*, 2019.

1. Soulignez le type de projet qui a suscité de violentes réactions.
2. D'après vous comment expliquer ce rejet ?

....

....

....

3. Pourquoi peut-on dire que cet exemple illustre le **syndrome Nimby** ? Aidez-vous de la définition.

....

....

....

....

Document 3 Un projet contesté et abandonné : l'aéroport de Notre-Dame-des-Landes

Datant des années 1960, le projet d'un aéroport pour l'agglomération de Nantes est relancé dans les années 2000. Mais devant la détermination des occupants de la ZAD (zone à défendre) installés sur les terrains prévus pour le futur aéroport, et face à l'ampleur médiatique de cette résistance, l'État renonce au projet en 2018.

1. Au nom de quels principes les oppositions à cet aéroport sont-elles structurées ?

2. Pourquoi peut-on parler de **conflit d'usage** ?

Je retiens

Pour réussir leurs projets d'aménagements, des villes construisent des partenariats : communes entre elles dans le cadre de l'**intercommunalité**, partenariat avec l'État et des acteurs privés dans le cadre de grands projets comme l'organisation des JO par Paris en 2024. Toutefois, les logiques des différents acteurs peuvent parfois s'opposer et de nombreux citoyens n'hésitent plus aujourd'hui à contester la réalisation de certains équipements près de chez eux, même s'ils sont utiles à la collectivité : c'est le **syndrome Nimby**.

Définitions

Intercommunalités : désigne les différentes formes de coopération entre les communes. En 2021, on en compte plus de 10 000 en France, se répartissant entre les métropoles, les communautés urbaines, les communautés d'agglomération et les communautés de communes.

Syndrome Nimby : acronyme de l'expression « Not In My Back Yard », qui signifie « Pas dans mon arrière-cour ». Par exemple, les populations acceptent certains équipements essentiels, comme un centre de traitement de déchets, mais pas à proximité de leurs habitations.

Conflits d'usage : rivalités et tensions entre plusieurs acteurs autour de la propriété, de l'exploitation et de la gestion d'un territoire et de ses ressources.

COURS

4. Comment réussir le défi de la transition vers des villes durables ?

Les villes, qui regroupent de plus en plus d'habitants, sont au cœur des enjeux du développement durable. En construisant des quartiers de basse consommation énergétique, en favorisant des mobilités douces, en gérant mieux les déchets, de nombreuses villes s'engagent dans la transition vers un nouveau modèle urbain durable.

Document 1 Une mobilisation pour des villes marchables

Fin 2020, début 2021, la première édition du baromètre des villes marchables a vu, pour la France entière, 68 510 répondants s'exprimer sur leur ressenti à propos de leurs déplacements à pied. [...] La commune de Dijon a recueilli 756 réponses.

Même si la ville de Dijon fait mieux que la moyenne nationale ou les villes de sa catégorie, il n'en reste pas moins que l'on ne peut se satisfaire du fait que plus de 40 % des répondants ressentent un danger, pour se rendre dans une commune voisine ou lorsqu'ils abordent les carrefours et autres ronds-points. Ils estiment aussi que les piétons fragiles (seniors, personnes à mobilité réduite...) ne sont pas en sécurité, 38 % d'entre eux pensent que les enfants ne sont pas en sécurité pour aller à pied à l'école !

InfosDijon.com

1. Entourez les deux chiffres qui prouvent les difficultés des déplacements à pied à Dijon.
2. D'après cette enquête ; qu'est-ce qu'une ville marchable ? Utilisez l'expression « mobilité douce » pour rédiger votre propre définition.

....
....
....
....
....
....
....

Document 2 Un label pour des villes durables

À l'occasion de la 3e édition du label régional Territoire durable, une COP d'avance [...] mettant à l'honneur les territoires engagés dans des démarches territoriales de développement durable, 18 territoires ont été labellisés et 4 territoires ont obtenu la reconnaissance « Territoire engagé ». [...]. Piloté par l'État (Direction régionale de l'environnement, de l'aménagement et du logement Provence-Alpes-Côte d'Azur), la Région Provence-Alpes-Côte d'Azur et animé par l'ARBE, le label régional Territoire durable, une COP d'avance a pour objectif de valoriser et d'accompagner les collectivités qui s'engagent dans la transition écologique et ainsi leur permettre de développer leur engagement. Ce label permet de décliner au niveau local les objectifs de développement durable de l'agenda 2030 et les ambitions du Plan climat régional 2e génération « Gardons une COP d'avance ».

ARBE (Agence régionale pour la biodiversité et l'environnement), 2021.

1. Soulignez les différents acteurs qui participent au label *Territoire durable, une COP d'avance*.
2. Quel est l'objectif de ce label ?

....
....
....
....
....
....
....

Activité Nommer et localiser les grands repères : un écoquartier

Faites une recherche sur un écoquartier dans une ville à proximité de votre établissement.

1 Où se situe l'écoquartier que vous avez retenu ?

....

2 Quand a-t-il été construit ? Qu'y avait-il auparavant ?

....

....

....

3 Combien de personnes y vivent ?

....

4 Dressez une liste des éléments qui en font un écoquartier.

....

....

....

....

....

5 Collez la photographie de l'écoquartier que vous avez retenu.

Coller la photographie de l'écoquartier.

Oral

6 Présentez votre travail à vos camarades.

Je retiens

Les villes sont au cœur du **développement durable**. L'ensemble des acteurs, publics, privés et les citoyens peuvent et doivent s'engager pour rendre les villes durables. Cela passe par le renforcement des **mobilités douces**, le développement de nouvelles techniques pour rendre les logements intelligents et la création d'**écoquartiers**, qui intègrent les principes de la transition écologique.

Définitions

Développement durable : développement qui répond aux besoins du présent sans compromettre la capacité des générations futures à répondre aux leurs. Le développement durable comporte trois volets : l'économie, l'environnement et le social.

Mobilités douces : ensemble des déplacements non motorisés, comme la marche à pied, le vélo, le roller...

Écoquartier : projet d'aménagement d'un quartier qui intègre les enjeux et principes de la ville et des territoires durables. La démarche ÉcoQuartier est soutenue par le ministère de la Transition écologique.

Regards croisés

Géographie
Français

Le Grand Paris : un projet de développement pour une métropole de rang mondial

Comment imaginer une nouvelle métropole ? Vous répondrez à cette question dans un paragraphe d'une quinzaine de lignes, à l'aide des documents et de la rubrique Croiser les regards de cette double page.

Le contexte

Le projet du Grand Paris, initié par l'État en 2008, vise à transformer la région capitale, pour en faire une grande métropole mondiale au XXIe siècle. Ce projet a plusieurs volets : création d'un nouveau réseau de transports, transformation institutionnelle, enjeu environnemental avec les défis de la ville durable. Les travaux ont démarré en 2010 et se poursuivent actuellement.

LE REGARD D'UN ROMANCIER

1 Aurélien Bellanger, *Le Grand Paris*, 2017

Publié en 2017, ce roman retrace le parcours d'Alexandre Belgrand, jeune urbaniste ambitieux, proche du pouvoir politique. Ce personnage imagine le Grand Paris Express, projet d'aménagement et de prolongement du métro parisien vers les villes de banlieue.

Par-delà mes études minutieuses, par-delà les rapports que je lisais, les cartes que je compulsais, les architectes et les sociologues que j'interrogeais, le Grand Paris Express, lentement, prenait forme, comme une bête sauvage en gestation, une hydre[1], quelque chose que je portais en moi et dont j'ignorais — mais la chose était-elle encore en mon pouvoir — si je devais le faire naître ou l'anéantir. J'avais entre les mains le destin de Babel[2], la mâchoire endiamantée du progrès, la machine capable de rendre enfin la ville endormie aux cycles dévastateurs des rituels païens[3] de l'économie-monde. J'opérais directement au niveau des temps géologiques, j'accomplissais une œuvre qui dépassait toute durée connue pour atteindre à la structure de l'espèce, à sa mise en danger, à sa projection sur la surface hyperbolique d'une ville conçue moins pour lui servir d'habitat que pour lui permettre d'accéder à un stade critique, terminal – l'extase religieuse de l'espace. Les villes modernes étaient les dernières et les plus grandes des hérésies[4] qu'on ait vues : la religion mise à nu comme une infrastructure.

1. Animal fabuleux, serpent ou dragon à plusieurs têtes. 2. Référence à la tour de Babel, épisode biblique selon lequel les hommes de Babylone qui ne parlaient qu'une seule langue ont construit une tour pour atteindre le ciel. Ils ont été punis car Dieu les a divisés en inventant d'autres langues. 3. Sans religion, impie. 4. Doctrines condamnées par l'Église.

Mes ressources numériques

Lisez des articles et regardez des cartes sur le projet du Grand Paris.
liennathan.fr/943qes

Regardez une série d'épisodes de la rubrique « Le Grand Paris des écrivains » sur le site du Pavillon de l'Arsenal de Paris.

Régine Robin, « Je me souviens d'un coin perdu ».
liennathan.fr/pb23f9

Simon Johannin, « Cité Gagarine ».
liennathan.fr/u2h4v2

Maylis de Kerangal, « Dans la ville écluse ».
liennathan.fr/24i8fc

LE REGARD D'UN ACTEUR INSTITUTIONNEL

2 Vie publique, « Grand Paris : un projet de développement pour une métropole de rang mondial »

Après des années de concertation entre l'État, la région Île-de-France, les collectivités locales et les citoyens, la Métropole du Grand Paris (MGP) est officiellement née le 1er janvier 2016. [...]

En tout, le Grand Paris compte près de 7 millions d'habitants, ce qui en fait la plus importante métropole française. Celle-ci est organisée en 12 territoires d'au moins 300 000 habitants et étendue sur 814 km², soit huit fois la superficie de la Ville de Paris.

La loi portant sur la nouvelle organisation territoriale de la République (loi NOTRe) du 7 août 2015 définit les compétences attribuées à la Métropole du Grand Paris. La MGP élabore les politiques publiques en matière de :
- politique locale de l'habitat ;
- protection et mise en valeur de l'environnement et politique du cadre de vie ;
- aménagement de l'espace métropolitain ;
- développement et aménagement économique, social et culturel.

[...] L'objectif du Grand Paris est de mettre en commun toutes les ressources de ses territoires pour répondre aux enjeux majeurs : la modernisation et le développement du réseau de transport, la construction de nouveaux logements, le développement de l'activité économique et la transition énergétique à travers le Plan Climat Air Énergie métropolitain (PCAIM).

LE REGARD DU CARTOGRAPHE

3 La carte des territoires

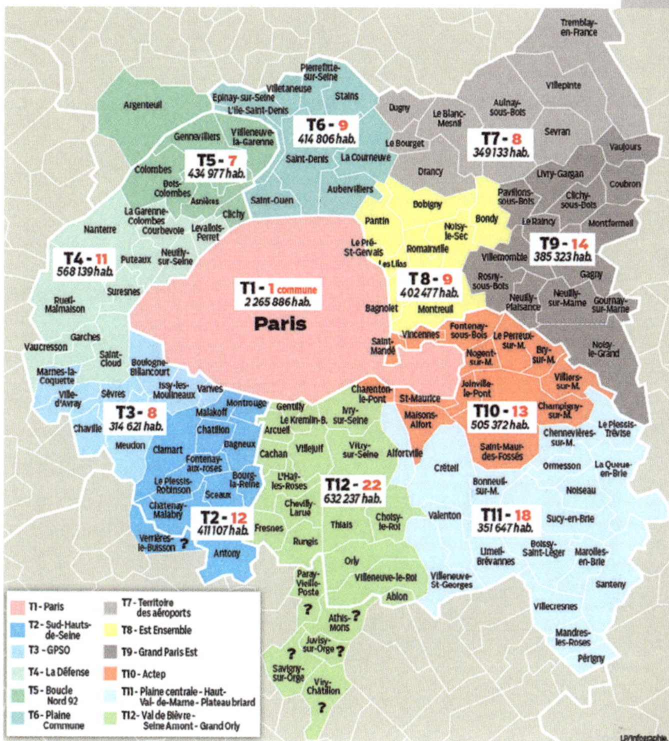

Croiser les regards

1 Quels sont les objectifs de la métropole du Grand Paris d'après les trois documents ?

2 En quoi le regard d'un romancier (**doc. 1**) et d'un acteur institutionnel (**doc. 2**) se différencient-ils ?

LES OUTILS DU GÉOGRAPHE

Capacité

Connaître les principales notions, les acteurs majeurs et les repères

Votre objectif

Vous allez montrer comment les différents acteurs coopèrent pour conduire des actions entre plusieurs communes.

DÉMARCHE

Pour mener à bien cette capacité, suivez la démarche proposée.

Document **Les projets d'aménagement de la métropole Grand Lyon**

Construit dans les années 1960 au nord de Bron, 6 000 personnes résident aujourd'hui dans [les tours et les barres] du quartier Terraillon. Depuis 2008, un important projet urbain mené par la Métropole de Lyon, la ville de Bron et l'État, a déjà profondément repensé le visage de ce quartier. Une transformation qui se poursuit jusqu'en 2030 dans le cadre du Nouveau Programme national de renouvellement urbain. Objectif : rendre le quartier plus animé et dynamique, plus attractif aussi.

Les deux principaux chantiers : « Rénover les services et équipements du quartier ; Renouveler l'offre de logements et développer la performance énergétique ».

Décrire le quartier

1 Quel type d'habitats trouve-t-on majoritairement dans le quartier de Terraillon ?

....

....

2 Pourquoi, d'après vous, faut-il changer ce quartier ? Appuyez-vous sur le texte.

....

....

....

....

Définir et comprendre le rôle des différents acteurs

3 Quels acteurs contribuent au renouveau de ce quartier ?

....

....

....

Identifier les actions menées

4 Quels sont les objectifs de leurs actions conjointes ?

....

....

....

....

....

....

....

....

....

....

Capacité

Identifier les notions

Votre objectif

Vous allez comprendre comment les objectifs du développement durable définis par l'UNESCO peuvent s'appliquer en ville.

DÉMARCHE

Comprendre ce que sont les objectifs du développement durable

1. Combien d'objectifs l'UNESCO a-t-il définis ?

2. Qui concernent-ils ?

Exploiter un document

3. Que nous apprend le document 2 sur les villes et le développement durable ?

Établir un lien entre les documents et les connaissances acquises

4. Quelles solutions pourraient être mises en œuvre pour rendre durables les villes et répondre ainsi au 11e objectif de l'UNESCO à l'horizon 2030 ?

Document 1 — Les 17 objectifs du développement durable pour sauver le monde

Les objectifs de développement durable nous donnent la marche à suivre pour parvenir à un avenir meilleur et plus durable pour tous. Ils répondent aux défis mondiaux auxquels nous sommes confrontés, notamment ceux liés à la pauvreté, aux inégalités, au climat, à la dégradation de l'environnement, à la prospérité, à la paix et à la justice. Les objectifs sont interconnectés et, pour ne laisser personne de côté, il est important d'atteindre chacun d'entre eux, et chacune de leurs cibles, d'ici à 2030.

Document 2 — L'Objectif 11 : des villes et communautés durables

Le monde est de plus en plus urbanisé. Depuis 2007, plus de la moitié de la population mondiale vit dans des villes, et cette proportion devrait augmenter à 60 % d'ici à 2030.

Les villes et les zones métropolitaines sont des pôles de la croissance économique, contribuant à près de 60 % du produit intérieur brut mondial. Cependant, elles représentent aussi près de 70 % des émissions de carbone dans le monde et plus de 60 % des ressources utilisées.

L'urbanisation rapide se traduit par un nombre croissant de personnes vivant dans des taudis, ainsi que par des infrastructures et des services inadéquats et surchargés (tels que la collecte des déchets et les systèmes d'approvisionnement en eau et d'assainissement, les routes et le transport), aggravant la pollution atmosphérique et l'expansion urbaine non planifiée.

Vers le CCF

Je m'entraîne à la première situation d'évaluation

1 Un territoire dynamique, Paris-Saclay

Document **Paris-Saclay : un cluster majeur de la recherche en France**

Paris-Saclay est un pôle scientifique et technologique en cours d'aménagement à vingt kilomètres au sud de Paris. À terme, ce cluster devrait concentrer 20 à 25 % de la recherche scientifique française. Soutenu par l'État, les collectivités locales concernées, il est porté par des organismes de recherche publics et privés, des universités et des entreprises privées, visant à créer un pôle d'excellence de niveau mondial.

Ce projet comprend trois volets : un volet scientifique avec la constitution notamment de l'université Paris-Saclay (1er janvier 2020), un volet économique avec l'implantation des centres de recherche et de développement des grandes entreprises et des start-ups, et un volet aménagement du territoire, centré sur la réalisation d'un grand campus urbain moderne et attractif, mixant logement étudiant et résidentiel ainsi que lieux de vie, services et espaces publics.

Paris-Saclay.com

LE SAVIEZ-VOUS ?

Qu'est-ce qu'un cluster ?

Les clusters sont des sites et des réseaux qui mettent en relation des entreprises et des institutions de recherche. Les clusters contribuent à dynamiser les territoires.

Étape 1 Préparer l'oral

1. Quels sont les différents acteurs mobilisés pour créer un cluster ?
2. Quels sont les principaux objectifs du cluster Paris-Saclay ?
3. Pourquoi peut-on dire qu'un cluster comme Paris-Saclay est un outil dans l'aménagement des territoires et des villes en particulier ?

Aide

1. Aidez-vous de la définition du terme cluster et distinguez bien les différents types d'acteurs : publics et privés notamment.
2. Utilisez pour construire votre réponse les différents volets du projet qui apparaissent dans le document en distinguant la pluralité des enjeux.
3. Relevez les éléments qui montrent qu'un cluster intègre aussi une dimension d'aménagement des territoires avec la présence de services.

Étape 2 S'entraîner à l'oral

1. Préparez à l'écrit le texte de votre présentation à partir de l'étape 1 de votre travail.
2. Enregistrez-vous sur votre smartphone.
3. Recommencez autant de fois que nécessaire jusqu'à ce que vous soyez satisfait(e) du résultat.

② Renforcer l'attractivité d'un territoire : l'exemple d'Angoulême

Document

Le Festival international de la bande dessinée à Angoulême existe depuis 1974, il contribue à l'attractivité de la ville.

Avec l'appui financier et politique du département, la cité d'Angoulême déploie, depuis 1997, un campus Pôle Image, baptisé Magelis. Les différentes collectivités locales qui le soutiennent ont annoncé en 2019 un plan d'investissement de 18 millions d'euros en quatre ans pour ce site. Au cœur des anciennes friches de l'industrie papetière, sur les rives du fleuve, le « campus image », comme tout le monde l'appelle ici, fédère une centaine de studios de production de bandes dessinées, de jeux vidéo, de cinéma d'animation, et une douzaine d'écoles spécialisées (animation numérique 2D et 3D, jeux vidéo, création graphique, BD, mangas, e-sport...), dont le nombre va encore s'accroître dans les deux prochaines années. La grande école japonaise de manga (Human Academy) [...] a choisi Angoulême en 2015 pour partir à la conquête de l'Europe du 9e art. « Le festival de la BD est très connu à Tokyo », résume [...] Caroline Parsons, la directrice anglaise de l'antenne française, qui a déjà ajouté deux cordes à son arc : le film d'animation et, surtout, le jeu vidéo, ou « gaming ». [...] Forte de son nouveau statut de « Ville Créative » de l'Unesco [...], Angoulême, idéalement située au centre de la région Nouvelle-Aquitaine, à équidistance des deux métropoles régionales Bordeaux et Poitiers, à deux heures de TGV de Paris, entend devenir une référence nationale, dans un univers déjà très concurrentiel.

« Angoulême, le village gaulois se réinvente en campus numérique », *Le Monde*, 7 février 2020.

Étape 1 Préparer l'oral

1. Quels secteurs d'activité contribuent aujourd'hui au dynamisme de la ville d'Angoulême ?
2. Quels sont les différents partenaires de ce dynamisme ?
3. Montrez que le festival de la bande dessinée d'Angoulême a permis de redynamiser la ville après la crise industrielle.
4. Pourquoi la question des transports est-elle déterminante pour le développement de la ville ?

Étape 2 S'entraîner à l'oral

1. Préparez à l'écrit le texte de votre présentation à partir de l'étape 1 de votre travail.
2. Enregistrez-vous sur votre smartphone.
3. Recommencez autant de fois que nécessaire jusqu'à ce que vous soyez satisfait(e) du résultat.

CONSEIL

Prenez bien en compte les critères sur lesquels portera l'évaluation de votre oral.

Critères d'évaluation	
J'ai bien replacé les documents, les événements et les acteurs dans leur contexte.	
J'ai bien formulé le sens global du document.	
J'ai fait preuve d'esprit critique.	
J'ai bien utilisé le vocabulaire de géographie.	
Mon discours est argumenté et personnel.	
Je me suis exprimé(e) de manière claire et correcte.	

Il est important pendant votre entretien avec le jury de participer activement à un échange.

BILAN

ACTEURS ET ENJEUX DE L'AMÉNAGEMENT DES VILLES

Complétez cette carte mentale avec ce que vous avez appris sur les acteurs et enjeux de l'aménagement des villes. Vous placerez les termes suivants : *attractivité • collectivités locales • entreprises privées • développement durable.*

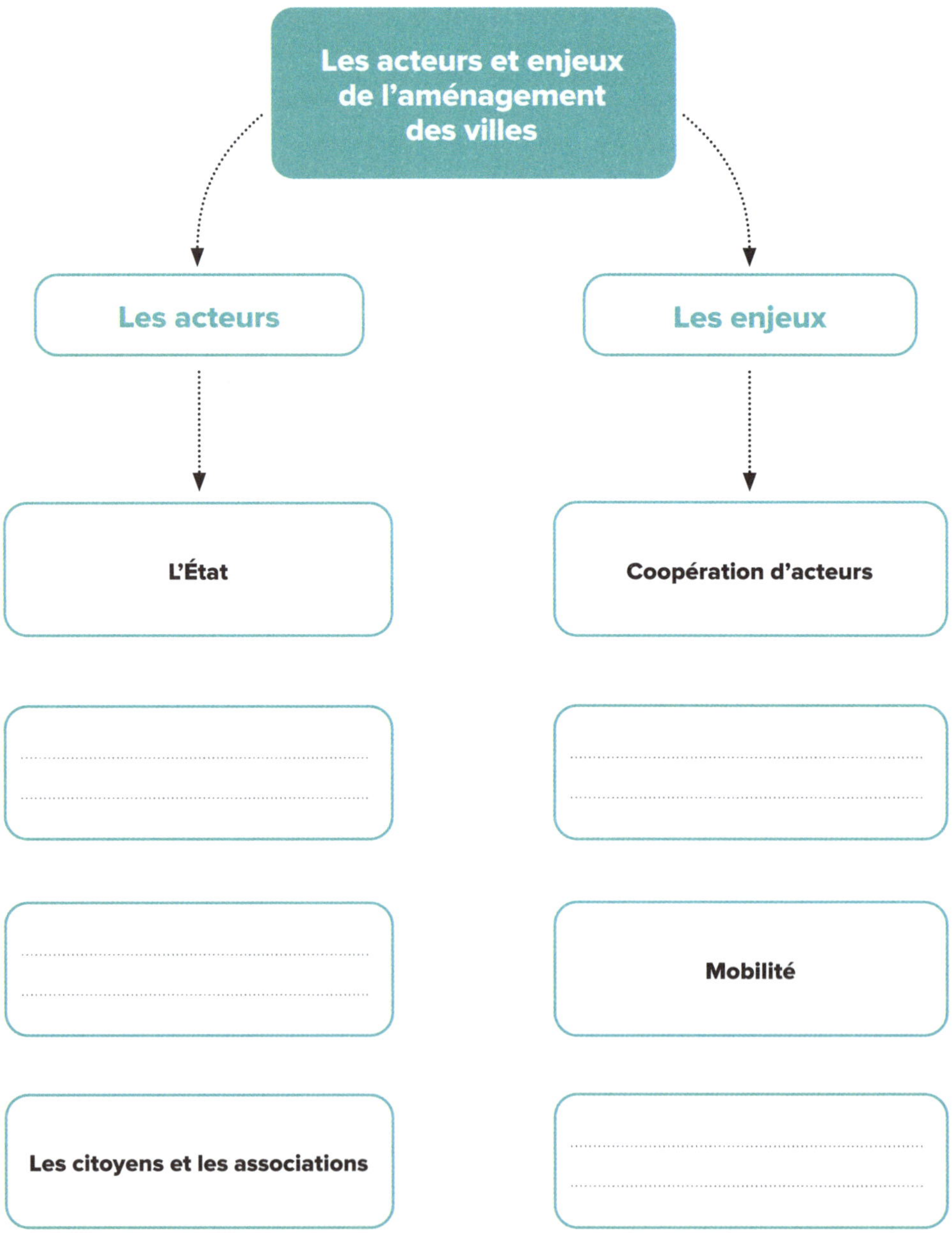

Faites le point sur vos connaissances et vos compétences en complétant cette carte mentale.

Je m'évalue

Dans ce chapitre

- J'ai appris à ……………………………………
- Je sais mieux ……………………………………
- J'ai encore des difficultés à ……………………………………
- Pour progresser, je peux ……………………………………

Pour aller plus loin...

Un site

Les objectifs du développement durable

Consultez le site.
liennathan.fr/b53kr6

Des précisions intéressantes sur le site officiel de l'UNESCO sur son objectif d'aller vers des villes durables : des constats, mais aussi des solutions.

Un roman

Aurélien Bellanger, *Le Grand Paris*, 2017

Dans ce roman, l'auteur, à travers son personnage principal, urbaniste au service d'hommes politiques influents, décrit les enjeux de pouvoir autour de l'aménagement des villes, et notamment du Grand Paris.

Une émission de radio

***Villes durables : du rêve à la réalité*, France Culture, 2020**

Écoutez l'émission.
liennathan.fr/wr736t

Une émission qui évoque les enjeux de la transition vers des villes durables avec Rob Hopkins, l'un des acteurs emblématiques de cette transformation de nos villes.

Un documentaire

***Avez-vous le syndrome Nimby ? Oui, mais pas dans mon jardin*, France 3 Hauts-de-France, 2017**

EMC

Objet d'étude 1

Devenir citoyen, de l'école à la société

➥ Recherchez une image qui, selon vous, illustre le mieux l'un des thèmes de l'objet d'étude. Expliquez votre choix oralement.

Thème 1

- Être citoyen.

Thème 2

- La protection des libertés : défense et sécurité.

Objet d'étude 2

Liberté et démocratie

➥ Recherchez une image qui, selon vous, illustre le mieux l'un des thèmes de l'objet d'étude. Expliquez votre choix oralement.

Thème 1

- La liberté, nos libertés, ma liberté.

Thème 2

- La laïcité.

Objet d'étude 1

Devenir citoyen, de l'école à la société

La citoyenneté s'exerce aussi bien à l'école que dans le reste de la société. Elle implique un ensemble de pratiques, des droits et des devoirs.

Document 1 **Au cœur de la vie politique, un débat, 21 juillet 2021**

Débat à l'Assemblée nationale sur la mise en place du passe sanitaire.

1 Dans quel lieu a été prise cette photographie ?

2 Quel est le lien entre ce lieu et la démocratie ?

3 Citez d'autres lieux emblématiques de la République.

Document 2 La démocratie au lycée

Affiche pour la promotion de la démocratie scolaire, 2016.

4 À quelles actions démocratiques pouvez-vous participer dans votre établissement ?

Débattre pour entrer dans le sujet

5 En groupe, choisissez une des questions suivantes et répondez-y en donnant un exemple précis :

a Tous les individus qui vivent dans un même pays sont-ils des citoyens de ce pays ?

b Quels sont les principaux droits et devoirs du citoyen ?

c Comment pouvez-vous vous engager pour exercer votre citoyenneté au quotidien ?

d Comment bien s'informer pour être un citoyen responsable ?

e Chaque groupe désigne un rapporteur qui présente à l'oral une réponse.

Je note ici mes arguments et mes exemples.

PROJET 1. Les principaux droits et devoirs du citoyen

Être citoyen, c'est avoir des droits garantis par l'État et des devoirs envers la communauté, qu'elle soit éducative ou nationale. Être citoyen, c'est exercer et respecter ces droits et devoirs.

Activité 1 — Aux fondements de la citoyenneté : la Déclaration des droits de l'homme et du citoyen, (DDHC) du 26 août 1789

Définitions

Citoyenneté politique : ensemble des droits et des devoirs qui permettent aux citoyens de participer aux décisions publiques (droit de vote, droit d'être élu, ...). On est pleinement citoyen à partir de 18 ans.

Droits du citoyen : ce que les citoyens peuvent faire. Dans une démocratie, on appelle « droits fondamentaux » ou « droits de l'homme », les droits que l'État ne peut retirer à un individu.

Devoirs du citoyen : ensemble des obligations qui s'imposent à la personne. Le respect des devoirs donne au citoyen des droits.

1 Durant quelle période historique fut rédigé ce texte ?

le texte fut rédigé le 26 août 1789

2 Complétez le tableau ci-dessous.

Article de la DDHC	Quels sont les droits et les devoirs définis dans cet article ?
Article 6 - La loi est l'expression de la volonté générale. Tous les citoyens ont droit de concourir personnellement, ou par leurs représentants, à sa formation. Elle doit être la même pour tous, soit qu'elle protège, soit qu'elle punisse.	
Article 10 - Nul ne doit être inquiété pour ses opinions, même religieuses, pourvu que leur manifestation ne trouble pas l'ordre public établi par la loi.	
Article 11 - La libre communication des pensées et des opinions est un des droits les plus précieux de l'homme : tout citoyen peut donc parler, écrire, imprimer librement, sauf à répondre de l'abus de cette liberté dans les cas déterminés par la loi.	
Article 13 - Pour l'entretien de la force publique, et pour les dépenses d'administration, une contribution commune est indispensable : elle doit être également répartie entre tous les citoyens, en raison de leurs facultés.	*Les citoyens ont le devoir de payer des impôts dont le montant dépend de leur revenu.*

Activité 2 Une construction progressive des droits et des devoirs

- **26 août 1789** : Déclaration des droits de l'homme et du citoyen.
- **1946** : La Constitution de la IVe République reconnaît l'égalité homme-femme et l'égalité devant les droits sociaux.
- **2004** : La Charte de l'environnement considère comme un droit fondamental de vivre dans un environnement sain.
- **30 janvier 2012** : La Charte des droits et devoirs du citoyen français réaffirme, les droits et les devoirs fondamentaux de chaque citoyen.
- **Loi du 4 août 2014** : Loi pour l'égalité réelle entre hommes et femmes.

1. Combien de temps s'est écoulé entre les premiers textes de lois garantissant des droits aux citoyens français et aujourd'hui ?

11ans

2. Pourquoi a-t-il fallu un second texte de loi pour réaffirmer le principe d'égalité entre hommes et femmes ?

Pour égaliser la loi homme femme

Activité 3 Citoyenneté et nationalité

Documents remis lors de la cérémonie de naturalisation.

1. Entourez sur l'image les différents symboles de la République.

2. En vous aidant des définitions, cochez les bonnes réponses.

Grâce à la cérémonie de naturalisation …	obtient la nationalité.	devient citoyen.
…. un adulte		
…. un mineur	16/17ans	13/16ans

3. Citez un droit obtenu par les nouveaux citoyens lors de la cérémonie de naturalisation.

Je retiens

Les **citoyens** français ont un ensemble de **droits** et de **devoirs** définis depuis le 26 août 1789 dans la Déclaration des droits de l'homme et du citoyen. Dans certains cas, ces droits ont dû être réaffirmés à plusieurs reprises depuis la Révolution française, comme par exemple le principe de laïcité. Ces droits concenent les adultes comme les mineurs ; les citoyens disposent de l'ensemble de ces droits dès leur majorité. Les étrangers peuvent les obtenir en devenant français par la procédure de la **naturalisation**.

PROJET

2. S'engager à l'école et dans la société

Être citoyen, c'est s'engager au service du bien commun, faire vivre au quotidien la citoyenneté. Cet engagement n'est pas réservé aux personnes majeures et peut se développer dans le cadre des établissements scolaires.

Activité 1 L'engagement des lycéens

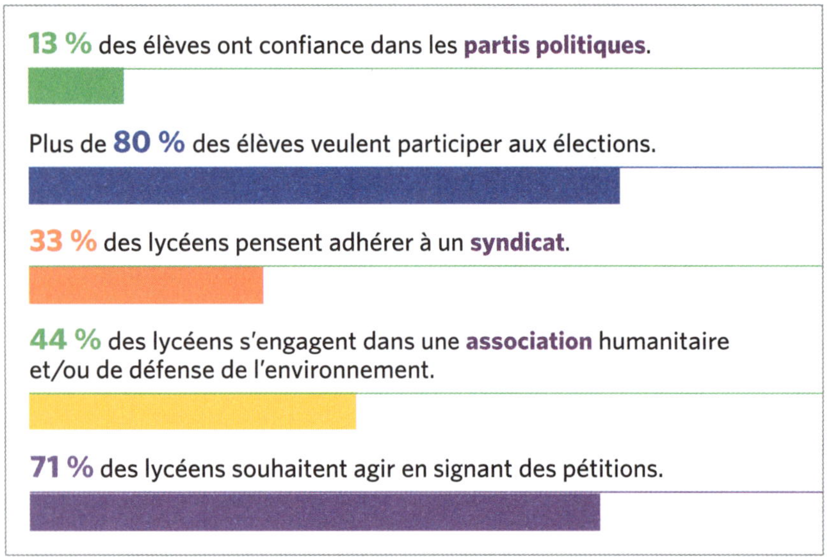

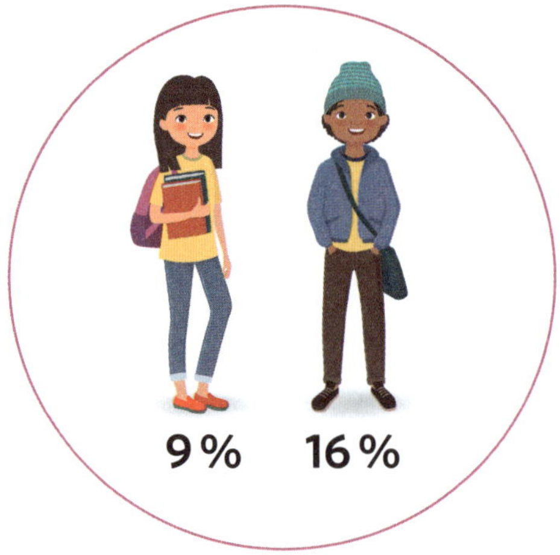

Les filles (9%) s'engagent deux fois moins que les garçons (16%) dans les mouvements politiques.

1 Quelles sont les formes d'engagement privilégiées par les lycéens ?

les élève veulent participer au élection les lycéens souhaitent agir en signan des pétitions

2 Quelles sont les formes d'engagement délaissées par les lycéens ?

La confiance des élève dont les partie politiques les élève pensent adhérés à un sindicas

Activité 2 Des jeunes qui s'engagent en dehors de l'école

En mars 2020, France 3 Région PACA réalise un reportage sur un jeune.

S'il était né un jour plus tard, il n'aurait pas pu se présenter à l'élection municipale. Florian Dumont est né le 14 mars 2002, il aura donc 18 ans la veille du premier tour des élections. Cela fait de lui le plus jeune candidat de France. « Je ne crois pas vraiment en la politique, mais je crois en la place du citoyen dans la commune », se présente Florian Dumont. Le jeune homme est en terminale scientifique au lycée Alexis de Tocqueville de Grasse. Il est membre du conseil de vie lycéenne, du mouvement *Youth for Climate* et du parlement régional de la jeunesse.

France 3 Régions.

1 À quelle élection se présente Florian Dumont ?

2 Surlignez dans le texte les différents engagements de Florian Dumont.

Activité 3 Être éco-délégué(e), s'engager pour l'environnement

a. Un exemple d'engagement

ILS ET ELLES ONT ÉTÉ À TA PLACE

MARINE LEBEAU

17 ans, éco-déléguée en terminale au lycée Français de Barcelone (Espagne).

Membre depuis 2 ans de l'atelier écologie du lycée pour sensibiliser la communauté scolaire (de la grande section de maternelle à la terminale) et mettre en place des actions simples et efficaces.
Ambassadrice de Little Citizen for Climate : www.littlecitizensforclimate.org

Actions réalisées

- **Sensibilisation :** articles dans la newsletter du lycée à destination des élèves et des parents, émissions radios, organisation de conférences ;
- **Alimentation :** consommation de produits locaux et de saison à la cantine ;
- **Déchets :** mise en place de fontaines à eau afin d'éviter les bouteilles en plastique, utilisation de papier toilette et serviettes en matériaux recyclés.

b. Charte de l'environnement de 2004, extraits

Article 1 - Chacun a le droit de vivre dans un environnement équilibré et respectueux de la santé.

Article 2 - Toute personne a le devoir de prendre part à la préservation et à l'amélioration de l'environnement.

Article 3 - Toute personne doit, dans les conditions définies par la loi, prévenir les atteintes qu'elle est susceptible de porter à l'environnement ou, à défaut, en limiter les conséquences.

Article 4 - Toute personne doit contribuer à la réparation des dommages qu'elle cause à l'environnement, dans les conditions définies par la loi.

1 À quels articles de la Charte de l'environnement correspondent les actions menées par Marine Lebeau ?

Art. 1 : Toute personne à leur devoir à prendre part à la perséveration

Art. 2 : ....

2 PROJET

Seul(e) ou en groupe, dressez une liste des actions que vous pourriez entreprendre dans votre lycée en matière de protection de l'environnement.

Tries les déchet ne pas ~~jeter~~ jetér de megot de cigarette par terre.

Je retiens

L'engagement des jeunes peut se faire au sein du lycée ou bien en dehors, dans le cadre syndical, associatif ou politique. Cet engagement peut se faire localement, par exemple dans le cadre associatif ou politique, mais aussi à l'échelle nationale, voire mondiale dans le cas des enjeux climatiques.

Définitions

Engagement : participation volontaire et désintéressée à un projet politique, syndical ou associatif.

Parti politique : association de personnes qui partagent les mêmes idées politiques et choisissent d'agir ensemble et de se présenter aux élections.

Syndicat : association ayant pour but de défendre des intérêts professionnels en commun et de faire aboutir ses revendications.

Association : regroupement de personnes autour d'un projet à but non lucratif.

Regards croisés

EMC
Français

L'engagement des jeunes

Comment un jeune peut-il s'engager aujourd'hui ? Vous répondrez dans un paragraphe d'une quinzaine de lignes à l'aide des documents et de la rubrique Croiser les regards de la double page.

Le contexte

Les jeunes sont nombreux à s'engager pour défendre des causes, dans le cadre associatif par exemple. Leur engagement est une manière d'exercer leur citoyenneté et de faire vivre la démocratie française.

Mes ressources numériques

Consultez ce site qui regroupe ressources et témoignages.
liennathan.fr/p83k7h

Consultez le site du SNU sur la question de l'engagement.
liennathan.fr/m7ip93

Consultez le site du service civique.
liennathan.fr/6cep45

LE REGARD D'UNE MILITANTE

1 Greta Thunberg, *Rejoignez-nous*, Kero, 2019

J'ai bien aimé l'idée d'une grève de l'école. Alors je l'ai développée et j'ai essayé de mobiliser quelques jeunes autour de moi. Mais personne n'était vraiment intéressé. Ils pensaient qu'une version suédoise des marches du mouvement Zero Hour[1] aurait plus d'impact. J'ai donc fait la grève de l'école toute seule et j'ai arrêté de discuter avec eux.

Quand j'ai annoncé mon projet à mes parents, ils ne l'ont pas adoré. Ils ne soutenaient pas l'idée d'une grève de l'école et ils m'ont dit que si je me lançais, ce serait toute seule, sans aucune aide de leur part.

Le 20 août 2018, je me suis assise au pied du Parlement suédois. J'ai distribué des tracts avec une longue liste de faits et données au sujet de la crise du climat et des explications sur mon acte. Puis j'ai tout de suite posté sur Twitter et Instagram ce que j'étais en train de faire. Et c'est vite devenu viral. Des journalistes ont alors commencé à venir me voir. Un entrepreneur suédois, plutôt actif dans la mouvance écologiste, Ingmar Rentzhog, fut l'un des premiers à arriver. Il m'a parlé et a pris quelques photos qu'il a postées sur Facebook. C'était la première fois que je le rencontrais ou lui parlais. Je ne l'avais jamais vu auparavant.

Beaucoup de gens aiment répandre des rumeurs affirmant « qu'il y a des gens derrière moi », que je suis « payée » ou « utilisée » pour faire ce que je fais. Mais la seule personne derrière moi, c'est moi-même ! Mes propres parents étaient tout sauf des activistes du climat jusqu'à ce que je les rende conscients de la catastrophe.

Traduction de Flore Vasseur.

1. Mouvement de jeunesse fondé aux États-Unis pour lutter contre l'inaction climatique.

LE REGARD D'UN BÉNÉVOLE

2 Témoignage de Cédric, secouriste à la Croix-Rouge française

J'ai commencé à faire du bénévolat dans le domaine social, où l'on m'a encouragé à passer mon diplôme de premiers secours. J'ai adoré cette expérience, qui me donnait une autre approche du bénévolat[1], j'appréciais beaucoup pouvoir venir en aide directement aux personnes, et l'idée de sauver une vie à 16 ans est assez excitant.

Aujourd'hui, je continue d'aider la Croix-Rouge en tant que formateur, pour enseigner les premiers gestes aux participants. Mais c'est plus qu'une formation, c'est aussi un coaching personnalisé avec chaque participant pour les aider à vaincre leurs faiblesses.

C'est un engagement et un énorme plaisir, mais cela prend du temps et de l'énergie alors il faut rester motivé. J'y ai découvert le travail d'équipe, et cela m'a permis de me construire moi-même car j'étais très timide au départ. J'ai gagné en maturité, ça m'a donné certains repères et j'ai pu faire de supers rencontres avec des personnes de milieux totalement différents avec qui nous avons pu échanger des idées.

jeuneetbenevole.org.

1. Fait de s'engager gratuitement dans une action ou un projet.

LE REGARD D'UNE ORGANISATION

3 Affiche de recrutement pour les Jeunes sapeurs-pompiers volontaires

Croiser les regards

1. Pourquoi et comment s'engagent Cédric ou Greta Thunberg ?

2. Quelles valeurs l'engagement des jeunes permet-il de promouvoir ?

3. Quel rôle jouent les médias dans l'engagement ?

PROJET

3. La protection des citoyens et de leurs libertés

La protection des citoyens, de leurs libertés et de leur sécurité est l'une des fonctions les plus importantes de l'État. L'État et les collectivités territoriales disposent d'un ensemble de ministères et de services pour mener à bien cette mission.

Activité 1 L'armée assure la défense du pays

1798	1958	1986	1995	1997	2009
Service militaire universel et obligatoire pour tous les hommes.	La Constitution de la Ve République précise que le président de la République est le chef des armées.	Création du Conseil de sécurité intérieure : il définit les orientations générales de la politique de sécurité intérieure.	Mise en place du plan Vigipirate : dispositif de prévention et de protection face aux actes terroristes.	Suspension du service militaire.	Création du Conseil de défense et de sécurité nationale. Il remplace le Conseil de sécurité intérieure. Il définit les choix en matière militaire, dans la gestion des crises majeures, et pour toutes les questions de sécurité.

1 Qui est le chef des armées ?

....

2 Entre 1798 et 1997, qui compose l'armée française ?

....

....

....

3 Quelle nouvelle menace apparaît dans les années 1990 ? Quelle mesure est prise pour y répondre ?

....

....

....

....

....

Activité 2 La sécurité civile

Les sapeurs-pompiers occupent une place essentielle au sein de la sécurité civile.

1 Quelle est la mission la plus fréquente pour les pompiers ?

....

....

2 PROJET

Seul(e) ou en groupe, dressez une liste des différentes interventions que les pompiers font ou pourraient faire dans votre établissement. Vous pouvez auparavant aller recueillir des informations auprès des personnels de l'établissement en charge de la loge, de l'intendance ou de la direction pour savoir les relations qu'ils entretiennent avec les pompiers du secteur.

....

....

....

....

....

Activité 3 La police et la gendarmerie assurent le respect des règles de sécurité collective

a. La police nationale

Ses missions principales : la sécurité et la paix publique, le renseignement et l'enquête sur les crimes et les délits.

b. La gendarmerie

Ses missions principales : la sécurité et la paix publique, la défense du pays et l'enquête sur les crimes et délits.

c. La police municipale

Les agents de la police municipale peuvent dresser des contraventions pour insalubrité. Pour exemple, un riverain a été dernièrement verbalisé pour avoir déposé ses ordures ménagères sur le trottoir. Il a dû s'acquitter de la somme de 68 €.
Les agents de la police municipale sont aussi chargés de faire respecter les règles de stationnement et de dresser les contraventions qui s'imposent (135 € pour un stationnement gênant).
Les agents de la police municipale sont également amenés à intervenir sur des faits de tapage diurne ou nocturne, ou d'incivilité. Durant votre absence de plusieurs jours, la police municipale peut assurer des passages réguliers autour de votre domicile. Ce service est entièrement gratuit.

Site de la ville de Coulommiers.

1 Quelles sont les missions de la police nationale, de la gendarmerie et de la police municipale ?

....

....

....

....

Je retiens

De nombreux acteurs sont mobilisés pour assurer la **protection des citoyens, de leurs libertés et de leur sécurité**. La **défense du pays** est assurée par l'armée sous l'autorité du chef de l'État. Le respect des règles de sécurité relève des missions de la **police** et de la **gendarmerie**. Enfin la protection des biens et des personnes est prise en charge par la **sécurité civile**, constituée principalement des pompiers.

Définitions

Défense nationale : ensemble des moyens destinés à assurer la sécurité du pays contre les agressions armées.
Sécurité civile : service de l'État chargé de la prévention face aux risques et de la protection des personnes et des biens.
Sécurité nationale : ensemble des moyens destinés à protéger la sécurité des Français à l'intérieur du pays.

PROJET

4. Être un citoyen, acteur de la défense et de la sécurité

La sécurité et la défense des libertés publiques ne relèvent pas uniquement des services de l'État ou des collectivités territoriales. Les citoyens peuvent y contribuer par leur engagement et par leur vigilance quotidienne.

Activité 1 — Promouvoir une culture de l'engagement, le SNU

103 jeunes Corses effectuent leur service national universel.

Des adolescents venus de toute l'île effectuent, depuis ce lundi et jusqu'au 2 juillet, leur service national universel. Après l'arrêt du service militaire en 1997, tous les jeunes Français étaient dans l'obligation de participer à une journée d'appel et de préparation à la défense. Cette JAPD a été remplacée par un service national universel (SNU), d'une durée de 15 jours et basé sur le volontariat.

Pendant deux semaines, les jeunes participants sont réveillés à 6 h 30 pour une levée du drapeau tricolore au son de l'hymne national. Ils enchaînent ensuite des activités sur différentes thématiques : activités culturelles, physiques et nautiques, gestes de premiers secours, module de défense et de sécurité de lutte contre le cyberharcèlement, sensibilisation au patrimoine insulaire, au développement durable. Ce week-end, tous doivent se rendre aux journées de promotion organisées par la SNSM (Société nationale de sauvetage en mer). Des randonnées en montagne sont aussi programmées. Ce lundi, une initiation à l'écologie est notamment prévue dans la vallée du Reginu, fief du milan royal et de nombreuses autres espèces protégées.

Dans un second temps, les jeunes volontaires du SNU s'engageront auprès d'une association, d'une administration ou encore des forces de sécurité intérieure pour réaliser une mission d'intérêt général de 84 heures.

Corse Matin, 26 juin 2021.

1 Surlignez les différentes activités effectuées par ces jeunes dans le cadre du SNU.

2 PROJET

Vous êtes chargé(e) d'organiser une journée d'un groupe de jeunes effectuant le SNU dans vote région. Seul(e) ou en groupe, prévoyez plusieurs activités.

Activité 2 — S'engager dans la Garde nationale

Tous les Français peuvent s'engager au service des autres, soit au sein de la Réserve citoyenne (pour agir en faveur de l'éducation, de la santé, de l'environnement ou de la solidarité), soit au sein de la Garde nationale. C'est le cas d'Océane, 21 ans, réserviste dans la gendarmerie.

C'est sous le soleil d'hiver, dans l'incontournable cité phocéenne, qu'Océane, réserviste au sein de la gendarmerie nationale, raconte avec enthousiasme : « Je me suis engagée dans la réserve en 2016, à la suite des attentats. Et par chance, la même année, j'ai pu effectuer ma préparation militaire de gendarme (PMG) ». D'une durée de quinze jours, la PMG est une formation qui a pour but de former et de recruter des réservistes opérationnels.

Tout en sellant son cheval, Océane précise qu'elle a été « très rapidement envoyée en missions opérationnelles. » Cette expérience est pour elle une réelle révélation puisqu'elle obtient son certificat d'aptitude à la pratique équestre en gendarmerie (CAPEG) quelques mois plus tard et s'engage en tant que réserviste au détachement du groupe de cavalerie de Marseille (DGCM). Elle se confie aujourd'hui sur cet engagement : « Faire partie de la Garde nationale, c'est avant tout l'honneur et le prestige de servir mon pays.

Témoignage disponible sur le site de la Garde nationale.

1 Pour quelle raison Océane s'est-elle engagée dans la Garde nationale ?

....

....

2 Pourquoi peut-on dire que cet engagement lui permet de concilier sa passion et son projet professionnel ?

....

....

....

....

Activité 3 Être acteur de la défense et de la sécurité au quotidien

a. Campagne de sensibilisation face au cyberharcèlement, ministère de l'Éducation nationale.

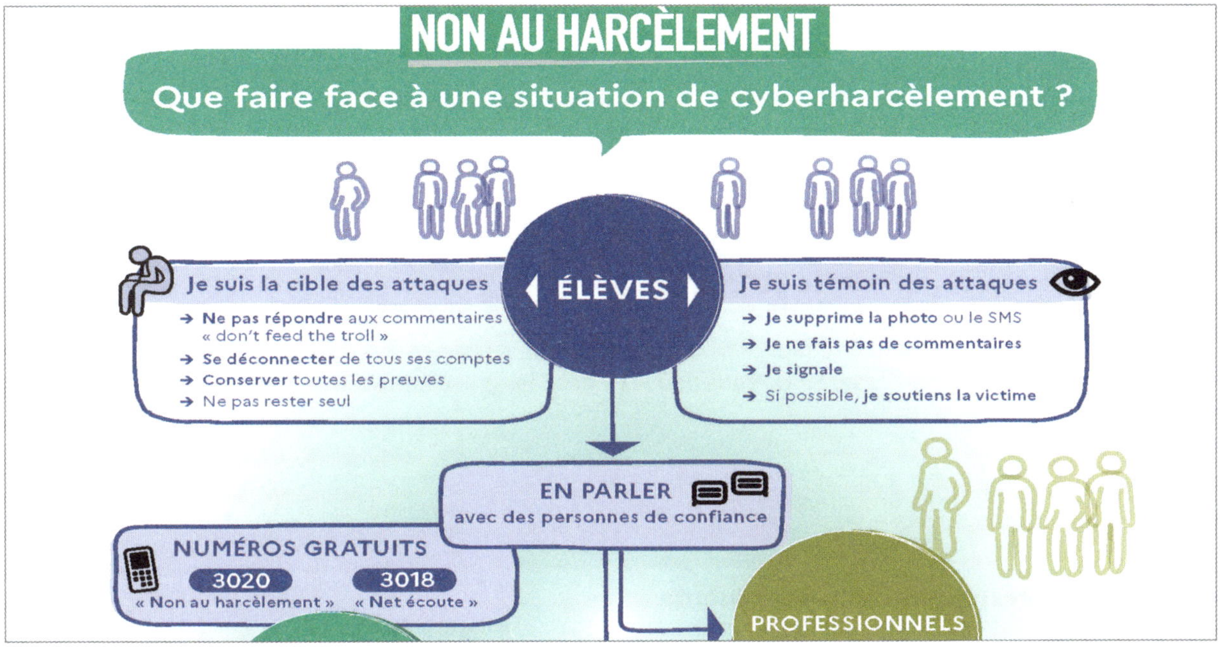

b. Var : un pyromane présumé sous les verrous après avoir tenté de déclencher un incendie

Samedi 21 août, le mis en cause aurait été surpris en train de mettre le feu à une parcelle de forêt située entre Le Rayol-Canadel et Cavalaire, en bordure de la route départementale 559. Alors que l'individu avait placé un morceau de bois enflammé dans la forêt, des automobilistes l'ont aperçu et sont immédiatement descendus de leurs véhicules pour stopper cet acte pyromane.

Le Parisien, 23 août 2021.

1 À partir de ces deux documents, montrez comment des citoyens peuvent agir pour garantir la sécurité de tous.

Je retiens

En France, tous les citoyens peuvent occuper une place dans les dispositifs de défense et de sécurité. Ils peuvent par exemple s'engager dans la **réserve citoyenne** ou dans la **garde nationale**. Mais la protection des biens et des personnes dépend également de comportements individuels quotidiens, en faisant preuve de **civisme** et de **solidarité**.

Définitions

SNU : Service national universel créé en 2018 pour favoriser l'esprit d'engagement, transmettre les valeurs républicaines et renforcer la cohésion nationale.

Garde nationale : ensemble des réservistes du ministère de l'Intérieur et du ministère de la Défense.

Réserve citoyenne : ensemble de citoyens volontaires prêts à s'investir dans des missions d'intérêt général.

Réserve militaire : ensemble de citoyens disposant d'une formation militaire qui peuvent renforcer l'armée en cas de besoin.

Vers le CCF

Je m'entraîne à la seconde partie de l'évaluation

Projet

Je prépare mon engagement au sein du service national universel (SNU)

Le service national universel s'adresse à tous les jeunes de 15 à 17 ans. Il a été créé en 2018 pour favoriser l'esprit d'engagement, transmettre les valeurs républicaines et renforcer la cohésion nationale.

Étape 1 Se renseigner sur le SNU

liennathan.fr/vfk967

1 De quoi s'agit-il ? Que peut-on y faire ? À quoi ce service sert-il ? Vous trouverez des réponses à ces questions en naviguant sur le site du SNU. Vous pouvez y accéder grâce au QRCode.

....

....

....

Étape 2 Sélectionner deux documents

2 Choisissez et collez deux documents qui présentent une mission ou un engagement qui vous intéressent.

3 Expliquez en quelques lignes pourquoi vous les avez choisis.

Aide

Vous pouvez choisir des textes, des images mais aussi des vidéos ou des audios.
Les deux documents choisis doivent favoriser un débat ou soulever une question. Ils peuvent être en lien avec ce qui se passe dans votre quotidien ou ouvrir la réflexion sur d'autres disciplines.

Collez ici votre document.

J'ai choisi ce document car ....

....

....

....

Collez ici votre document.

J'ai choisi ce document car ....

....

....

....

4 Quels liens pouvez-vous établir entre les documents choisis et les valeurs de la République ?

....

....

Étape 3 Imaginer son engagement au SNU

5 Seul(e) ou en groupe, imaginez quelle forme pourrait prendre votre engagement au SNU.

Étape 4 Présenter son projet à l'oral

6 À partir de votre travail (étapes 2 et 3), préparez à l'écrit le texte de votre présentation.

7 Quels repères et quelles notions du programme sont nécessaires pour présenter votre projet ?

Aide
Relisez les notions et les définitions des pages 171, 175 et 177.

8 Répétez seul(e) ou devant un petit groupe et enregistrez-vous sur votre smartphone (l'oral peut faire entre 3 et 5 minutes).

9 Recommencez autant de fois que nécessaire jusqu'à ce que vous soyez satisfait(e) du résultat.

CONSEIL

Prenez bien en compte les critères sur lesquels portera l'évaluation de votre oral.

Critères d'évaluation	
J'ai bien replacé les documents, les événements et les acteurs dans leur contexte.	
J'ai fait preuve d'esprit critique.	
J'ai bien utilisé le vocabulaire de l'EMC.	
Mon discours est argumenté et personnel.	
Je me suis exprimé(e) de manière claire et correcte.	

Il est important pendant votre entretien avec le jury de participer activement à un échange.

Objet d'étude 2

Liberté et démocratie

Dans un régime démocratique comme la République, les libertés individuelles et collectives sont garanties. Bien vivre ensemble implique d'accorder une grande importance aux notions de respect, de laïcité et de tolérance.

Document 1 **Manifestation contre le passe sanitaire à Rennes le 21 août 2021**

1. Pourquoi ces gens manifestent-ils ?

2. Expliquez ce qui est écrit sur la pancarte.

3. Quels autres moyens démocratiques peuvent faire avancer cette revendication ?

Document 2 Affiches réalisées dans le cadre du Prix de la laïcité 2015

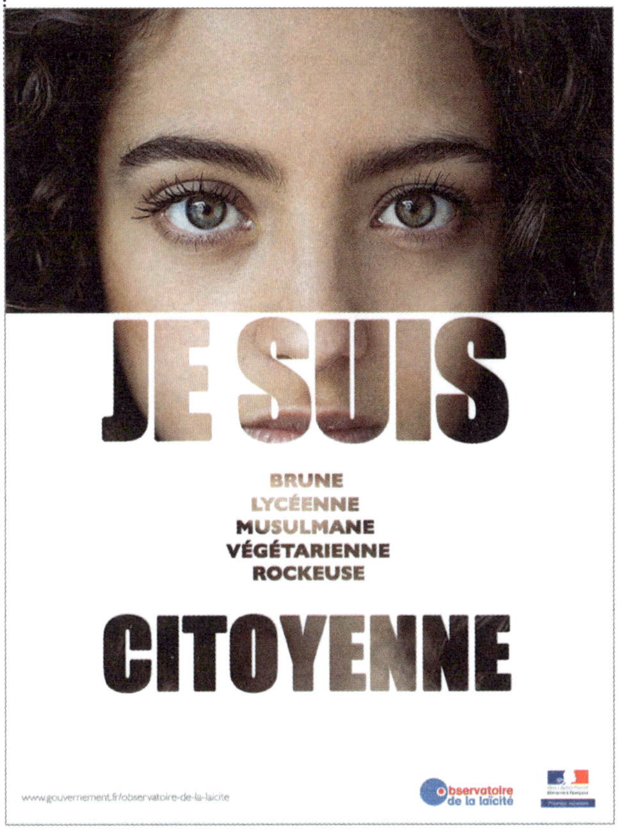

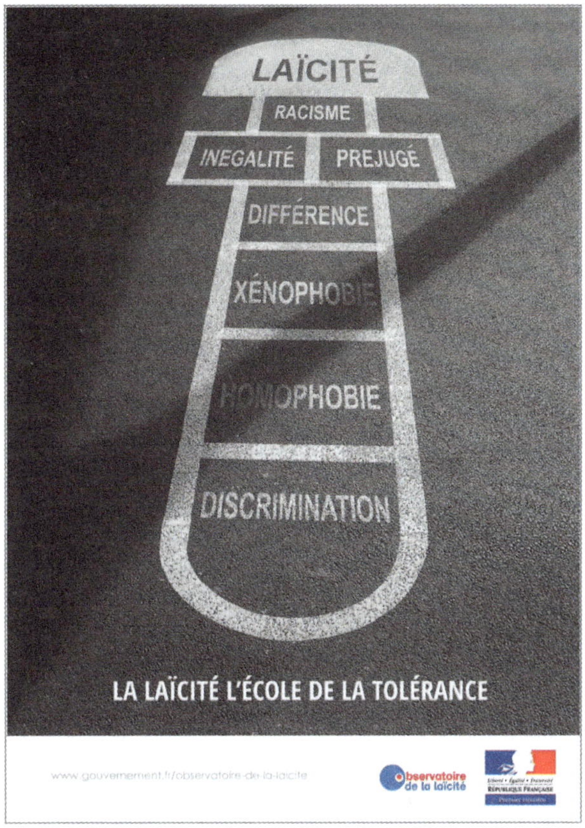

4 Seul(e) ou en groupe, créez votre propre définition du mot « laïcité » en vous appuyant sur ces affiches.

....

5 Quel lien pouvez-vous établir entre les notions de laïcité et de liberté ?

....

Débattre pour entrer dans le sujet

6 En groupe, choisissez une des questions suivantes et répondez-y en donnant un exemple précis.

a Les hommes et les femmes disposent-ils des mêmes libertés ?

b Le principe de laïcité s'applique-t-il partout de la même manière ?

c La laïcité est-elle une atteinte à ma liberté de croire ?

Chaque groupe désigne un rapporteur qui présente à l'oral une réponse.

Je note ici mes arguments et mes exemples :

....

PROJET

1. Être libre en République

La liberté est l'une des grandes valeurs de la République. Elle est au cœur de nos droits et de nos devoirs de citoyen.

Activité 1 Les droits fondamentaux : un héritage historique, des évolutions

a. La Déclaration des droits de l'homme et du citoyen, 26 août 1789

Art. 1er - Les hommes naissent et demeurent libres et égaux en droits. Les distinctions sociales ne peuvent être fondées que sur l'utilité commune.

Art. 2 - Le but de toute association politique est la conservation des droits naturels et imprescriptibles de l'Homme. Ces droits sont la liberté, la propriété, la sûreté, et la résistance à l'oppression.

Art. 4 - La liberté consiste à pouvoir faire tout ce qui ne nuit pas à autrui : ainsi, l'exercice des droits naturels de chaque homme n'a de bornes que celles qui assurent aux autres membres de la société la jouissance de ces mêmes droits. Ces bornes ne peuvent être déterminées que par la loi.

Art. 10 - Nul ne doit être inquiété pour ses opinions, même religieuses, pourvu que leur manifestation ne trouble pas l'ordre public établi par la Loi.

Art. 11 - La libre communication des pensées et des opinions est un des droits les plus précieux de l'Homme : tout Citoyen peut donc parler, écrire, imprimer librement, sauf à répondre de l'abus de cette liberté dans les cas déterminés par la Loi.

b. Loi du 20 juin 2018

Art. 19 - Un traitement de données à caractère personnel doit avoir reçu le consentement de la personne concernée.

Art. 20 - Un mineur peut consentir seul à un traitement de données à caractère personnel en ce qui concerne l'offre directe de services de la société de l'information à compter de l'âge de quinze ans.

c. Loi du 22 décembre 2018

Art. 11 - Les opérateurs de plateforme en ligne mettent en œuvre des mesures en vue de lutter contre la diffusion de fausses informations susceptibles de troubler l'ordre public ou d'altérer la sincérité des élections. Ils mettent en place un dispositif facilement accessible et visible permettant à leurs utilisateurs de signaler de telles informations.

Définitions

Démocratie : système politique fondé sur la souveraineté nationale qui s'exerce par l'intermédiaire de représentants élus. La démocratie française garantit les droits fondamentaux et protège les libertés individuelles et collectives.

Droits fondamentaux : droits les plus importants d'un individu, définis dans la Déclaration des droits de l'homme et du citoyen (1789) et dans la Déclaration universelle des droits de l'homme (1848).

Libertés individuelles : droits fondamentaux reconnus aux individus : liberté d'opinion et de conscience, liberté d'expression, droit à la propriété, égalité devant la loi et devant la justice.

Libertés collectives : ensemble des libertés qui ne peuvent exister que si elles sont exercées à plusieurs. Il s'agit par exemple du droit de vote, de manifester ou encore du droit de grève.

1. Quels sont les droits fondamentaux des citoyens mis en avant par ces articles de la DDHC ?

....

....

....

2. Quelles sont les libertés décrites dans les articles 10 et 11 ?

....

....

....

3. D'après l'article 4 de la DDHC, la liberté consiste-t-elle à faire ce que l'on veut ?

....

....

4. Pourquoi faut-il de nouveaux articles de lois en 2018 pour protéger les libertés ?

....

....

Activité 2 L'exercice des libertés dans le cadre scolaire

Des lycéens lancent une consultation sur les épreuves du BAC 2021.

À quoi ressemblera le baccalauréat cette année ? Dans un sondage publié en ligne, le Conseil Académique de la vie lycéenne (CAVL) de Paris souhaite connaître l'avis des principaux concernés, les lycéens de Première et de Terminale. Il met en place une réflexion en leur demandant de se prononcer sur les modalités de ces épreuves avec ce type de question : « Votre avis concernant les épreuves du BAC 2021 : Maintenir l'épreuve dans les conditions actuelles / Annuler l'épreuve au profit du contrôle continu / Mettre en place des aménagements. » Ou encore : « Sur une échelle de 1 à 10, je dirais que les cours à distance se sont déroulés : 1 = très mal, beaucoup de problèmes majeurs et récurrents / 10 = très bien, peu de problèmes. »

LCI, 28 avril 2021.

1. De quelle liberté les lycéens font-ils usage ?

2. En vous reportant aux définitions, les lycéens exercent-ils ici une **liberté individuelle** ou une **liberté collective** ?

3. Ce genre de démarche vous semble-t-elle utile ? Justifiez votre réponse.

Activité 3 Respecter la liberté des autres

Campagne de lutte contre le harcèlement menée à l'université de Lorraine, en 2017.

1. De quel type de harcèlement est-il question sur ces affiches ?

2. PROJET
Seul(e) ou en groupe, en vous inspirant du document, inventez un slogan contre le harcèlement.

Je retiens

La France est une **démocratie** qui **garantit et protège les libertés individuelles** et les libertés collectives. Les droits des citoyens ont été édictés dès 1789 dans la Déclaration des droits de l'homme et du citoyen. Le développement du numérique a rendu nécessaire la rédaction de nouvelles lois pour garantir les libertés de chaque citoyen et **préserver l'intérêt général**. La République est confrontée à de nombreux défis comme la lutte contre les inégalités hommes-femmes.

PROJET

2. Défendre la laïcité

L'un des fondements de la République française est la liberté de conscience. Dès 1789, et plus encore à partir de la loi de séparation de 1905, le pouvoir politique s'est séparé du pouvoir religieux, affirmant le principe de la laïcité.

Activité 1 — La laïcité, un principe républicain régulièrement réaffirmé

1789	1882	1905	1958	2004	2014	2015
La liberté de conscience est établie comme un droit fondamental dans la DDHC.	L'enseignement primaire devient laïc.	Loi de séparation des Églises et de l'État.	Réaffirmation du principe de laïcité dans la Constitution.	Loi sur l'application du principe de laïcité à l'école.	Charte de la laïcité à l'école.	Création de la Journée nationale de la laïcité à l'école.

1 Au cours de quelle période historique la liberté de conscience est-elle apparue dans la loi ?

2 Surlignez toutes les lois qui ont été votées pour garantir la laïcité à l'école.

3 Pourquoi faut-il si souvent réaffirmer le principe de laïcité ?

Activité 2 — La laïcité dans la fonction publique

LE DEVOIR DE NEUTRALITÉ DES AGENTS PUBLICS

La République française assure l'**égalité des citoyens face au service public**, quelles que soient leurs convictions ou croyances.

Le service public **ne peut donc montrer une préférence, ou faire preuve d'une attitude discriminatoire, selon l'appartenance religieuse**, réelle ou présumée de ses usagers. Les agents du service public, pendant l'exercice de leurs fonctions, représentent l'Etat.

A ce titre, **ils ne peuvent donc pas marquer de préférence ni laisser supposer un comportement préférentiel ou discriminatoire par la présence de signes religieux** dans leur bureau ou par le port de tels signes.

Site de l'observatoire de la laïcité

1 Un fonctionnaire peut-il faire état de sa religion sur son lieu de travail ?

2 Surlignez le passage qui définit la « neutralité du service public ».

3 **PROJET**
Comment le principe de laïcité s'applique-t-il l'école ?

Étape 1
Consultez le vademecum « La laïcité à l'école » grâce au QRCode.

Étape 2
À l'oral, préparez une courte présentation pour expliquer à vos camarades comment le principe de laïcité s'applique dans votre établissement scolaire.

Mes ressources numériques

Consultez le vademecum sur la laïcité à l'école.
liennathan.fr/z2x29h

Activité 3

a. La laïcité dans le monde professionnel : le code du travail

Article L. 1121-1 - Nul ne peut apporter aux droits des personnes et aux libertés individuelles et collectives de restrictions qui ne seraient pas justifiées par la nature de la tâche à accomplir ni proportionnées au but recherché.

Article 1321-2 - Le règlement intérieur peut contenir des dispositions inscrivant le principe de neutralité et restreignant la manifestation des convictions des salariés si ces restrictions sont justifiées par l'exercice d'autres libertés et droits fondamentaux ou par les nécessités du bon fonctionnement de l'entreprise et si elles sont proportionnées au but recherché.

Article 1321-3 - Le règlement intérieur de l'entreprise ne peut contenir : des dispositions discriminant les salariés dans leur emploi ou leur travail, à capacité professionnelle égale, en raison [...] de leurs convictions religieuses.

1 Quel texte regroupe les règles qui s'appliquent dans l'entreprise ?

2 Les problèmes liés à la religion sont-ils fréquents dans les entreprises ?

3 Quelles sont les situations les plus fréquentes ? Que dit le code du travail sur ces situations ?

b. La situation dans les entreprises

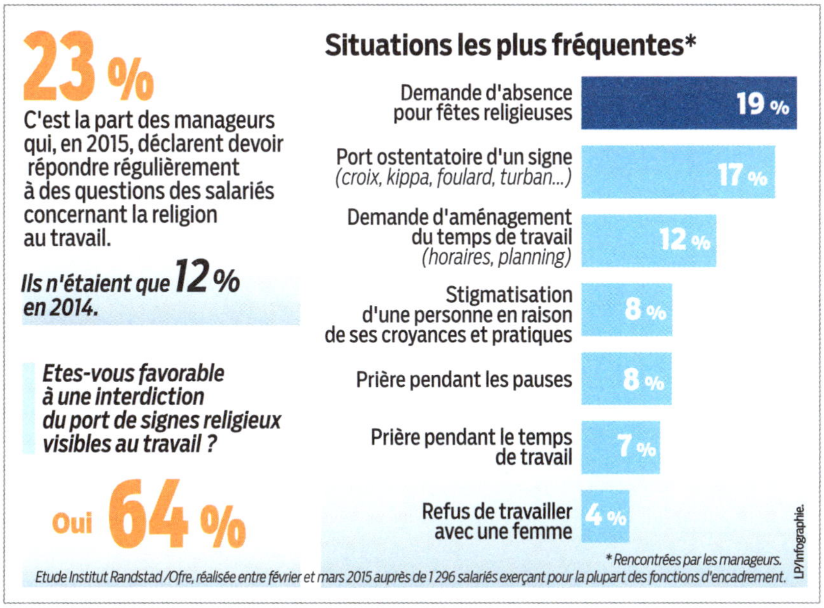

Je retiens

Le principe de **laïcité** s'inscrit dans une longue tradition qui remonte à la Révolution française. Il vise à garantir la liberté de conscience pour tous les citoyens. Si la laïcité occupe une place essentielle dans les établissements scolaires, elle concerne également l'ensemble de la fonction publique, en vertu du **principe de neutralité**. Dans les entreprises privées, le règlement intérieur doit garantir la liberté de **conscience** des employés.

Définitions

Laïcité : principe selon lequel l'État garantit la liberté des cultes mais reste neutre à l'égard des religions.

Liberté de conscience : liberté dont dispose chaque individu de choisir ses idées philosophiques ou religieuses.

Devoir de neutralité : obligation qu'ont les fonctionnaires de traiter chaque personne de façon équivalente, quels que soient son origine, son sexe, sa religion. Cette obligation est couplée au respect du principe de laïcité.

Vers le CCF

Je m'entraîne à la seconde partie de l'évaluation

Projet

Je participe au Prix de la laïcité de la République française

Créé en 2015, le Prix de la laïcité de la République française distingue et encourage des actions de terrain et des projets portant sur la protection et la promotion de la laïcité. Il est décerné chaque année par l'Observatoire de la laïcité.

Étape 1 Se renseigner sur le Prix de la laïcité de la République française

1 De quoi s'agit-il ? À quoi ce prix sert-il ? Quelles actions récompense-t-il ? Vous trouverez des réponses à ces questions en navigant grâce au QRCode de la rubrique Mes ressources numériques.

....

....

....

Étape 2 Sélectionner deux documents

2 À l'adresse accessible par le QRCode, vous trouverez les lauréats des dernières sessions. Choisissez et collez deux documents illustrant les travaux de deux lauréats qui vous semblent intéressants.

3 Expliquez en quelques lignes pourquoi vous les avez choisis.

Aide

Vous pouvez choisir des textes, des images mais aussi des vidéos ou des audios. Les deux documents choisis doivent favoriser un débat ou soulever une question. Ils peuvent être en lien avec ce qui se passe dans votre quotidien ou ouvrir la réflexion sur d'autres disciplines.

Collez ici votre document.

J'ai choisi ce document car ....

....

....

Collez ici votre document.

J'ai choisi ce document car ....

....

....

4 Quels liens pouvez-vous établir entre les documents choisis et la laïcité ?

....

....

Mes ressources numériques

Accédez aux informations sur le Prix de la laïcité. liennathan.fr/r785za

Accédez aux lauréats des dernières sessions. liennathan.fr/t4s85m

Étape 3 Concevoir son projet

5 Seul(e) ou en groupe, concevez et réalisez un projet que vous pourriez soumettre au Prix de la laïcité de la République française. Notez ici le titre de votre projet et préparez votre projet au brouillon.

Étape 4 Présenter son projet à l'oral

6 À partir de votre travail (étapes 2 et 3), préparez à l'écrit le texte de votre présentation.

7 Quels repères et quelles notions du programme sont nécessaires présenter votre projet ?

Aide

Relisez les notions et les définitions des pages 182 et 185.

8 Répétez seul(e) ou devant un petit groupe, et enregistrez-vous sur votre smartphone (l'oral peut faire entre 3 et 5 minutes).

9 Recommencez autant de fois que nécessaire jusqu'à ce que vous soyez satisfait(e) du résultat.

CONSEIL

Prenez bien en compte les critères sur lesquels portera l'évaluation de votre oral.

Critères d'évaluation	
J'ai bien replacé les documents, les événements et les acteurs dans leur contexte.	
J'ai fait preuve d'esprit critique.	
J'ai bien utilisé le vocabulaire de l'EMC.	
Mon discours est argumenté et personnel.	
Je me suis exprimé(e) de manière claire et correcte.	

Il est important pendant votre entretien avec le jury de participer activement à un échange.

FRANÇAIS

Objet d'étude 1

Se dire, s'affirmer, s'émanciper

➥ Recherchez et collez une image qui, selon vous, pourrait illustrer cet objet d'étude. Vous expliquerez votre choix à la classe, en une minute.

Objet d'étude 2

S'informer, informer, communiquer

➥ Recherchez et collez une image qui, selon vous, pourrait illustrer cet objet d'étude. Vous expliquerez votre choix à la classe, en une minute.

Objet d'étude 3

Rêver, imaginer, créer

➥ Recherchez et collez une image qui, selon vous, pourrait illustrer cet objet d'étude. Vous expliquerez votre choix à la classe, en une minute.

Objet d'étude 1

Se dire, s'affirmer, s'émanciper

Sur cette page, j'écris, je colle, je dessine tout ce que j'associe aux mots de l'objet d'étude.

Lexique

Je note le sens des mots :

Se dire : ....

....

....

....

....

S'affirmer : ....

....

....

....

....

S'émanciper : ....

....

....

....

....

Pour ouvrir la réflexion

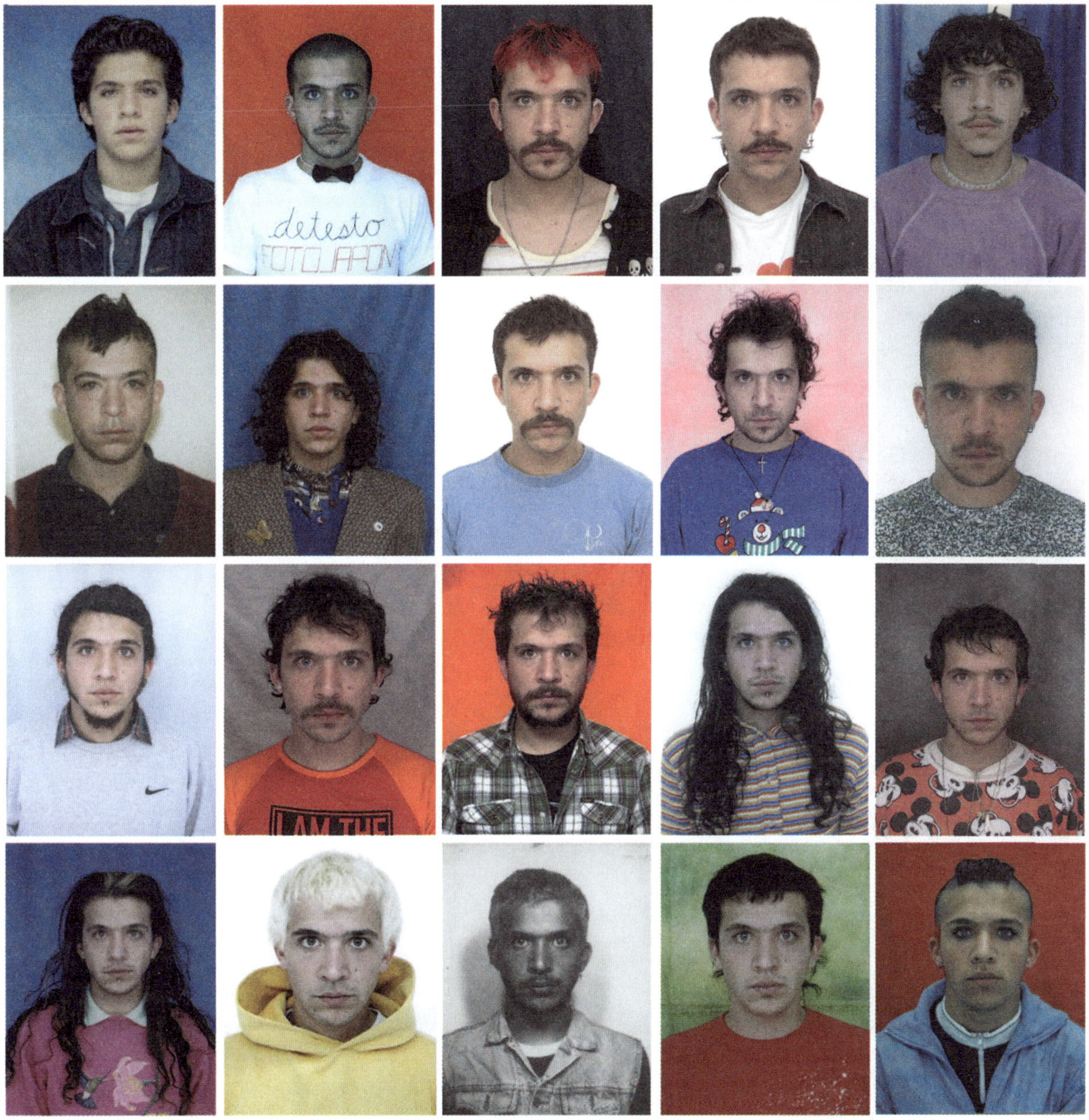

Juan Pablo Echeverri, *Miss fotojapón*, de 1998 à aujourd'hui.
Cet artiste se consacre uniquement au genre de l'autoportrait photographique, qu'il réalise tantôt dans des photomatons, tantôt avec un smartphone.

Pour se lancer !

1. Qu'est-ce qui vous interpelle le plus, en observant ces autoportraits ? Pourquoi ?

2. Selon vous, qu'a voulu montrer l'artiste en assemblant ces autoportraits ?

CORPUS Pourquoi faire son autoportrait ?

Documents 1 et 2 **Cindy Sherman, deux autoportraits**

***Untitled (as Marilyn Monroe)*, 1982**

***Untitled 465*, 2008**

Document 3 **Omar Victor Diop, *El Moro*, série *Diaspora*, 2014**

Artiste :

Titre et date :

Collez ici l'autoportrait
choisi à la question 4.
N'oubliez pas de noter ci-dessus
le nom de l'artiste, le titre
et la date de l'œuvre.

Enrichir son lexique

1 Comment le mot « autoportrait » est-il formé ? Quel est son sens ?

Parcours 1

Étudier des autoportraits

2 Selon vous, qu'ont voulu dire les artistes de cette double page sur leur personnalité ? Vous pouvez noter vos éléments de réponse à côté des documents.

Parcours 2

Mener une recherche

3 Choisissez un de ces artistes et faites une recherche sur sa démarche artistique : que veut-il montrer dans ses autoportraits ?

4 Imprimez l'autoportrait d'un artiste de votre choix et collez-le sur la page de gauche. Expliquez votre choix.

Réaliser un autoportrait

5 À la manière d'un de ces artistes, réalisez votre autoportrait photographique.

Collez ici votre autoportrait.

La *National Portrait Gallery* à Londres

PRÉSENTATION DU MUSÉE

Ouvert en 1856, ce musée expose des portraits de personnages historiques britanniques importants.
La collection est composée de tableaux, photographies, sculptures, gravures ou dessins. Certaines de ces œuvres sont des autoportraits.

Mes ressources numériques

Visitez la *National Portrait Gallery*.
liennathan.fr/7cc4j7

Consultez les pages de la *National Portrait Gallery* dédiées aux autoportraits.
liennathan.fr/c4u4p5

Document 1 **Doris Zinkeisen, autoportrait, 1929**

Document 2 **Madame Yevonde, autoportrait, 1940**

Document 3 **Lucian Freud,**
***Autoportrait*, 1963**

Document 4

Collez ici l'autoportrait
choisi à la question 2.

Étudier des autoportraits

1. Formez un groupe de trois et choisissez chacun un de ces autoportraits. Notez tous les éléments qui semblent révéler des aspects de la personnalité de l'artiste, puis partagez vos remarques avec votre groupe.

....

....

....

....

2. Choisissez sur le site du musée un autoportrait qui vous intéresse et préparez, en faisant des recherches, un exposé de trois minutes expliquant ce que l'artiste a voulu dire de lui-même.

Œuvre choisie : ....

....

Genre de l'œuvre (peinture, photographie…) :

....

Artiste : ....

Date : ....

Raison de mon choix : ....

....

....

Ce que l'œuvre dit de l'artiste : ....

....

....

Formuler un bilan

3. Selon vous, pourquoi les artistes réalisent-ils leur autoportrait ?

....

....

....

....

Just Kids

Document 1 Patti Smith, *Just Kids*, 2010 (extrait 1)

Patti Smith parle de son adolescence dans une famille modeste, au sein d'une fratrie de quatre enfants dont elle est l'aînée.

Je poussai soudain de plusieurs centimètres. Je faisais près de 1,70 m pour à peine 45 kilos. À l'âge de quatorze ans, je n'étais plus le commandant d'une armée petite mais loyale[1], j'étais une ratée de première qui n'avait que la peau sur les os, un objet de risée fermement campé sur le plus bas niveau de l'échelle sociale du lycée. Je me suis plongée dans les livres et le rock and roll, le salut adolescent en 1961. Mes parents travaillaient de nuit. Après avoir fini le ménage et nos devoirs, nous dansions, Toddy, Linda[2] et moi, au son de James Brown[3], des Shirelles[4], d'Hank Ballard and the Midnighters[5] et consorts. En toute modestie, je peux affirmer que nous excellions autant sur la piste de danse que sur le champ de bataille.

Je dessinais, je dansais et j'écrivais des poèmes. Je n'étais pas douée, mais j'avais de l'imagination et les professeurs m'encourageaient. Lorsque j'ai gagné un concours sponsorisé par le magasin de peintures local, Sherwin-Williams, mon tableau a été exposé dans la vitrine et j'ai reçu assez d'argent pour acheter une mallette en bois et un assortiment d'huiles. J'ai écumé les ventes de charité organisées par les bibliothèques et l'église en quête de livres d'art. À l'époque, il était possible de trouver des volumes magnifiques pour presque rien, et je me suis installée avec bonheur dans les univers de Modigliani, Dubuffet, Picasso, Fra Angelico et Albert Ryder.

Pour mon seizième anniversaire, ma mère m'a offert *La Vie fabuleuse de Diego Rivera*[6]. J'ai été transportée par l'envergure de ses fresques, les descriptions de ses voyages et tribulations, de ses amours et de son labeur acharné. Cet été-là, j'ai trouvé un boulot dans une usine non syndiquée : j'inspectais des guidons de tricycles. Les conditions de travail étaient calamiteuses. Je m'échappais par la rêverie en travaillant à la pièce. Mon plus cher désir était d'entrer dans la fraternité des artistes : la faim, leur façon de s'habiller, leurs rituels et leurs prières. Je claironnais à qui voulait l'entendre que je serais un jour la maîtresse d'un artiste. Pour mon jeune esprit, c'était le comble du romantisme. Je m'imaginais comme Frida[7] avec Diego, à la fois muse et créatrice. Je rêvais de rencontrer un artiste pour l'aimer, le soutenir et travailler à ses côtés.

Traduit de l'américain par Héloïse Esquié, 2010.

Patti Smith (née en 1946)
Dessinatrice, poète, chanteuse, elle est considérée comme l'une des plus grandes figures du rock américain et l'une des égéries du mouvement punk.

Écoutez l'extrait 1.
liennathan.fr/5d7gi9

1. Enfant, la narratrice jouait à la guerre avec son frère et ses sœurs.
2. Frère et sœur de Patti Smith.
3. Figure emblématique du funk et de la soul music.
4. Groupe féminin de rhythm and blues.
5. Groupe de rhythm and blues et de rock.
6. Artiste mexicain célèbre pour ses peintures murales.
7. Frida Kahlo, artiste mexicaine, était l'amante de Diego Rivera.

Parcours 1

Lire une autobiographie

1. Comment qualifieriez-vous l'adolescente qu'était Patti Smith ? Soulignez les éléments justifiant votre réponse.

2. Surlignez les centres d'intérêt et les rêves de son adolescence. Quel est leur point commun ?

3. Quel regard la narratrice porte-t-elle sur son adolescence, selon vous ? Justifiez votre réponse.

Document 2 Frida Kahlo, *Diego et moi*, 1949

Parcours 2

Mener une recherche

4 Informez-vous sur Diego Rivera et Frida Kahlo : quels liens artistiques entretenaient-ils ?

Étudier un tableau

5 Quelle image de leur relation ce tableau propose-t-il ?

6 Selon vous, pourquoi Frida Kahlo a-t-elle pu inspirer Patti Smith adolescente ?

Vers le CCF

Écrire sur soi

7 Quel est l’artiste qui vous a le plus inspiré(e) plus jeune ? et aujourd’hui ? Expliquez en une dizaine de lignes ce que chacun vous a apporté.

Avant de vous lancer

- Notez vos idées ci-dessous.

Artiste 1 :

- Ce qu’il ou elle m’a apporté :
- Regard que je porte sur lui ou elle aujourd’hui :

Artiste 2 :

- Ce qu’il ou elle m’apporte :
- En quoi il ou elle diffère de mon ancien(ne) artiste préféré(e) :

Just Kids

Document 1 Patti Smith, *Just Kids*, 2010 (extrait 2)

À vingt ans, Patti Smith quitte sa ville natale, après avoir dû abandonner ses études d'institutrice. Elle se rend en bus à New York, sans argent.

Écoutez l'extrait 2.
liennathan.fr/27afg7

Je ne peux pas dire que j'étais comme un poisson dans l'eau, mais je me sentais en sécurité. Personne ne faisait attention à moi. Je pouvais me déplacer librement. Il y avait une communauté errante de jeunes gens qui dormaient dans les parcs, dans des tentes de fortune : les nouveaux immigrants qui envahissaient l'East Village. Je n'étais pas comme eux, mais à cause de cette atmosphère de dérive joyeuse, je pouvais vagabonder à ma guise. J'avais la foi. Je ne percevais aucun danger dans la ville, et je n'en ai jamais rencontré aucun. Je n'avais rien à offrir aux voleurs et je ne craignais pas les rôdeurs. Je ne présentais aucun intérêt pour quiconque, et ça a joué en ma faveur pendant ces premières semaines de juillet passées à zoner dans les rues, libre de poursuivre mes explorations le jour, dormant où je pouvais la nuit. Je recherchais les cages d'escalier, les wagons de métro, même un cimetière. Je me réveillais en sursaut sous le ciel urbain, ou secouée par une main inconnue. Il est temps de circuler maintenant. Il est temps de circuler maintenant.

Quand ça devenait vraiment trop dur, je retournais au Pratt[1], où je pouvais tomber sur une connaissance qui me laisserait prendre une douche et passer une bonne nuit de sommeil. Ou bien je dormais dans un hall, près d'une porte familière. Ce n'était pas la joie, mais je me répétais ces mots : « Je suis libre, je suis libre », comme un mantra[2]. Au bout de plusieurs jours, toutefois, c'était mon autre mantra : « J'ai faim, j'ai faim », qui avait tendance à prendre le dessus. Je ne m'en faisais pas pour autant. Tout ce qu'il me fallait, c'était un coup de veine, et il n'était pas question de laisser tomber. Je traînais ma valise écossaise d'un perron à l'autre, tâchant de ne pas user mes hôtes récalcitrants.

C'était l'été de la mort de Coltrane[3]. L'été de « Crystal Ship »[4]. Les enfants fleurs[5] levaient leurs bras vides et la Chine faisait exploser la bombe H. À Monterey, Jimi Hendrix mettait le feu à sa guitare. « Ode to Billie Joe » passait en boucle sur les grandes ondes. Des émeutes éclataient à Newark, Milwaukee et Detroit. C'était l'été d'*Elvira Madigan*[6], l'été de l'amour. Et dans cette atmosphère instable, inhospitalière, le hasard d'une rencontre a changé le cours de ma vie.

C'est l'été où j'ai rencontré Robert Mapplethorpe.

Traduit de l'américain par Héloïse Esquié, 2010.

1. École d'art située à Brooklyn.
2. Formule magique.
3. Saxophoniste célèbre, mort en 1967.
4. Album des Doors, célèbre groupe de rock.
5. Les hippies.
6. Film sorti en 1967, racontant l'histoire d'amour entre une artiste de cirque et un militaire au XIXe siècle.

Parcours 1

Lire une autobiographie

1. Quelle évolution peut-on observer chez Patti Smith entre cet extrait et l'extrait 1 (p. 196) ? Justifiez votre réponse.

2. « Je suis libre, je suis libre » : comment définiriez-vous la liberté qu'évoque Patti Smith ? L'enviez-vous ?

3. À quoi vous attendez-vous dans la suite du récit ? Pourquoi ?

Document 2

Bill Senft, *Des hippies dansant à un concert de Grateful Dead dans l’East Village*, 1967

Analyser les temps verbaux

4 Quel est le temps majoritairement employé dans l'extrait 2 ? Pourquoi ?

5 « C’est l’été où j’*ai rencontré* Robert Mapplethorpe » (l. 30) : quel est le temps du verbe en italiques ? Que signifie son emploi, par rapport au reste de l’extrait ?

Parcours 2

Mener une recherche

6 Menez une recherche sur Internet sur la cause des émeutes de 1967 dont parle Patti Smith (l. 27).

7 Selon vous, pourquoi peut-on rapprocher la photographie de Bill Senft du texte de Patti Smith ?

Regards croisés

Français
Histoire

Pourquoi peut-on qualifier le* Flower Power *de mouvement émancipateur ?
Vous répondrez à cette question dans un paragraphe d'une quinzaine de lignes, à l'aide des documents et de la rubrique Croiser les regards de cette double page.

Le contexte

Le *Flower Power* est né aux États-Unis en 1967, à l'occasion du *Summer of Love*, rassemblement hippie à San Francisco, dont les participants avaient orné leurs cheveux de fleurs et en distribuaient autour d'eux.
Le mouvement s'est rapidement exporté en Europe, notamment en France.

Mes ressources numériques

Écoutez une série de podcasts de France Culture sur le mouvement hippie.
liennathan.fr/cx7s86

Visionnez un reportage de l'INA sur les 50 ans du *Summer of Love*.
liennathan.fr/n82mg9

Le *Flower Power* en France

LE REGARD D'UN PHOTOGRAPHE

1 Le comte et la comtesse Jean de Rohan Chabot lors d'une soirée hippie à Paris, 1967

LE REGARD D'UN ÉCRIVAIN

2 Charles Duchaussois, *Flash ou le Grand Voyage*, 1971

Ce récit autobiographique raconte le parcours de son auteur jusqu'à Katmandou, capitale des hippies dans les années 1960. Lors d'une étape en Turquie, il rencontre un groupe de hippies européens.

Je m'avance, je passe sous une voûte de trois à quatre mètres de haut et débouche dans une grande cavité d'une quinzaine de mètres de profondeur, éclairée d'une lumière fantomatique. De place en place, de grosses chandelles qui fument, des flambeaux et des bougies posées sur des caisses, sur le sol en terre battue. Les parois de la grotte sont en granit. Il y a là cinquante à soixante hippies, garçons et filles, les uns assis, les autres allongés ou rallumant les flambeaux. Tous sont habillés de vêtements aux couleurs criardes, des écharpes autour du cou, des bandeaux ceignant le front. Les filles ont des signes étranges tracés sur le front au rouge à lèvres mais aussi de toutes les couleurs. Beaucoup ont des vestes de peau, à bord frangé, brodées de dessins orientaux. Quelques-uns, comme mon junkie d'hier sont tout en blanc. Ce sont les plus maigres, ceux qui ont le regard le plus fiévreux. Beaucoup ont des colliers de fleurs ou des fleurs dans les cheveux, surtout les filles. Un genre de grosses marguerites jaunes. Comment, à cette époque de l'année, sous la neige, ont-ils pu trouver des fleurs ?

LE REGARD D'UN PHILOSOPHE

3 Pascal Bruckner, « La révolution sexuelle », *L'Express*, 2002

Dans cet entretien, Pascal Bruckner, philosophe, répond aux questions de* L'Express *sur les années 1960, qualifiées de « parenthèses enchantées ».

À la fin des années 1950, nous sortions d'une société hypocrite où les hommes faisaient la loi dans les familles et les patrons, dans l'entreprise. Nous voulions en finir avec cette France corsetée, rigidifiée, fermée. Tout ce que nous pouvions happer de l'étranger – le rock, le blues, la soul, les hippies, les cheveux longs – était convoqué chez nous avec une avidité sans limite. Les garçons et les filles se regardaient comme deux tribus qui allaient bientôt sauter l'une sur l'autre. Ils restaient encore séparés par quelques vieux tabous : la virginité des femmes avant le mariage (c'était presque une plaisanterie), la non-mixité dans les écoles, un certain ascendant des hommes sur les femmes, une forme de pudeur…

Croiser les regards

1. Recherchez ce qu'étaient le *Flower Power* et le mouvement hippie. Quels liens pouvez-vous établir entre votre recherche et les documents ?

....

....

....

....

....

....

....

....

2. À partir des documents, expliquez l'influence qu'a eue la société américaine décrite par Patti Smith (p. 198) sur la société française.

....

....

....

....

....

....

....

....

....

Just Kids

Document 1 **Patti Smith, *Just Kids*, 2010 (extrait 3)**

Patti Smith fait la rencontre de Robert Mapplethorpe, jeune artiste avec qui elle entretient une relation amoureuse. Ils s'installent au Chelsea Hotel, réputé pour héberger de nombreux artistes new-yorkais. À leur contact, elle prend confiance en elle et se métamorphose.

Écoutez l'extrait 3.
liennathan.fr/687xtw

Je me suis regardée dans le miroir au-dessus du lavabo. J'ai réalisé que je n'avais pas changé de coupe de cheveux depuis mon adolescence. Je me suis assise par terre et j'ai étalé les quelques magazines de rock qui étaient en ma possession. En général, je les achetais pour y récupérer toutes les nouvelles photos de Bob Dylan[1], mais cette fois-ci, ce n'était pas lui que je cherchais. J'ai découpé toutes les photos de Keith Richards[2] que j'ai pu trouver. Je les ai étudiées un petit moment, puis j'ai sorti mes instruments et, à grands coups de cisailles, j'ai fait mes adieux à l'ère folk. Après quoi je me suis fait un shampoing dans la salle de bains du palier et j'ai secoué mes cheveux pour les sécher. C'était une expérience libératrice.

À son retour, Robert a été surpris mais content. « Qu'est-ce qui t'a pris ? » s'est-il exclamé. J'ai répondu d'un simple haussement d'épaules. Mais quand on est retournés au Max's[3], ma coupe de cheveux a fait sensation, c'est le moins qu'on puisse dire. Je n'en revenais pas de l'effet produit. J'étais toujours la même personne, mais mon statut social s'est élevé d'un coup. Ma coupe à la Keith Richards déliait automatiquement les langues. Ça m'a fait penser aux filles que je connaissais au lycée. Elles rêvaient de devenir chanteuses mais finissaient coiffeuses. Aucune de ces deux vocations ne m'attirait particulièrement, mais dans les semaines suivantes j'allais couper les cheveux de beaucoup de gens et chanter à La MaMa[4].

Au Max's, quelqu'un m'a demandé si j'étais androgyne. J'ai demandé ce qu'il entendait par là. « Tu sais, comme Mick Jagger. » J'en ai conclu que c'était sans doute cool. Je croyais que le mot voulait dire beau et laid en même temps. Mais quelle qu'en soit la signification, par la grâce d'une simple coupe de cheveux, je suis miraculeusement devenue androgyne du jour au lendemain.

Des portes se sont soudain ouvertes. Jackie Curtis[5] m'a demandé de jouer dans sa pièce *Femme fatale*. Cela ne me posait pas de problème de remplacer un garçon, qui jouait l'homologue masculin de Penny Arcade[6]. Avec un débit de mitraillette, je déclamais des vers tels que *Il pouvait la prendre ou la laisser / Il la prit et la laissa*.

Traduit de l'américain par Héloïse Esquié, 2010.

1. Musicien et poète influencé par la musique folk.
2. Rocker, membre des Rolling Stones.
3. Bar fréquenté par les artistes du Chelsea Hotel.
4. Théâtre expérimental new-yorkais.
5. Actrice et poétesse transgenre.
6. Actrice.

Enrichir son lexique

1 Que signifie le mot « androgyne » (l. 19) ? Quelle est son étymologie ?

Parcours 1

Lire une autobiographie

2 Selon vous, pourquoi Patti Smith change-t-elle de coiffure ?

3 Soulignez dans le texte les conséquences de son geste. Comment les expliquez-vous ?

4 Quelle évolution constatez-vous chez Patti Smith entre cet extrait et les précédents (p. 196 et 198) ?

Parcours 2

Étudier une photographie

5 Quels traits de la personnalité de Patti Smith se dégagent de ce portrait ?

6 Comment Robert Mapplethorpe les met-il en valeur ?

Réaliser un portrait photographique

7 Demandez à un camarade de réaliser un portrait photographique qui révèlera un trait de votre personnalité.

Collez ici
votre autoportrait.

Document 2 **Robert Mapplethorpe, *Portrait de Patti Smith*, 1978**

Vers le CCF

Écrire un récit autobiographique

8 À la manière de Patti Smith, racontez en une dizaine de lignes un acte que vous avez réalisé et qui a défini votre personnalité.

Avant de vous lancer

a. Résumez en une phrase cet acte.

b. Expliquez en une phrase ce qu'il a révélé de votre personnalité.

PARCOURS DE LECTURE

Just Kids

Document 1 — Patti Smith, *Just Kids*, 2010 (extrait 4)

Après plusieurs années de relation amoureuse, Patti Smith et Robert Mapplethorpe se séparent, mais restent amis. Elle devient une poétesse et chanteuse de rock célèbre, tandis qu'il est reconnu pour son travail de photographe. En 1978, ils organisent une exposition commune.

Ce fut notre première et dernière exposition ensemble. Mon travail avec mon groupe et mon équipe dans les années soixante-dix devait m'emmener loin de Robert et de notre univers. Et en tournant dans le monde entier, j'ai eu le temps de réaliser que nous n'avions jamais voyagé tous les deux. Nous n'avions jamais dépassé les limites de New York, sinon à travers les livres, et nous n'avions jamais pris place dans un avion, main dans la main, pour nous élever dans un ciel neuf et nous poser sur une terre nouvelle.

Cependant, nous avions exploré les frontières de notre travail et nous nous étions créé l'un pour l'autre un espace. En foulant sans lui les scènes internationales, chaque fois je n'avais qu'à fermer les yeux pour le voir enlever son blouson de cuir et pénétrer avec moi la terre infinie, la terre des mille danses.

—

Un jour, en fin d'après-midi, nous marchions dans la 8e Rue lorsque nous avons entendu le son de « Because the Night » qui passait à tue-tête dans tous les magasins, l'un après l'autre. Single tiré de l'album *Easter*, c'était ma collaboration avec Bruce Springsteen[1]. Robert avait été notre premier auditeur lorsque nous avions enregistré la chanson. J'avais une bonne raison. C'était ce qu'il avait toujours voulu pour moi. À l'été 1978, la chanson est montée jusqu'à la treizième place du Top 40, réalisant le rêve de Robert, que j'aie un jour un tube.

Robert, souriant, marchait en rythme. Il a sorti une cigarette et l'a allumée. Nous avions parcouru un sacré bout de chemin depuis le jour où il m'avait délivrée de l'auteur de science-fiction[2] et où nous avions partagé un *egg cream*[3] sur un perron près de Tompkins Square.

Mon succès était pour Robert l'objet d'une fierté sans mélange. Ce qu'il voulait pour lui-même, il le voulait pour nous deux. Il a exhalé une volute de fumée parfaite et il a parlé de ce ton qu'il n'utilisait qu'avec moi — une gronderie feinte, de l'admiration sans envie — notre langage de frère et sœur.

« Patti, a-t-il fait d'une voix traînante, t'es devenue célèbre avant moi. »

Traduit de l'américain par Héloïse Esquié, 2010.

1. Célèbre chanteur et guitariste américain.
2. Allusion à un épisode du récit lors duquel Robert a aidé Patti, alors qu'ils se connaissaient à peine, à échapper à un écrivain qui souhaitait ses faveurs.
3. Boisson au chocolat.

Écoutez l'extrait 4.
liennathan.fr/7v4d9j

Parcours 1

Écouter une chanson

1 Écoutez « Because the Night » de Patti Smith grâce au QR code. Quels aspects de la personnalité de la chanteuse semblent se dégager de son interprétation ? Sont-ils les mêmes que dans son autobiographie ?

Écoutez « Because the Night ».
liennathan.fr/2muh67

Lire une autobiographie

2 D'après cet extrait et les précédents (p. 196, 198 et 202), les verbes de l'objet d'étude « Se dire, s'affirmer, s'émanciper » vous semblent-ils s'appliquer à Patti Smith ? Pourquoi ?

Document 2 Gerard Malanga, ***Patti Smith et Robert Mapplethorpe, 23ᵉ Rue Ouest, escalier de secours*, 1971**

Parcours 2

Comparer des documents

3 Quelle image d'eux-mêmes et de leur relation Patti Smith et Robert Mapplethorpe donnent-ils dans le portrait ci-contre ?

....

....

....

....

....

....

....

....

4 À quels éléments de *Just Kids* cette photographie vous fait-elle penser ? Pourquoi ?

....

....

....

....

....

....

....

....

Formuler un bilan

5 Dans un entretien donné à la revue *America*, Patti Smith a dit : « Je crois que j'écris pour composer quelque chose qui serait mieux que je ne suis. Quelque chose qui justifierait mes errances. Je crois que j'écris parce que je ne peux pas simplement vivre. » Quels aspects de *Just Kids* cette citation peut-elle éclairer, selon vous ?

....

....

....

....

....

....

CONSEIL

Relisez les quatre extraits et notez les idées en lien avec la citation proposée.

ATELIER D'ÉCRITURE

Écrire à la manière de Patti Smith

Objectif

Vous allez raconter, à la manière de Patti Smith, le moment où Robert Mapplethorpe l'a photographiée pour la pochette de son premier album, *Horses*. Votre texte comptera vingt lignes environ.

Étape 1

Notez dans ce cadre toutes les idées que vous souhaitez intégrer dans votre texte. Vous pouvez également noter les grandes étapes de votre récit.

CONSEIL

Vous pouvez écouter l'album pour vous imprégner de l'énergie de la chanteuse et trouver l'inspiration !

Rédigez votre premier jet. Vous disposez pour cela de quarante minutes.

40 min.

Étape 2

En groupe, comparez vos textes pour identifier ce que vous avez réussi dans cet exercice, puis évaluez votre premier jet.

Principaux critères	Évaluation de mon texte	Pistes d'amélioration

Étape 3

Réécrivez votre texte en l'améliorant. Vous pouvez supprimer, modifier ou déplacer des éléments de votre premier jet, mais vous pouvez aussi intégrer de nouveaux éléments.

CORPUS S'émanciper comme autrice

Document 1 Virginia Woolf, *Un lieu à soi*, 1929

Virginia Woolf imagine la vie de la sœur imaginaire de Shakespeare, qui aurait souhaité la même carrière que son frère.

Pendant ce temps, sa sœur extraordinairement douée restait, on peut le supposer, à la maison. Elle était aussi aventureuse que lui, aussi imaginative, aussi impatiente de voir le monde. Mais elle ne fut pas envoyée à l'école. Elle n'eut pas l'occasion d'apprendre la grammaire et la logique, ne parlons pas de lire Horace et Virgile. Elle tombait de temps en temps sur un livre, de son frère peut-être, et lisait quelques pages. Mais ses parents venaient lui demander de repriser les chaussettes ou de surveiller le ragoût au lieu de rêvasser sur des livres et des papiers. Ils lui parlaient fermement mais gentiment, car c'étaient des gens qui avaient les pieds sur terre et connaissaient les conditions de vie des femmes et aimaient leur fille – il y a même fort à parier qu'elle était la prunelle des yeux de son père. Peut-être gribouillait-elle quelques pages en douce, dans la réserve à pommes, mais elle prenait soin de les cacher voire de les brûler. Très vite, cependant, avant de sortir de l'adolescence, elle fut promise au fils du marchand d'à côté, un négociant en laines. Elle cria que le mariage lui faisait horreur, et pour ça elle fut sévèrement battue par son père. Puis il cessa de la gronder. Il la supplia, plutôt, de ne pas lui faire de tort, de ne pas lui faire honte dans cette affaire de mariage. Il lui donnerait une chaîne de perles ou un joli jupon, dit-il ; et il avait des larmes dans les yeux. Comment pouvait-elle lui désobéir ? Comment pouvait-elle lui briser le cœur ? Ce fut la force de son talent qui l'y poussa. Elle fit un baluchon de ses quelques possessions, se laissa glisser le long d'une corde une nuit d'été et prit la route de Londres. Elle n'avait pas dix-sept ans. Les oiseaux qui chantaient dans la haie n'étaient pas plus musicaux qu'elle. Elle avait la fantaisie la plus vive, un don, comme son frère, pour le chant des mots. Comme lui, elle avait le goût du théâtre. Elle attendait à l'entrée des artistes ; elle voulait jouer, disait-elle. Les hommes lui riaient au nez.

Traduit de l'anglais par Marie Darrieussecq, 2016.

Virginia Woolf (1882-1941)
Cette écrivaine britannique est principalement connue pour ses romans comme *Mrs Dalloway* ou *Orlando*, mais aussi pour son essai féministe *Un lieu à soi* (aussi traduit par *Une chambre à soi*), qui définit les conditions nécessaires à la vie d'autrice.

Écoutez le texte.
liennathan.fr/gu776i

Enrichir son lexique

1 Le titre original d'*Un lieu à soi* est *A Room of One's Own*, plus souvent traduit par *Une chambre à soi*. Selon vous, pourquoi la traductrice Marie Darrieussecq a-t-elle préféré le mot « lieu » au mot « chambre » ? Émettez des hypothèses.

Parcours 1

Lire un essai

2 D'après Virginia Woolf, quels sont les obstacles au métier d'écrivaine ?

3 Selon vous, ces difficultés existent-elles encore aujourd'hui ?

Document 2 **Edmund Tarbell, *Jeune femme écrivant*, 1917**

Parcours 2

Étudier un tableau

4 Que fait la jeune femme représentée ?

5 À quelle condition sociale appartient-elle ? Justifiez votre réponse.

6 La situation de ce personnage vous semble-t-elle enviable ? Justifiez votre réponse.

Mener une recherche

7 Cherchez le nom des dix derniers lauréats du prix Goncourt. En quoi le texte de Virginia Woolf éclaire-t-il le résultat de vos recherches ?

S'émanciper comme autrice

Document 1 — Mona Chollet, *Chez soi*, 2016

La seule recette de cuisine que je maîtrise à peu près est celle du pop-corn. L'amour compte beaucoup pour moi, je ne suis pas un monstre sans cœur, mais je n'ai jamais vu l'intérêt de me marier et j'ai toujours su que je ne voulais pas d'enfants. Mon principal rêve de gamine, c'était de faire quelque chose de moi-même – d'écrire, en l'occurrence – et de rester aussi libre que possible pour profiter de la vie. Ce projet me semblait si objectivement désirable et m'obnubilait à tel point que lorsque mes amis, au début de notre vie d'adultes, ont commencé à fonder des familles, ils m'ont plongé dans la perplexité et l'effarement, comme s'ils faisaient là quelque chose de totalement imprévisible et incongru.

En même temps, je réalisais peu à peu que, autour de moi, mes dispositions et mes aspirations suscitaient la désapprobation discrète ou véhémente d'un nombre non négligeable de personnes. Elles me faisaient sortir des clous et on se bousculait pour me verbaliser. Je manquais gravement à mon devoir d'incarner la Femme : un minimum de conversation, bien sûr, mais surtout, douce, maternelle, trônant au milieu du sensuel et n'en franchissant les frontières qu'avec modération. Mon intellectualité, qui aurait été admise et même valorisée chez un homme, apparaissait comme une tare. Quand j'ai lu ce jugement porté par le critique Jacques Siclier sur le premier film d'Agnès Varda, *La Pointe courte*, en 1955, il s'est gravé dans ma mémoire en lettres de feu : « Tant de cérébralité chez une jeune femme a quelque chose d'affligeant. » On me dira que j'exagère, que de nos jours des milliers de femmes exercent des métiers intellectuels et que tout le monde l'accepte comme un fait banal. Honnêtement, j'en doute. Un jour, alors que je présentais un de mes livres à la Fnac, un type d'une soixantaine d'années était venu s'asseoir pour écouter en me dévisageant, sourcils froncés. À la fin, prenant la parole, il avait maugréé que si les bonnes femmes se mêlaient de nous expliquer la vie, maintenant… J'en étais restée coite – de toute façon, que voulez-vous répondre à quelqu'un qui refuse le simple fait que vous ouvriez la bouche ?

Mona Chollet (née en 1973)
Cette journaliste et essayiste travaille principalement sur l'organisation patriarcale de notre société et sur les injonctions faites aux femmes. Dans *Chez soi*, elle interroge notre rapport à notre espace domestique.

Écoutez le texte.
liennathan.fr/27us9i

Parcours 1
Lire un essai

1 Que reproche-t-on à Mona Chollet ? Pourquoi, selon vous ?

....

2 Quel lien peut-on établir entre ce texte et celui de Virginia Woolf (p. 208) ?

....

Document 2 **Birgit Jürgenssen, *Le Tablier-Cuisine des ménagères*, 1975**

Parcours 2

Comparer des documents

3 Quelle réaction Birgit Jürgenssen veut-elle susciter chez le spectateur, selon vous ?

4 Quel lien peut-on établir entre l'œuvre de Birgit Jürgenssen et le texte de Mona Chollet ?

Étudier une image

5 Cherchez une autre photographie de Birgit Jürgenssen ou d'une artiste dénonçant la condition des femmes. Imprimez-la et collez-la ci-contre. Justifiez votre choix.

Collez ici la photographie.

Une maison de poupée

Document 1 — Henrik Ibsen, *Une maison de poupée*, 1879 (extrait 1)

Au début de la pièce, Nora montre à son mari Torvald Helmer, qui vient d'être nommé directeur d'une banque, les jouets qu'elle a achetés à leurs enfants pour Noël. Il lui reproche d'être trop dépensière puis lui demande ce qu'elle veut comme cadeau.

NORA, *elle joue avec les boutons du veston de son mari sans le regarder.* Si tu es décidé à me donner quelque chose, tu pourrais, tu pourrais...

HELMER. Allons, achève.

NORA, *d'un trait.* Tu pourrais me donner de l'argent, Torvald. Oh ! peu de chose, ce que tu aurais de disponible. Avec cela je m'achèterai quelque chose un de ces jours.

HELMER. Mais Nora...

NORA. Allons, dis que oui. Tu vas le faire, mon petit Torvald. Je t'en prie, je suspendrai à l'arbre l'argent enveloppé dans une papillote de joli papier doré. N'est-ce pas que ce sera original ?

HELMER. Comment appelle-t-on l'oiseau qui gaspille toujours ?

NORA. Oui, oui, l'étourneau, je sais bien. Mais fais ce que je te dis Torvald. De la sorte j'aurai le temps de penser à quelque chose d'utile. Cela n'est-il pas très raisonnable, dis ?

HELMER, *qui sourit.* Si tu savais employer l'argent que je te donne et réellement acheter quelque chose, oui, mais cet argent fond dans la maison et s'évapore en mille riens, et bientôt il faut que je te regarnisse la bourse.

NORA. Pourtant, Torvald.

HELMER. C'est la pure vérité, ma petite Nora chérie. *(Il la prend par la taille.)* L'étourneau est un animal très gentil, mais que d'argent il lui faut. C'est incroyable ce qu'il en coûte à un homme de posséder un étourneau.

Acte I. Traduit du norvégien par Albert Savine, 1906.

Henrik Ibsen (1828-1906)
Ce dramaturge norvégien est connu pour avoir dénoncé l'organisation sociale de son époque.

Écoutez l'extrait 1.
liennathan.fr/tyw586

Document 2 — Mise en scène de Stéphane Braunschweig, Théâtre de la Colline, 2009

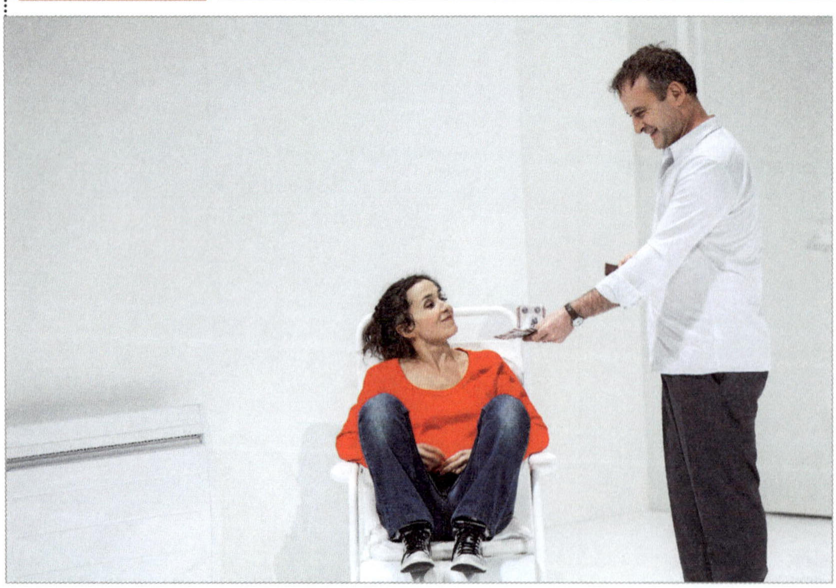

Chloé Réjon et Éric Caruso.

Stéphane Braunschweig (né en 1964)
Ce metteur en scène français dirige le Théâtre de l'Odéon à Paris depuis 2016.

Document 3 **Mise en scène de Stéphane Braunschweig, Théâtre de la Colline, 2009**

Chloé Réjon et Éric Caruso.

Étudier une mise en scène

1. Quels aspects des personnages la mise en scène de Stéphane Braunschweig met-elle en valeur ? Justifiez votre réponse à l'aide du texte de la pièce. Vous pouvez prendre des notes en marge des documents.

2. Que pensez-vous du choix des costumes ? Pourquoi ?

3. Quelle hypothèse peut-on faire à propos de la suite de la pièce ?

Mes ressources numériques

Regardez le spectacle de Stéphane Braunschweig.

Acte I. liennathan.fr/244pqn

Acte II. liennathan.fr/34aw6y

Acte III. liennathan.fr/pn724r

Une maison de poupée

Document 4 **Henrik Ibsen,**
***Une maison de poupée*, 1879 (extrait 2)**

Nora a avoué à son mari qu'elle avait emprunté de l'argent sans son autorisation, pour lui offrir un séjour de santé en Italie, alors qu'il était très malade. Il le lui reproche sévèrement, mais lui dit qu'il l'aime toujours. Elle prend alors conscience de sa condition de femme.

Écoutez l'extrait 2.
liennathan.fr/x7nc72

NORA. [...] Toi et papa, vous avez été bien coupables envers moi. C'est vous qui êtes responsables que je ne sois bonne à rien.

HELMER. Tu es incompréhensible, Nora, et ingrate. N'as-tu pas été heureuse ici ?

NORA. Jamais, je croyais l'être, mais je ne l'ai jamais été.

HELMER. Comment, tu n'as jamais été heureuse ?

NORA. Non, j'étais gaie, cela oui. Tu étais si gentil pour moi. Mais notre maison n'était qu'un salon de fête. J'ai été grande poupée chez toi, comme j'avais été petite poupée chez papa et nos enfants à leur tour ont été mes poupées. J'aimais à te voir jouer avec moi, comme les enfants s'amusaient à me voir jouer avec eux. Voilà ce qu'a été notre union, Torvald.

HELMER. Il y a quelques vérités dans ce que tu dis... Bien que tu exagères et que tu grossisses beaucoup les faits. Mais dorénavant tout changera. Le temps du plaisir est passé ; celui de l'éducation commence.

NORA. L'éducation de qui ? La mienne ou celle des enfants ?

HELMER. Les deux, Nora.

NORA. Ah ! Torvald, tu n'es pas homme à m'élever pour faire de moi la véritable épouse qu'il te faut.

HELMER. Et c'est toi qui dis cela ?

NORA. Quant à moi, quelle préparation ai-je pour élever des enfants ?

HELMER. Nora !

NORA. Ne le disais-tu pas tout à l'heure, ne disais-tu pas qu'il y a une tâche que tu n'osais pas me confier ?

HELMER. Je l'ai dit dans un moment d'irritation. Maintenant tu vas t'en servir comme de tremplin ?

NORA. Mon Dieu, tu l'as très bien dit. C'est une tâche supérieure à mes forces. Il y en a une autre à laquelle je dois m'appliquer auparavant. Je veux penser d'abord à m'élever moi-même. Tu n'es pas homme à me faciliter ce travail. Il faut que je l'entreprenne seule. Voilà pourquoi je vais te quitter.

Acte III. Traduit du norvégien par Albert Savine, 1906.

Étudier le lexique

1 Quel sens donnez-vous au verbe « élever » (l. 16 et 27) ?

Étudier une mise en scène

2 Quelle évolution observez-vous entre les deux personnages, depuis le début de la pièce ? Justifiez votre réponse à l'aide du texte et de la mise en scène.

Document 5

Mise en scène de Stéphane Braunschweig, Théâtre de la Colline, 2009

Chloé Réjon et Éric Caruso.

3 Comment le décor a-t-il évolué par rapport au début de la pièce ? Pourquoi cette évolution, selon vous ?

Formuler un bilan

4 D'après vous, quel lien peut-on établir entre cette pièce et l'intitulé du programme : « Se dire, s'affirmer, s'émanciper » ?

Mustang

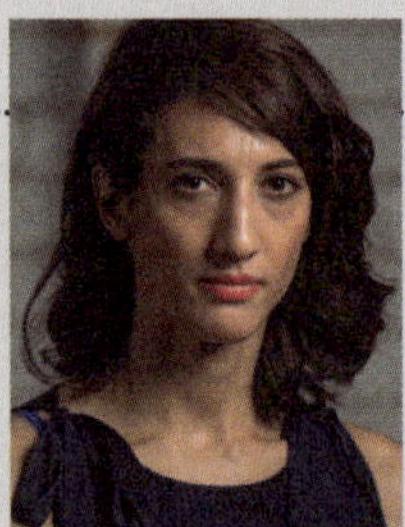

Deniz Gamze Ergüven
(née en 1978)

Réalisatrice, scénariste et actrice franco-turque, elle a gagné le César du meilleur premier film pour *Mustang*, sorti en 2015. Elle a également réalisé deux épisodes de la série *La Servante écarlate*.

RÉSUMÉ DU FILM

Cinq sœurs, Sonay, Selma, Ece, Nur et Lale, vivent avec leur grand-mère et leur oncle dans un village turc en bord de mer. Après avoir joué dans l'eau avec des garçons de leur école, elles sont accusées d'impureté et ne peuvent plus sortir de chez elles, jusqu'à leur mariage. Chacune à sa manière refuse de se soumettre.

Regardez la bande annonce.
liennathan.fr/r74pi9

Étudier une scène

Les sœurs rentrent de l'école en riant, après avoir joué dans l'eau avec des garçons. Leur grand-mère, en colère, s'enferme avec Sonay puis Selma pour les battre, avant d'expliquer les raisons de sa violence.

La grand-mère. Tout le village parle de vos obscénités.

Les sœurs. Comment ?

La grand-mère. Vous vous êtes frottées contre la nuque des garçons !

Les sœurs. Quoi ?

La grand-mère. À la plage... Tu as frotté ton entrejambe près du visage d'un garçon !

Les sœurs. Parce qu'on a grimpé sur leurs épaules ? Grand-mère, c'était un jeu...

La grand-mère. Il n'y a pas de tels jeux.

Les sœurs. Qui t'a raconté ça ?

La grand-mère. Ece, viens-là. *(Elle tente de faire entrer Ece dans une autre pièce pour la battre.)*

Les sœurs. Qui a dit ça ?

La grand-mère. Viens ici ! Madame Petek m'a appelée pour me dire ce que vous faisiez.

Les sœurs. Comment elle peut dire ça ?

La grand-mère. Mes petites-filles se branleraient sur les nuques des garçons !

Les sœurs. Quoi ?

La grand-mère. Vous êtes vicieuses. *(À Ece.)* Viens ici ! Sors de là ! Je ne peux pas toujours vous surveiller. Vous êtes dégoûtantes. Reculez !

Les sœurs. Grand-mère, arrête !

(Nur sort sur la terrasse, casse une chaise et tente d'y mettre le feu.)

Lale. Nur, qu'est-ce que tu fais ?

La grand-mère. Nur, que fais-tu ?

Nur. Ces chaises ont touché nos trous du cul. C'est pas dégueulasse ?

1 Que peut-on ressentir pour les sœurs, dans cette scène ? Pourquoi ?

....

2 Comment qualifieriez-vous la grand-mère ? Pourquoi ?

....

3 Comment les sœurs affirment-elles leur désaccord avec leur grand-mère ?

....

Étudier une scène

Les sœurs, contraintes de rester enfermées chez elles, fuguent pour assister à un match de football, dont le public est uniquement féminin. Mais le match est diffusé à la télévision…

4 Selon vous, quelle impression se dégage de la première image ?

5 Quelles oppositions pouvez-vous relever dans ces images ? Que soulignent-elles ?

Étudier un thème

L'enfermement

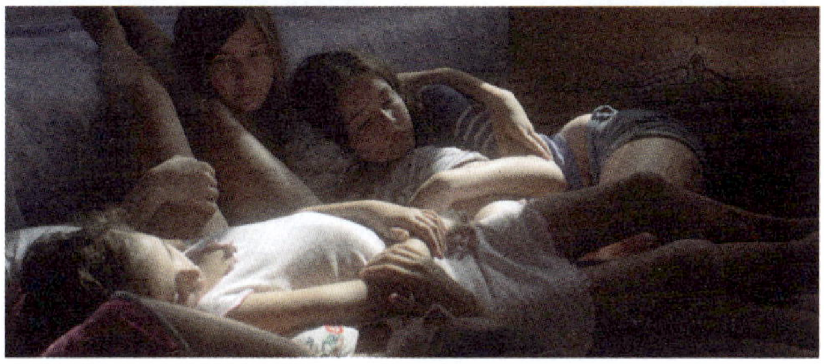

6 Dans chacune de ces images, comment l'enfermement des filles est-il symbolisé ?

7 Comment cherchent-elles à s'en affranchir ?

Vers le CCF

Écrire une lettre

8 À la fin du film, l'une des héroïnes écrit à l'une de ses sœurs pour expliquer ses décisions par rapport à la condition qu'on voulait lui imposer. Rédigez cette lettre qui comptera entre vingt et trente lignes.

Dire, lire, écrire le métier

À quelle condition un métier permet-il de s'émanciper ?

Dire le métier

1. Selon vous, quelles satisfactions pourrait vous apporter votre futur métier ? Vous préparerez une réponse orale de deux minutes à cette question.

Mes ressources numériques

Découvrez le portrait de Kelly, passée du métier de coiffeuse à celui de carreleuse.
liennathan.fr/u4cr39

Écoutez une série de podcasts sur l'artisanat.
liennathan.fr/ke94r5

Lire le métier

Matthew B. Crawford (né en 1965)
Philosophe et universitaire américain, ses travaux portent notamment sur la valeur du travail et de l'individu dans nos sociétés contemporaines. Il travaille également dans un garage de réparation de motos.

Document 1 — **Matthew B. Crawford, *Éloge du carburateur*, 2016**

Dans cet essai, Matthew B. Crawford évoque son double parcours d'étudiant à l'université et d'apprenti électricien puis mécanicien.

C'est à la veille de mes quatorze ans que j'ai commencé à travailler comme assistant d'un électricien. À l'université, j'ai fini par obtenir un diplôme de premier cycle en physique mais, en l'absence de débouché professionnel immédiat, j'étais bien content de pouvoir mettre à profit mes compétences d'artisan, et c'est ainsi que je me suis mis à mon compte à Santa Barbara.

Le moment où, à la fin de mon travail, j'appuyais enfin sur l'interrupteur (« Et la lumière fut ») était pour moi une source perpétuelle de satisfaction. J'avais là une preuve tangible de l'efficacité de mon intervention et de ma compétence. Les conséquences de mon travail étaient visibles aux yeux de tous, et donc personne ne pouvait douter de ladite compétence. Sa valeur sociale était indéniable. J'étais parfois estomaqué à la vue d'un faisceau de câbles convergeant vers un panneau de contrôle industriel, déployant leurs courbes et leurs ramifications, et se rejoignant tous sur la même surface. Il s'agissait là d'un exploit technique tellement au-dessus de mes capacités que j'en arrivai à considérer son auteur comme un véritable génie, et j'étais certain que l'homme qui avait ainsi dompté ce faisceau de câbles avait ressenti l'exaltation engendrée par son accomplissement.

« Bref plaidoyer pour les arts mécaniques ».

2. Surlignez dans le texte les mots appartenant au champ lexical de la satisfaction. Pourquoi sont-ils si nombreux, selon vous ?

3. « Et la lumière fut » (l. 9) : à quoi cette phrase fait-elle référence ? À qui le mécanicien se compare-t-il ?

Représenter le métier

Document 2 **Despatin & Gobeli, *Patrick Reniaud, stagiaire ESAM, atelier des véhicules blindés*, série « Portraits de Français en 1984 », 1984**

À la demande du ministère de l'Aménagement du territoire, l'agence photographique Despatin & Gobeli a réalisé une série de photographies de Français au travail.

4 Observez la position du jeune homme. Qu'ont voulu mettre en valeur les photographes, selon vous ?

5 Quelle image du métier de mécanicien la photographie donne-t-elle ?

6 Quels points communs voyez-vous entre cette photographie et le texte de Matthew B. Crawford ?

Écrire le métier

7 À la manière de Matthew B. Crawford, vous évoquerez une expérience professionnelle qui vous a apporté de la « satisfaction ».
Vous pourrez joindre à votre travail une photographie que vous avez prise lors de cette expérience.

Avant de vous lancer

- Notez vos idées ci-dessous.
- Expérience à évoquer :
- Idées du texte à réutiliser :
- Autres satisfactions de ce métier :
- Sentiments éprouvés :

Lexique

Un métier peut apporter *de la satisfaction, de la joie, du bien-être, un sentiment d'accomplissement, d'épanouissement*, etc.
En faisant ce métier, on peut se sentir *fier, utile, efficace, compétent, indispensable, nécessaire, précieux, serviable*, etc.

ATELIER D'ORAL

Évoquer une expérience professionnelle

Objectif

Vous présenterez un exposé oral de trois minutes, lors duquel vous évoquerez une expérience professionnelle qui vous a permis de vous affirmer.
Pour préparer cet oral, vous pouvez vous inspirer du texte ci-dessous et élaborer votre plan au brouillon grâce aux activités de la page 221.

Jean-Laurent Cassely (né en 1980)
Cet essayiste et journaliste français étudie les mutations de la société contemporaine. Il a notamment travaillé sur la nourriture bio, le mode de vie des Parisiens, la culture populaire et les inégalités sociales.

Document 1 — Jean-Laurent Cassely, *La Révolte des premiers de la classe*, 2017

Cet essai a pour sous-titre « Métiers à la con, quête de sens et reconversions urbaines. » L'auteur donne notamment la parole à Gautier, ancien banquier devenu épicier.

« Je ne me suis pas spécialement épanoui, tous les matins, j'étais en costard sur le quai du métro, je voyais plein de mecs comme moi, avec la même dégaine, je me retrouvais pas là-dedans, être perdu dans une masse, dans un grand bureau, ne me convenait pas forcément, je me voyais plutôt dans une petite structure, partir de zéro, pour me réaliser personnellement, plutôt que d'intégrer une grande boîte et devenir cadre… »

Il décide de se rapprocher de sa passion d'enfance, la cuisine, et passe alors un C.A.P. à l'école parisienne Ferrandi, « qui était l'école de gastronomie dont tout le monde parlait à l'époque », se souvient-il. Il rencontre de jeunes entrepreneurs qui ont ouvert une épicerie fine, la Maison Castro, et ont un profil similaire au sien : ils viennent de milieux extérieurs à la restauration et au commerce, ont travaillé dans la culture ou suivi des études de droit. Le courant passe, il devient vendeur dans cette épicerie avec la promesse d'évoluer pour être à terme responsable d'une boutique et s'associer à l'entreprise. « Je suis passé de 3 000 à 1 500 euros net par mois, mais j'étais tout content, il y a un côté familial entre nous, on s'entend très bien, j'étais enfin heureux de manipuler les produits, de participer à leur sélection. »

Le créneau de l'entreprise, comme les quartiers où elle s'implante, est très ciblé : « On a une double activité : on est une épicerie fine, et on a une petite restauration du midi. On s'implante dans des quartiers de clientèle relativement aisée, des gens plutôt détente, qui aiment les bonnes choses, qui ont du pouvoir d'achat, mais pas guindés. » « Un peu bobo, quoi », admet-il. Pour autant, pas de surenchère conceptuelle dans le choix et la présentation de l'offre : « On n'est pas dans le produit à la mode, on privilégie les packagings traditionnels. Et je pense que ça rassure les gens de voir que les produits qu'ils achètent sont produits par un petit fermier en Aveyron, et que ça, ça ne changera pas : c'est des produits qui seront encore faits comme ça dans cent ans. »

Le néo-épicier a une belle formule pour résumer sa nouvelle fiche de poste : « Finalement, j'ai l'impression d'être un marchand de bonheur. »

Lire le métier

1 Pour quelles raisons Gautier a-t-il quitté son ancien travail ? Reformulez le texte pour répondre à cette question.

....

....

2 Comprenez-vous le choix de Gautier ? Pourquoi ?

....

....

3 Comment comprenez-vous l'expression « marchand de bonheur » (l. 43) ?

....

....

4 En quoi son métier lui permet-il de s'affirmer et de s'émanciper ?

....

....

Préparer son oral

5 Notez ci-dessous les idées que vous souhaitez aborder au cours de votre oral (➤ **Objectif**, p. 220). Vous pouvez vous inspirer du document 1.

Ce que je vais aborder pendant mon oral…

Expérience à évoquer :

……………………………………………

……………………………………………

……………………………………………

Idées du texte à réutiliser :

……………………………………………

……………………………………………

……………………………………………

Ce qui m'a permis de m'affirmer :

……………………………………………

……………………………………………

……………………………………………

Sentiments éprouvés :

……………………………………………

……………………………………………

……………………………………………

6 En vous aidant de votre carte mentale, élaborez au brouillon le plan de votre intervention orale.

7 Entraînez-vous à l'oral devant un ou plusieurs camarades.
Pour vous aider, vous pouvez utiliser le tableau ci-dessous.

Critères	Remarques
Mon expérience professionnelle est clairement présentée.	
J'explique avec précision en quoi elle m'a permis de m'affirmer.	
Je parle distinctement, au bon rythme.	
Ma langue est correcte.	

8 Présentez votre oral à la classe et répondez aux questions que l'on vous posera.

BILAN SE DIRE, S'AFFIRMER, S'ÉMANCIPER

Je complète cette carte mentale en fonction de tout ce que j'ai découvert dans cet objet d'étude (œuvres étudiées, thèmes et notions abordés, mots-clés, etc.). Je peux écrire, coller, dessiner.

Mon texte préféré est ……………………………………………………

car ……………………………………………………

……………………………………………………

J'ai également aimé ……………………………………………………

car ……………………………………………………

……………………………………………………

J'évalue mes compétences

Dans cet objet d'étude...

J'ai appris à...

……………………………………………………

Je sais mieux...

……………………………………………………

J'ai encore des difficultés à...

……………………………………………………

Pour progresser, je peux...

……………………………………………………

Pour aller plus loin…

Un livre d'art

Autoportraits, de Rembrandt au Selfie

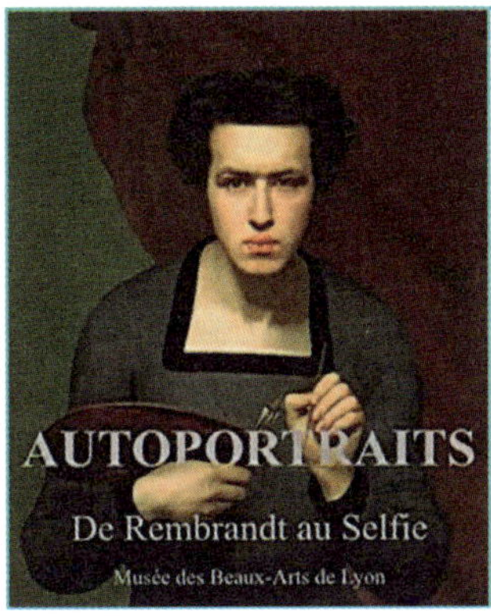

Un ouvrage sur l'évolution de l'autoportrait en art.

Un film

Louis-Julien Petit, *Discount*, 2014

L'histoire d'un groupe d'employés d'un supermarché, qui ouvrent leur propre magasin en s'émancipant des règles de la grande distribution.

Un essai

Elsa Godart, *Je selfie donc je suis*, 2016

Un essai sur ce que la pratique des *selfies* révèle de notre époque.

Une autobiographie

Magyd Cherfi, *Ma part de Gaulois*, 2016

Le récit autobiographique de l'adolescence du chanteur de Zebda, qui s'est émancipé grâce à la littérature et le théâtre.

Un disque

Patti Smith, *Horses*, 1975

Le premier album de Patti Smith, qu'elle évoque dans *Just Kids*.

Une bande dessinée

Pénélope Bagieu, *Culottées*, 2017

Un recueil racontant le destin de femmes qui ont su s'affirmer dans un monde patriarcal.

Objet d'étude 2

S'informer, informer, communiquer

Sur cette page, j'écris, je colle, je dessine tout ce que j'associe aux mots de l'objet d'étude.

Lexique

Je note le sens des mots :

S'informer : ....

....

....

....

....

Informer : ....

....

....

....

....

Communiquer : ....

....

....

....

....

Pour ouvrir la réflexion

Liu Bolin, *Hiding in the City – Paris 02, Bookshelf*, 2011.
Cet artiste chinois peint son corps pour se dissimuler dans les décors qu'il photographie.

Pour se lancer !

1. Quelle impression le nombre de journaux produit-il sur vous ?

2. Accorderiez-vous la même confiance à chacun de ces journaux ? Pourquoi ?

3. Que semble dire l'artiste à propos de notre rapport à la presse ? Émettez des hypothèses.

Les nouveaux circuits de l'information

Document 1 — Arnaud Mercier, « Révolution numérique : les journalistes face au nouveau tempo de l'info », INA, *La Revue des médias*, 2016

Ces citoyens qui s'informent de plus en plus par internet, que l'on peut donc appeler des infonautes, ont la possibilité de transformer les productions journalistiques en morceaux choisis. Là où dans l'ancien univers, la production médiatique d'information s'offrait comme un tout (dont on pouvait, bien sûr, ne pas tout lire ou écouter), l'accès à l'information se fait de plus en plus par morceaux, et de façon aléatoire, au fil des recommandations, des alertes reçues et de notre butinage d'infos sur nos comptes de réseaux socionumériques. On dispose aussi des contenus agrégés automatiquement, façon Google Actu. On ne consomme donc plus, dans ce cas, un média mais une compilation faite par un algorithme des sujets considérés comme les plus populaires ou censés nous intéresser le plus. L'infonaute dispose du pouvoir de décomposer et recomposer les contenus médiatiques, puis de les remettre en circulation, accompagnés souvent de ses commentaires, voire transformés par ses soins.

En lieu et place d'une audience constituée par les médias, grâce à leur offre d'information totale, émerge un picorage d'informations, sur plusieurs médias, qui peut conduire à ne même plus totalement prêter attention au média sur lequel on atterrit. L'accès à l'information en ligne est alors éclaté. On arrive sur un site d'information soit en cherchant le nom du média, sa marque (brand), soit par un moteur de recherche (search), ou par des réseaux socionumériques (social) ou par une newsletter (e-mail).

Arnaud Mercier (né en 1969)
Ce professeur en sciences de l'information et de la communication est spécialiste de la médiatisation de l'information et du webjournalisme.

Enrichir son lexique

1 Quel sens donnez-vous au mot « butinage » (l. 7-8) ? Entourez un synonyme dans le texte.

2 Comment est formé le mot « infonaute » (l. 2) ? Comment le définiriez-vous ?

Parcours 1

Lire un article

3 D'après ce texte, en quoi consiste la nouvelle manière de s'informer ?

4 Quels sont, d'après vous, les avantages et inconvénients de ces pratiques ? Soulignez de deux couleurs les éléments du texte qui justifient votre réponse.

Document 2 « Les 15-34 ans et leurs différents moyens d'information », Webmarketing&Co'M, 2021

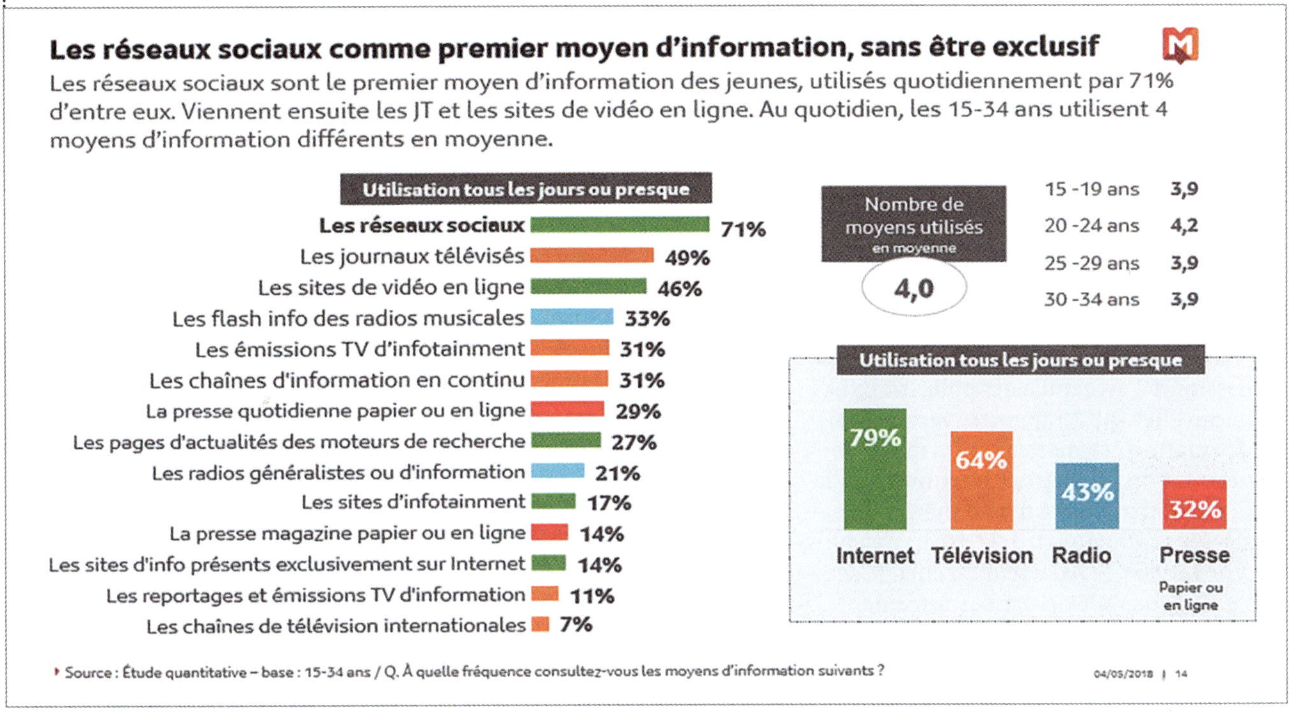

Parcours 2

Étudier un sondage

5 Selon vous, comment s'explique l'intérêt pour les moyens les plus utilisés ? et pour les moins utilisés ?

....

....

....

....

....

....

6 Numérotez sur le document, par ordre de priorité, les quatre sources d'information auxquelles vous avez recours le plus fréquemment. Vos habitudes coïncident-elles avec les pratiques les plus répandues ? Expliquez vos choix.

....

....

....

....

....

....

Réaliser un sondage

7 **a.** Demandez à deux personnes de plus de 34 ans de classer les quatorze moyens d'information ci-dessus selon leur fréquence d'utilisation. Attribuez trois points au choix le plus fréquent, deux au choix n°2 et un seul au choix n°3.

b. En classe, mettez en commun vos résultats en faisant le total des points rapportés pour chaque moyen d'information.

c. Dans l'ordre, quels sont les trois moyens d'information les plus fréquents chez les plus de 34 ans ?

1. ....
2. ....
3. ....

d. Quelles conclusions intéressantes pouvez-vous tirer de ce sondage ?

....

....

....

....

CORPUS

S'informer sur les réseaux : richesse ou menace ?

Document 1

Interview de Samuel Étienne, « Le journalisme en questions », *letudiant.fr*, 2007

À l'heure où la révolution du Web communautaire bat son plein et où bon nombre d'internautes peuvent s'improviser rédacteurs, quel rôle et quel avenir doit-on prêter au journaliste professionnel ? (Phil, gortych.com)

Le fait que chacun puisse donner son avis sur des faits d'actualité, voire porter des données à la connaissance du grand public grâce à Internet, est extrêmement positif. Il faut se féliciter de cette nouvelle manière de s'informer, qui vient s'ajouter aux autres mais qui ne les remplace pas. Car le journaliste professionnel est tenu à des obligations : s'assurer de la véracité des nouvelles qu'il rapporte, vérifier ses sources, hiérarchiser l'information, la mettre en forme. La qualité d'un diffuseur d'informations se mesure notamment à la confiance qu'il inspire. Les journalistes d'une même rédaction sont autant de garde-fous : chaque article est lu par plusieurs personnes, le chef de service, le rédacteur en chef, le secrétaire de rédaction… Ces garde-fous n'existent pas forcément dans le Web communautaire, il faut donc prendre les renseignements que l'on y trouve avec un peu plus de prudence.

Document 2

Pierre-Jean Benghozi, Bertrand Gié, Valéry Michaux, Daniel Schneidermann, « Mutation, révolution, transformation de la presse », *Le Journal de l'école de Paris du management*, 2015

Au cours du débat « Le web, ennemi de la qualité ? », Daniel Schneidermann répond à un intervenant qui déplore la médiocrité de l'information livrée par des internautes.

Lors des attentats contre *Charlie Hebdo*, c'est dans les anciens médias, et en particulier sur les chaînes d'information en continu, que j'ai eu le sentiment d'entendre les mêmes nouvelles en boucle du matin au soir, sur un assaut jamais donné et remis d'une heure à l'autre : des heures de vide ! Cet événement multiforme, total, a secoué en profondeur et comme rarement la société française. J'ai trouvé les points de vue les plus originaux et les éclairages les plus inattendus sur Internet, émanant de toutes sortes de provenances, policiers, professeurs, animateurs de quartier. Bien sûr, il faut savoir s'orienter dans la jungle d'Internet, mais elle commence à être balisée. À titre personnel, j'utilise comme principale boussole mon fil Twitter. Je me suis construit moi-même mon itinéraire sur le web, à la mesure de mes intérêts et de mes curiosités : le site du *New York Times*, celui de *Libération*, un site russe, un blog que j'apprécie, les « twittos » que je suis. C'est une richesse époustouflante.

Samuel Étienne (né en 1971)
Ce journaliste français anime des émissions pour France Télévisions et France Info.

Daniel Schneidermann (né en 1958)
Ce journaliste français s'est spécialisé dans la déconstruction des images télévisuelles, dans son émission *Arrêt sur images*, transposée désormais sur Internet.

Parcours 1

Comparer des documents

1. Soulignez en vert un avantage et en rouge un inconvénient que Samuel Étienne attribue à l'information transmise par les internautes. Reformulez l'idée principale pour chacun d'eux.

Avantage : ……………………………………

Inconvénient : ……………………………………

2. Pour quelles raisons le travail d'un journaliste professionnel reste-t-il plus fiable, selon Samuel Étienne ?

……………………………………

3. Quels arguments emploie Daniel Schneidermann pour défendre Internet ?

……………………………………

4. En quoi ce point de vue diffère-t-il de celui de Samuel Étienne ?

……………………………………

Document 3 **Osama Hajjaj, *Dans la jungle de l'info, 60 dessins de presse*, 2019**

Parcours 2

Étudier un dessin de presse

5 Que pensez-vous de la représentation des réseaux sociaux proposée par ce dessin ?

Vers le CCF

Répondre à un sujet de réflexion

6 Pensez-vous que l'information diffusée sur Internet est un atout ? Donnez un point de vue argumenté en une vingtaine de lignes.

Avant de vous lancer

a. Précisez votre opinion sur la question. Vous pouvez avoir un point de vue tranché ou nuancé en envisageant des aspects qui s'opposent.

b. Dressez la liste des arguments qui justifient votre pensée.

c. Trouvez des exemples qui pourraient les illustrer.

Regards croisés

Français
EMC

Pourquoi les lanceurs d'alerte sont-ils nécessaires à la démocratie ? Vous répondrez à cette question dans un paragraphe d'une quinzaine de lignes, à l'aide des documents et de la rubrique Croiser les regards de cette double page.

Le contexte

Whistleblowers en anglais, *lanceurs* ou *lanceuses d'alerte* en français, ces femmes et ces hommes informent le public de dangers, risques ou scandales portés à leur connaissance. L'expression « lanceur d'alerte » apparaît dans les années 1990 sous la plume des sociologues Francis Chateauraynaud et Didier Torny.

Mes ressources numériques

Regardez le portrait de Chelsea Manning sur le site de TV5 Monde.
liennathan.fr/729awp

Écoutez une émission de France Culture intitulée « Julian Assange : martyre de la liberté d'informer ? »
liennathan.fr/y463xj

Lisez un article sur un exemple français : Irène Frachon et le scandale du Mediator.
liennathan.fr/9dj98w

Les lanceurs d'alerte

LE REGARD DE LA LOI FRANÇAISE

1 Loi relative à la transparence, à la lutte contre la corruption et à la modernisation de la vie économique, 2016

Art. 6 – Un lanceur d'alerte est une personne physique qui révèle ou signale, de manière désintéressée et de bonne foi, un crime ou un délit, une violation grave et manifeste d'un engagement international régulièrement ratifié[1] ou approuvé par la France, d'un acte unilatéral[2] d'une organisation internationale pris sur le fondement d'un tel engagement, de la loi ou du règlement, ou une menace ou un préjudice graves pour l'intérêt général, dont elle a eu personnellement connaissance. Les faits, informations ou documents, quel que soit leur forme ou leur support, couverts par le secret de la défense nationale, le secret médical ou le secret des relations entre un avocat et son client sont exclus du régime de l'alerte défini par le présent chapitre.

Art. 8 - I. – Le signalement d'une alerte est porté à la connaissance du supérieur hiérarchique, direct ou indirect, de l'employeur ou d'un référent désigné par celui-ci.

En l'absence de diligences[3] de la personne destinataire de l'alerte mentionnée au premier alinéa du présent I à vérifier, dans un délai raisonnable, la recevabilité du signalement, celui-ci est adressé à l'autorité judiciaire, à l'autorité administrative ou aux ordres professionnels. En dernier ressort, à défaut de traitement par l'un des organismes mentionnés au deuxième alinéa du présent I dans un délai de trois mois, le signalement peut être rendu public.

II. – En cas de danger grave et imminent ou en présence d'un risque de dommages irréversibles, le signalement peut être porté directement à la connaissance des organismes mentionnés au deuxième alinéa du I. Il peut être rendu public.

Chapitre II, « De la protection des lanceurs d'alerte » (articles 6 à 16).

1. Signé.
2. Qui n'engage qu'une seule organisation.
3. D'actions.

LE REGARD D'UNE JOURNALISTE

2 Léa Baron, « Edward Snowden : le lanceur d'alerte qui défie l'Amérique », TV5Monde.com, 2013

Edward Snowden, qui a travaillé pour la CIA et la NSA (Agence nationale de sécurité des États-Unis), a dénoncé l'utilisation de systèmes de surveillance par le gouvernement américain.

Edward Snowden, 29 ans, vit depuis plusieurs jours reclus dans un hôtel à Hong Kong tel un fugitif. Pour éviter les écoutes, il calfeutre la porte de sa chambre avec des oreillers. Pour se protéger de caméras cachées, il recouvre sa tête et son ordinateur d'une large capuche pour entrer son mot de passe. Autant de mesures qui pourraient le faire passer pour un paranoïaque. Mais il sait combien les technologies à disposition des services américains sont puissantes et sophistiquées. Cela fait presque dix ans qu'il travaille dans les services secrets américains. Il en est aujourd'hui devenu une cible.

Dimanche 9 juin, le quotidien britannique *The Guardian* diffuse sur son site internet un entretien vidéo de cet homme à visage découvert. Il se dit responsable d'une des fuites d'informations secrètes les plus importantes de l'histoire des États-Unis. C'est lui la source des documents diffusés la semaine précédente, révélant l'existence du système PRISM : un moyen de surveillance utilisé par le gouvernement américain pour espionner en toute impunité les utilisateurs de géants du web comme Google, Facebook ou Yahoo (avec l'accord de ces derniers).

LE REGARD D'UN ARTISTE

3 Davide Dormino, *Anything to say ?*, 2015

Cette sculpture, qui parcourt le monde, représente les lanceurs d'alerte Edward Snowden, Julian Assange et Chelsea Manning. Une chaise vide invite tout un chacun à venir prendre la parole.

Croiser les regards

1 D'après ces documents, quel est le rôle des lanceurs d'alerte ?

2 Quel risque prend un lanceur d'alerte et comment son action est-elle protégée par la loi française ?

CORPUS Des points de vue contrastés

Document 1 Couverture de *Famille chrétienne*, 2014

Document 2 Couverture du *Nouvel Observateur*, 2014

Parcours 1

Mener une recherche

1 Faites des recherches sur la « Manif pour tous » et notez les informations essentielles. Précisez le point de vue adopté par chacun de ces magazines.

Étudier des couvertures

2 Entourez et expliquez les éléments qui vous ont permis de répondre.

Parcours 2

Détourner une photographie de presse

3 Photocopiez ou imprimez en deux exemplaires une photographie de presse.
Collez-en une dans le cadre de gauche. Modifiez l'autre copie avec un titre et une légende différentes qui en orientent différemment la lecture.

Collez ici la photographie retenue.	Collez ici la photographie modifiée par vos soins.

Avant de vous lancer

a. Dans l'article où figure votre photographie, quelle est la signification de cette image ?

....

....

....

b. Quelle nouvelle signification souhaitez-vous lui donner ?

....

....

....

c. Quels éléments de l'image peuvent justifier votre nouvelle interprétation ?

....

....

....

Document 1

Olivia Dufour, « La vérité, ce songe inaccessible », blog « La Plume d'Aliocha », 2011

Sur son blog de réflexion consacré à la vie des médias, cette journaliste rapporte un événement qui s'est produit en Libye alors qu'une partie du pays était en guerre contre son dirigeant, Mouammar Kadhafi.

Samedi 26 mars 2011. Une femme, Eman Al-Obeidi, entre à l'hôtel Lixos à Tripoli où réside la presse internationale. Elle appelle les journalistes à l'aide. Ouvrant ses vêtements, elle montre ses blessures et assure avoir été violée pendant deux jours par les soldats de Kadhafi. Les journalistes se mettent à filmer, tentent de ta protéger, mais les services de sécurité de l'hôtel s'emparent de la jeune femme et la jettent dehors. Elle est folle, dit l'un d'entre eux. Ivre, assure un autre. Folle ou ivre ? Peut-être les deux. Voilà une affaire qui montre toute la difficulté du journalisme. Pour les journalistes occidentaux présents, que l'on tient enfermés dans l'hôtel, cette irruption fortuite[1] est une occasion inattendue de s'extraire des discours officiels et des parcours obligés. Son récit est crédible, ses blessures cohérentes avec ses accusations, mais dit-elle pour autant la vérité ?

Un homme affirmant qu'il est son cousin dit qu'elle a été arrêtée parce qu'elle vient de Benghazi[2]. Sa propre sœur en revanche prétend qu'elle est folle. Les habitants de Benghazi la soutiennent. Les forces de l'ordre maintiennent qu'elle est dérangée. Qui croire ? La tentation est forte de se ranger derrière cette victime providentielle qui pourrait même devenir une icône de la situation en Libye. Surtout pour des médias occidentaux en mal d'information sur la situation réelle du pays et de sa population. [...]

Si elle est réellement victime, les doutes sont tout bonnement insoutenables. Si elle ment, alors on peut songer qu'après tout d'autres ont pu vivre ce qu'elle décrit, et qu'à défaut d'être vraie, son histoire est emblématique de la souffrance d'un peuple sous la domination d'un tyran au crépuscule de son règne. C'est une liberté que pourrait s'offrir un romancier [...] mais pas un journaliste. En l'état, la seule vérité journalistique est celle-ci : le samedi 26 mars 2011 une femme est entrée dans l'hôtel Lixos à Tripoli. Montrant ses blessures, elle a raconté en sanglotant (je n'étais pas présente, donc sous toutes réserves) qu'elle avait été violée durant deux jours par des soldats de Kadhafi.

La Vérité est un songe inaccessible que les journalistes ne cessent de poursuivre...

1. Due au hasard.
2. Ville d'où part la révolte contre le régime de Kadhafi en 2011.

Parcours 1

Lire un blog

1 Soulignez en vert dans le texte les sources qui appuient la version d'Eman Al-Obeidi et en rouge celles qui la contestent.

2 D'après ce texte, à quelle difficulté se heurte le travail d'un journaliste ?

3 Pourquoi serait-il tentant de croire Eman Al-Obeidi ?

4 Comment comprenez-vous la distinction établie entre un romancier et un journaliste (l. 28 à 30) ?

Document 2 **Eman Al-Obeidi racontant son histoire aux journalistes logés à l'hôtel Lixos, à Tripoli, 2011.**

Parcours 2

Interpréter une image

5 Que dirait de cette image un journaliste voulant défendre la version d'Eman Al-Obeidi ?

6 Que dirait de cette image un journaliste voulant discréditer la version d'Eman Al-Obeidi ?

Vers le CCF

Écrire un article

7 À partir de ces deux documents, rapportez l'événement à la manière d'un journaliste qui, au choix, voudrait prendre le parti d'Eman Al-Obeidi ou bien mettre en doute son récit.

Avant de vous lancer

a. Quel parti pris allez-vous adopter ?

b. Quels éléments allez-vous mettre en avant pour justifier votre point de vue ?

Dire, lire, écrire le métier

Journalisme et implication personnelle

Dire le métier

1 Selon vous, un métier exige-t-il une prise de position personnelle ? Vous préparerez une réponse orale de deux minutes à cette question.

Mes ressources numériques

Écoutez un épisode du podcast *Reporters*.
liennathan.fr/7m5iy9

Lisez un témoignage sur le site de l'Onisep.
liennathan.fr/9m52rp

Consultez le site du CIDJ, qui explique la pluralité du métier de journaliste.
liennathan.fr/82ci4f

Représenter le métier

Document 1 **Emmanuel Razavi, *Grands reporters : confessions au cœur des conflits*, 2021**

Un journaliste se recueille sur la tombe du reporter de télévision Adib al-Janani tué lors d'une attaque contre l'aéroport d'Aden, le 2 janvier 2021.

2 Quel aspect du métier de journaliste cette image évoque-t-elle ?

Lire le métier

Dominique Wolton (né en 1947)
Ce sociologue spécialiste des médias défend une communication où l'humain ne disparaît pas derrière la technique et l'économie.

Florence Aubenas (née en 1961)
Cette reporter française n'hésite pas à engager sa personne en intégrant les milieux défavorisés pour ses enquêtes. Elle a été retenue en otage en Irak pendant cinq mois.

Document 2 — Dominique Wolton, *War Game*, 1992

Écrit pendant la guerre du Golfe, cet essai interroge l'emprise de l'image et du direct.

L'information n'est pas une donnée brute, mais le résultat de l'intervention d'un individu qui, dans le tohubohu des événements, des faits, décide d'en sélectionner un ou plusieurs et d'en faire une information. Dans le mot même d'information, il y a évidemment la notion de forme et de formation de la réalité. En « informant » le journaliste contribue à construire la « forme » et la représentation de la réalité, et c'est ainsi qu'il assume sa responsabilité professionnelle. L'information n'est jamais la réplique du réel, mais une interprétation, un choix. On comprend ce qu'il y a de séduisant dans la généralisation de l'image, et de l'image en direct, puisqu'elle résout d'un coup tous les problèmes : plus question de savoir ce que l'on garde ou rejette, puisqu'on prend tout ! L'autre question, le rapport entre ce qui est montré et la vérité, est résolue puisque l'image, réplique de la réalité, est le meilleur gage possible de la véracité de ce qui est montré. C'est ce double triomphe de l'image et du direct qui explique le piège diabolique de l'information audiovisuelle en direct. Accomplissement du rêve de l'information, elle peut en être le cimetière puisqu'elle conduit à supprimer toute distance entre la réalité et l'information. Donc à confondre les deux et à croire qu'il y a un rapport direct entre réalité et vérité.

3 En quoi consiste la responsabilité de tout journaliste selon Dominique Wolton ?

Document 3 — Florence Aubenas, *Le Quai de Ouistreham*, 2010

Pour enquêter sur les plus démunis, Florence Aubenas décide de se faire passer pour une demandeuse d'emploi et occupe pendant plusieurs mois des emplois intérimaires.

Je suis journaliste : j'ai eu l'impression de me retrouver face à une réalité dont je ne pouvais pas rendre compte parce que je n'arrivais plus à la saisir. Les mots mêmes m'échappaient. Rien que celui-là, la crise, me semblait tout à coup aussi dévalué que les valeurs en Bourse.

J'ai décidé de partir dans une ville française où je n'ai aucune attache pour chercher anonymement du travail. L'idée est simple. Bien d'autres journalistes l'ont mise en œuvre avant moi, avec talent : un Américain blanc est devenu noir, un Allemand blond est devenu turc, un jeune Français s'est transformé en SDF, une femme des classes moyennes en pauvre, et je dois en oublier. Moi, j'ai décidé de me laisser porter par la situation. Je ne savais pas ce que je deviendrais et c'est ce qui m'intéressait.

4 Que pensez-vous de l'initiative de Florence Aubenas ?

Écrire le métier

5 D'après vous, un journaliste doit-il s'impliquer personnellement dans son métier ? Développez un point de vue argumenté d'une trentaine de lignes.

Lexique

Un journaliste peut être *investi, subjectif, orienté, engagé,* etc. Mais il peut aussi se montrer *partial, tendancieux, partisan,* etc. Alors qu'il pourrait rester *impartial, objectif, désintéressé,* etc.

ATELIER D'ORAL

Rendre compte de son éthique professionnelle

Objectif

Vous allez présenter un exposé oral de trois minutes, lors duquel vous raconterez une situation professionnelle qui a pu vous poser des questions éthiques. Pour préparer cet oral, vous pouvez vous inspirer du texte ci-dessous et des activités de la page 239.

François Ruffin (né en 1975)

Cet ancien journaliste, fondateur du journal engagé *Fakir*, est député depuis 2017.

Document 1 **François Ruffin,** ***Les Petits Soldats du journalisme*, 2003**

François Ruffin raconte son expérience au Centre de formation des journalistes. Son responsable lui demande de faire un reportage sur une grève à la SNCF.

À la gare du Nord (où rien, m'avait-on dit, ne circulait), des trains partent chaque demi-heure pour la banlieue. J'interroge Aziz, déjà installé sur une banquette : il avait prévu de prendre un taxi, mais il a finalement trouvé un RER pour l'aéroport Charles-de-Gaulle. Son impression, « c'est que les grèves ne sont jamais suivies à 100 %. Même pas à 70 %. Peut-être à 50 % mais pas plus ». Même réaction d'Hélène, au départ pour Mitry-Claye. « On ne l'entend jamais sur les antennes mais il y a toujours des trains. Sauf pendant les grèves de 1995, mais sinon ils maintiennent un service plus que minimum. »

Ce n'est qu'aux Halles que je rencontrerai des travailleurs vraiment embêtés par la grève. Un caméraman et un journaliste de France 3 Île-de-France, qui ne trouvent personne à sonder. « Merde, merde, faut qu'on se presse… » Ils se précipitent sur les quais : les voyageurs n'attendent que depuis 5 minutes…

Moi, je ramène ça. Ce rien. Je détaille le contenu de mes « sonores » à l'intervenante, qui en déduit : « Donc, ton angle, ça va être que dans les circonstances dramatiques que nous vivons, la RATP s'est arrangée pour alléger les menaces qui pèsent sur les passagers. Pour qu'on puisse garder la tête hors des flots. Reprends aussi les dépêches AFP sur tous les débrayages ». Insubordination[1], discrète : je monte plutôt ma bande sur le mode trafic perturbé et désagréments mineurs. Un résultat jugé plat, à juste titre : « Quand même, quand même, tu aurais pu faire un effort…

Je viens d'écouter LCI, eh bien y avait des gens qui se plaignaient. Qui se sentaient pris en otage. »

1. Désobéissance.

Lire le métier

1. Quel peut être l'intérêt de faire un reportage sur une grève, selon vous ?

2. Le reportage de François Ruffin vous semble-t-il réussi ?

3. Quelles valeurs du métier de journaliste sont mises en question par ce texte ?

Préparer son oral

4 Notez ci-dessous les idées que vous souhaitez aborder au cours de votre oral (➤ **Objectif**, p. 238). Vous pouvez vous inspirer du document 1.

Ce que je vais aborder dans mon oral…

Expérience à évoquer :

....

....

....

Idées du texte à réutiliser :

....

....

....

Valeurs éthiques dont je veux parler :

....

....

....

Comment ces valeurs ont été mises en question dans mon travail :

....

....

....

5 En vous aidant de votre carte mentale, élaborez au brouillon le plan de votre intervention orale.

6 Entraînez-vous à l'oral devant un ou plusieurs camarades. Vous pouvez utiliser ce tableau.

Critères	Remarques
Mon expérience professionnelle est clairement présentée.	
J'explique avec précision quelles valeurs éthiques ont été mises en question.	
Je parle distinctement, au bon rythme.	
Ma langue est correcte.	

7 Présentez votre oral à la classe et répondez aux questions que l'on vous posera.

CORPUS Des journalistes asservis ?

Document 1 — Anne-Sophie Novel, *Les Médias, le monde et nous*, 2019

Cet ouvrage se demande comment renouveler le métier journalistique afin de réconcilier les journalistes et leur public, dont les rapports se sont tendus pendant la crise des Gilets jaunes.

On les accuse d'être proches des puissants et de l'argent, mais aussi de ne pas compter correctement les manifestants lors des différents actes, ni de relayer la violence policière à l'égard des manifestants. Écoutons le jeune Gilet jaune Gabin Formont, à l'origine de Vécu, le média du Gilet jaune lancé mi-décembre 2018 avec pour symbole une veste qui semble rhabiller la profession journalistique et illustre le besoin d'avoir un porte-voix à son image : « Les violences policières devraient être dans tous les journaux tous les jours, plutôt que toutes les conneries qu'on entend », déclare-t-il dans une interview (sa page atteint alors 38 000 abonnés moins d'un mois après son lancement, 42 000 le 2 février et 66 065 le 23 juin 2019). Interrogé sur les violences ayant touché les journalistes, le jeune homme répond simplement : « On n'a pas d'omelette sans casser des œufs pour le coup, et c'est déplorable mais à un moment donné il va falloir que les médias se reprennent, et aillent dans le bon sens, arrêtent d'aller du côté des milliardaires, et aillent du côté du peuple. »

Pas d'omelette sans casser des œufs. Pas de fumée sans feu. Pas de crise de défiance sans journalistes complices des pouvoirs ? Pas de condamnation de ces agressions sans citoyens ayant la sensation que la presse joue l'apaisement et préserve l'intérêt général ? Lors du premier acte des Gilets jaunes, le 17 novembre 2018, après plusieurs heures de direct sur les Champs-Élysées, c'est le présentateur de BFM TV, Raphaël Maillochon, qui est agressé d'un œuf écrasé sur le crâne. Le même jour, une journaliste de Canal + est conspuée[1] avant son direct à renfort de « Médias corrompus, médias corrompus ». À Toulouse, le 24 novembre, c'est place du Capitole que trois envoyés spéciaux de CNews et BFM TV sont agressés. Ils racontent avoir subi l'assaut d'un groupe de 50 à 100 manifestants : des « journalistes collabos » scandés en chœur, des coups de pied reçus en même temps que des crachats ou l'envoi de bouteilles d'eau en plein visage...

1. Huée.

Anne-Sophie Novel
(née en 1981)

Cette journaliste, spécialisée dans les médias et leur traitement des questions environnementales, réalise en 2019 avec Flo Laval le documentaire *Les Médias, le monde et moi*, qui explore les *fake news*, la surcharge d'informations et la défiance vis-à-vis des médias.

Parcours 1

Lire un essai

1. D'après cet essai, à quels types de réactions du grand public les journalistes sont-ils confrontés ? Justifiez votre réponse en soulignant des éléments du texte.

2. Qu'est-il reproché aux journalistes dans cet extrait ? Surlignez les éléments qui vous permettent de répondre.

Document 2 Pénélope Bagieu, *Culottées 2, Des femmes qui ne font que ce qu'elles veulent*, 2017

Cette bande dessinée dresse le portrait de femmes hors du commun. Nellie Bly (1864-1922), journaliste américaine, est considérée comme une pionnière du journalisme d'investigation. Elle vient d'être embauchée par un journal, le **Pittsburgh Dispatch*...***

Pénélope Bagieu (née en 1982)
Cette dessinatrice de bande dessinée française et féministe a rencontré un grand succès avec les séries *Joséphine* et *Culottées*, qui lui ont valu plusieurs prix.

Parcours 2

Lire une bande dessinée

3 À votre avis, pourquoi les reportages « en coulisses » de Nellie Bly évoqués ici étaient-ils si appréciés ?

....

....

4 D'après cette bande dessinée, quelles pressions les journalistes peuvent-ils subir dans leur travail ?

....

....

5 Que pensez-vous de la « formidable opportunité de réorientation » proposée à Nellie Bly ?

....

....

Vers le CCF

Écrire une lettre

6 Imaginez, entre vingt et trente lignes, la lettre que Nellie Bly adresse à sa rédaction pour exprimer sa colère devant sa réorientation forcée et défendre sa liberté d'expression.

Avant de vous lancer

- Pour quelles raisons un journaliste doit-il rester indépendant ?

....

....

ATELIER D'ÉCRITURE

Inventer un article de Nellie Bly

Sujet

Vous rédigerez un article qu'aurait pu écrire Nellie Bly en vous inspirant de la bande dessinée *Culottées* (p. 241) et en menant des recherches historiques. Vous pouvez choisir un thème parmi ceux qui l'ont intéressée : la situation des ouvriers, les droits des femmes, le sort des malades psychiatriques dans les hôpitaux. Attention au contexte : votre article parlera des États-Unis au début du XXe siècle.

Étape 1

Notez dans ce cadre les informations que vous aurez trouvées lors de vos recherches.

CONSEIL

Cherchez sur Internet par mots-clés, en indiquant le lieu (les États-Unis) et l'époque (début du XXe siècle).

Notez dans ce cadre le plan de votre article.

Rédigez votre premier jet. Vous disposez pour cela de quarante minutes.

40 min.

Étape 2

En groupes, comparez vos textes pour identifier ce que vous avez réussi dans cet exercice, puis évaluez votre premier jet.

Principaux critères	Évaluation de mon texte	Pistes d'amélioration

Étape 3

Réécrivez votre texte en l'améliorant. Vous pouvez supprimer, modifier ou déplacer des éléments de votre premier jet, mais vous pouvez aussi intégrer de nouveaux éléments.

Le pouvoir d'influencer l'opinion

Document 1 Honoré de Balzac, *Illusions perdues*, 1837

Le journaliste Étienne Lousteau vante les mérites de son métier auprès de Lucien de Rubempré, jeune écrivain qui peine à faire accepter ses manuscrits.

Soyez dur et spirituel pendant un ou deux mois, vous serez accablé d'invitations, de parties avec les actrices ; vous serez courtisé par leurs amants ; vous ne dînerez chez Flicoteaux[1] qu'aux jours où vous n'aurez pas trente sous dans votre poche, ni pas un dîner en ville. Vous ne saviez où donner de la tête à cinq heures dans le Luxembourg, vous êtes à la veille de devenir une des cent personnes privilégiées qui imposent des opinions à la France. Dans trois jours, si nous réussissons, vous pouvez, avec trente bons mots imprimés à raison de trois par jour, faire maudire la vie à un homme ; vous pouvez vous créer des rentes de plaisir chez toutes les actrices de vos théâtres, vous pouvez faire tomber une bonne pièce et faire courir tout Paris à une mauvaise. Si Dauriat[2] refuse d'imprimer *Les Marguerites*[3] sans vous en rien donner, vous pouvez le faire venir, humble et soumis, chez vous, vous les acheter deux mille francs. Ayez du talent, et flanquez dans trois journaux différents trois articles qui menacent de tuer quelques-unes des spéculations de Dauriat ou un livre sur lequel il compte, vous le verrez grimpant à votre mansarde et y séjournant comme une clématite. Enfin votre roman, les libraires, qui dans ce moment vous mettraient tous à la porte plus ou moins poliment, feront queue chez vous, et le manuscrit, que le père Doguereau[4] vous estimerait quatre cents francs, sera surenchéri jusqu'à quatre mille francs ! Voilà les bénéfices du métier de journaliste.

Honoré de Balzac (1799-1850)
Cet écrivain français a composé *La Comédie humaine*, ensemble de plus de quatre-vingt-dix romans et nouvelles, dont *Illusions perdues*, où l'auteur règle ses comptes avec le monde du journalisme, dont il a fait partie.

Écoutez le texte.
liennathan.fr/4b7md5

1. Restaurant fréquenté par Lucien.
2. Libraire parisien.
3. Recueil de poèmes de Lucien.
4. Libraire parisien.

Parcours 1

Lire un roman

1 Soulignez dans le texte, puis résumez les avantages que peut procurer le métier de journaliste selon Lousteau.

2 D'après ce texte, expliquez en quoi consistent les différents pouvoirs du journaliste.

3 Ce discours vous paraît-il convaincant ? Justifiez votre réponse et entourez les éléments correspondants.

4 Ce discours vous paraît-il moral ? Expliquez pourquoi.

Xavier Giannoli (né en 1972)
Ce réalisateur, producteur et scénariste français a remporté plusieurs récompenses pour son film *Marguerite* en 2016.

Document 2 **Xavier Giannoli, *Illusions perdues*, affiche du film, 2021**

Cette adaptation du roman de Balzac suit le parcours de Lucien de Rubempré qui, faute de devenir écrivain, intègre le monde corrompu du journalisme.

Regardez la bande annonce.
liennathan.fr/9f3g8j

Parcours 2

Étudier une affiche de cinéma

5 Selon vous, que représente cette affiche ?

....

....

....

6 Quelle vision du journalisme offre-t-elle ?

....

....

....

Mener un débat

7 Pensez-vous que les journalistes ont encore du pouvoir aujourd'hui ?
Notez ci-dessous les arguments essentiels qui ressortiront du débat :

Les journalistes disposent de certains pouvoirs.	Le pouvoir des journalistes est limité.
1.	1. ....
2.	2. ....
3.	3. ....
4.	4. ....

CORPUS La course au spectaculaire

Document 1 Georges Perec, *L'Infra-ordinaire*, 1989

Cet essai se présente comme un recueil d'impressions visant à rappeler l'intérêt de l'ordinaire.

Ce qui nous parle, me semble-t-il, c'est toujours l'événement, l'insolite, l'extra-ordinaire : cinq colonnes à la une, grosses manchettes[1]. Les trains ne se mettent à exister que lorsqu'ils déraillent, et plus il y a de voyageurs morts, plus les trains existent ; les avions n'accèdent à l'existence que lorsqu'ils sont détournés ; les voitures ont pour unique destin de percuter les platanes : cinquante-deux week-ends par an, cinquante-deux bilans : tant de morts et tant mieux pour l'information si les chiffres ne cessent d'augmenter ! Il faut qu'il y ait derrière l'événement un scandale, une fissure, un danger, comme si la vie ne devait se révéler qu'à travers le spectaculaire, comme si le parlant, le significatif était toujours anormal : cataclysmes naturels ou bouleversements historiques, conflits sociaux, scandales politiques…

Dans notre précipitation à mesurer l'historique, le significatif, le révélateur, ne laissons pas de côté l'essentiel : le véritablement intolérable, le vraiment inadmissible : le scandale, ce n'est pas le grisou[2], c'est le travail dans les mines. Les « malaises sociaux » ne sont pas « préoccupants » en période de grève, ils sont intolérables vingt-quatre heures sur vingt-quatre, trois cent soixante-cinq jours par an.

Georges Perec (1936-1982)
Cet écrivain français, membre de l'Oulipo, groupe littéraire jouant avec les contraintes formelles, se révèle dans ses romans un fin observateur du monde contemporain, évoquant la société de consommation ou la solitude urbaine.

Écoutez le texte.
liennathan.fr/hc84z3

1. Titres en gros caractères pour attirer l'attention.
2. Gaz inflammable qui se dégage des mines de houille et explose au contact de l'air.

Enrichir son lexique

1. Par le trait d'union, l'auteur rappelle l'étymologie du mot « extraordinaire » (l. 2). Précisez-la et entourez deux synonymes dans le texte.

……………………………………………………………………………

……………………………………………………………………………

Parcours 1

Lire un essai

2. D'après Georges Perec, sur quoi se focalisent les informations qui nous intéressent ? Pourquoi ?

……………………………………………………………………………

3. Selon l'auteur, quel problème majeur pose cette stratégie de l'information ? Soulignez les éléments qui justifient votre réponse.

……………………………………………………………………………

Document 2

Bertrand Vidal, « Post catastropham omne animal triste est », *Sociétés*, n°126, 2014

Cet article étudie notre perception des catastrophes à travers les nouveaux outils de médiatisation.

Rappelons-nous de l'expérience médiatique du tsunami fonçant sur les côtes japonaises le 11 mars 2011. 14 h 46 min 23 s (heure locale) : un séisme de magnitude 9 frappe le large du Japon. Pendant près d'une heure trente de direct, plusieurs millions de téléspectateurs, de followers, et d'usagers des NTIC[1], vissés devant leurs écrans, tantôt avec effroi et appréhension tantôt avec délectation morbide pour l'autodestruction (Walter Benjamin), attendent 16 h 15 min 00 s précise et cette fantasmagorique submersion du Japon dont l'écrivain de science-fiction Sakyo Komatsu avait préfiguré l'ambiance et l'esthétique apocalyptique : une vague de 6 à 23 mètres de hauteur pénètre à l'intérieur des terres, dévastant près de 600 km de côtes et rasant de la carte plusieurs villes, à l'instar de la désormais emblématique préfecture de Sendaï. Ainsi, à l'époque du désastre de Lisbonne[2], l'onde sismique anticipait le message de la catastrophe, aujourd'hui avec les NTIC, l'onde médiatique anticipe le séisme.

1. Nouvelles technologies de l'information et de la communication.
2. Séisme ayant eu lieu en 1755.

Document 3

Une de *Libération*, 12 mars 2011

Parcours 2

Comparer des documents

4 Soulignez dans le document 2 les émotions suscitées par le traitement de l'information.

5 Quels aspects de l'événement met en valeur la une de *Libération* ? Entourez les éléments qui justifient votre réponse.

....

....

....

....

Étudier le traitement d'un événement

6 **a.** Recherchez une image de presse évoquant un événement hors du commun.

Collez ici votre image.

b. Quels effets ou émotions votre document cherche-t-il à susciter ? Comment ?

....

....

....

....

CORPUS Le respect de la vie privée

Document 1 Couverture de *Closer*, 2014

Parcours 1

Étudier une couverture de magazine

1. Identifiez les différents éléments de la couverture qui suggèrent la révélation d'un secret.

2. Selon vous, qu'est-ce qui motive ce type d'information ?

3. Quelles réserves pourrait-on formuler à l'égard de ce type d'information ?

François Dufour (né en 1961)
Ce journaliste français de presse écrite défend l'idée d'un journalisme strict et intègre, qui ne cède pas à l'emprise de l'opinion qui s'empare des médias et des réseaux sociaux.

Document 2 — François Dufour, « Vie privée - vie publique : nous, rédacteurs en chef ! », *Le Monde*, 2014

Dans cette tribune, le journaliste réagit au scoop de* Closer *révélant la liaison entre François Hollande et Julie Gayet.

Premier devoir : faire du journalisme. Le journaliste a pour mission de dire les faits et donc de les vérifier. Il enquête. En attendant, il n'utilise pas le conditionnel trompeur (« L'Élysée s'apprêterait à clarifier la situation personnelle du président », entendait-on et lisait-on vendredi). Attention ! Un journaliste peut en cacher un autre : « reporter » (rapporteur de faits) ou éditorialiste (donneur d'opinions). Mais même l'éditorialiste doit fonder ses opinions sur des faits, sinon que valent-elles ? Bref, la liberté de la presse n'est pas la liberté d'écrire n'importe quoi.

Second devoir : respecter la loi, écrite et éthique. Parmi ces lois, l'obligation de respect de la vie privée (du président de la République, de vous ou de moi). Le journaliste doit suivre le code civil français (article 9 : « Chacun a droit au respect de sa vie privée ») et la Déclaration universelle des droits de l'homme (article 12 : « Nul ne sera l'objet d'immixtions arbitraires[1] dans sa vie privée »). Déclaration des devoirs et des droits des journalistes (article 5) : « S'obliger à respecter la vie privée des personnes ».

Comment concilier cette obligation légale avec la liberté de la presse ? Allons chercher la réponse dans le code éthique des journalistes américains : « Only an overriding public need can justify intrusion into anyone's privacy » (« Seule une nécessité publique prépondérante peut justifier une intrusion dans la vie privée de n'importe qui »). N'importe qui, même le président de la République. Nécessité publique prépondérante…

Y avait-il une nécessité publique prépondérante pour le public que *Closer* sorte cette info très privée ? Non, aucune. Le scoop de *Closer* est de la curiosité mal placée. Pas une enquête prouvant un péril de sécurité du président, pas une enquête prouvant un gaspillage de fonds publics, pas une enquête prouvant une désertion de la première dame de son « job ». Pas une enquête tout court.

1. Fait de s'immiscer sans raison valable dans la vie privée.

Parcours 2

Comparer des documents

4 Comment expliquez-vous que, selon François Dufour, le scoop de *Closer* ne soit pas une enquête ?

....

....

....

5 Quelles sont les dérives du journalisme que ce texte dénonce ?

....

....

....

6 Qu'est-ce qui, dans la couverture de *Closer*, illustre les dérives évoquées par François Dufour ?

....

....

....

Argumenter à l'oral

7 Pensez-vous que le droit d'informer justifie des révélations sur la vie privée ? Vous donnerez votre point de vue argumenté dans un oral de trois minutes environ.

Avant de vous lancer

a. Qu'est-ce qui peut justifier des révélations sur la vie privée ?

....

....

....

b. Pourquoi faudrait-il préserver la vie privée ?

....

....

....

Fixeur

Adrian Sitaru (né en 1971)

Réalisateur et scénariste roumain, il est l'auteur de plusieurs longs métrages et courts métrages, dont le plus connu, *Vagues* (2007), a obtenu de nombreux prix. *Fixeur* est sorti en 2016.

RÉSUMÉ DU FILM

Journaliste roumain ambitieux travaillant pour l'agence France-Presse, Radu Patru propose en exclusivité à son ami Axel Montini, journaliste français reconnu, un reportage sur Anca, une mineure de quatorze ans, prostituée de force à Paris et rapatriée en Roumanie. Avec le caméraman Serge, ils feront tout pour interviewer Anca au nom du combat contre le trafic d'êtres humains, mais selon des méthodes et motivations ambiguës.

Étudier une scène

Les journalistes insistent pour voir Anca dans le foyer d'accueil de Bistrita.

RADU. Pourquoi elle parlerait aux procureurs, mais pas aux journalistes ?

MÈRE SIMA. Monsieur Patru.

RADU. Oui ?

MÈRE SIMA. Je suis d'accord que l'opinion publique doit prendre conscience de la situation de ces filles.

AXEL. Nous sommes d'accord.

MÈRE SIMA. Mais est-ce qu'on a le droit de se servir d'Anca pour cela ?

AXEL. Vous connaissez une meilleure solution ?

MÈRE SIMA. Moi je crois que celui qui a des oreilles pour entendre et des yeux pour voir comprendra sans que vous la filmiez.

AXEL. Non, je ne crois pas. Le silence ne résout rien, Madame.

1. Pourquoi la mère Sima refuse-t-elle que les journalistes voient Anca ?

2. D'après les images, comment qualifieriez-vous ces échanges ?

3. Soutenez-vous plutôt la mère Sima ou les journalistes ? Pourquoi ?

Étudier une scène

Anca a fini par accepter de parler aux journalistes, dans leur voiture.

AXEL. Combien de passes tu faisais par jour Anca ? *(Radu traduit à Anca.)*

ANCA. Combien ? Quatre, cinq. *(Radu traduit à Axel.)*

AXEL. Combien ça coûte la passe ?

ANCA *(avant que Radu ait pu traduire en roumain).* 50 euros. *(En français :)* La pipe et l'amour 50 euros.

AXEL. Tu as compris ce que je viens de te dire. *(Radu traduit à Anca.)*

ANCA. Oui.

AXEL. Serge *(Il fait signe au caméraman de fixer Anca en gros plan)*. Est-ce que tu peux redire cette phrase s'il-te-plaît Anca ? *(Radu traduit à Anca.)*

ANCA. Toujours en français ?

RADU. Oui.

ANCA. La pipe et l'amour 50 euros.

AXEL. D'accord. Alors, attends : tes cheveux sur le micro. *(Il arrange le micro d'Anca.)*. Est-ce que tu peux la redire cette phrase, s'il-te-plaît, en regardant dans la caméra ? *(Radu traduit à Anca.)*

ANCA *(fixant la caméra)*. La pipe et l'amour 50 euros.

4 D'après vous, que veut dénoncer le cinéaste sur la pratique journalistique dans ce passage ?

....

....

....

5 À qui le spectateur du film peut-il être assimilé d'après l'image ?

....

....

6 À qui le journaliste peut-il être assimilé d'après cette scène ?

....

....

....

Étudier un thème

La méfiance suscitée par les journalistes

7 D'après ces images, quels types de réactions suscitent les journalistes ?

....

....

....

8 Ces réactions vous semblent-elles justifiées ? Pourquoi ?

....

....

....

Vers le CCF

Écrire un dialogue

9 Imaginez, entre vingt et trente lignes, un dialogue entre Radu et Axel, au cours duquel Radu regrette de faire ce reportage, qui ne correspond pas à sa vision du journalisme, tandis qu'Axel en défend la nécessité.

SPECTACLE

Et c'est un sentiment qu'il faut que nous combattions je crois

Document 1 — Légendes urbaines, *Et c'est un sentiment qu'il faut que nous combattions je crois*, 2019

Les acteurs s'interrogent sur les motivations d'un reportage sur la place des femmes dans l'espace public diffusé au 20 h de France 2 en 2016.

YDIRE. Je crois que le sujet vient de David Pujadas[1]. Mais si, on le voit dans la manière qu'il a de bouger son corps, parce que le corps parle. En fait, c'est une technique qui s'appelle la PNL – programmation neurolinguistique – qui décrypte le langage du corps quand le locuteur prend la parole. Je vais vous montrer. Tiens, David, tu veux bien reprendre le lancement de David Pujadas, s'il te plaît ?

DAVID. Oui, bien sûr.

YDIRE. Vous allez voir.

DAVID *(jouant David Pujadas)*. « En France, notre enquête maintenant sur un sujet délicat. »

YDIRE. Merci beaucoup. Voyez : le ton pour dire le mot « délicat », la tension sur la commissure des lèvres, la pose, tout ça indique que, pour David Pujadas, le sujet lui paraît délicat et il veut nous préparer, nous, son public, à le recevoir comme tel avant même de l'énoncer. Tu veux bien aller plus loin, lorsqu'il reprend les propos de la secrétaire d'État ?

DAVID. D'accord.

YDIRE. Merci

DAVID. « Il y a sur notre territoire des zones où les femmes ne sont pas acceptées, a-t-elle déclaré à nos confrères de *Marianne*[2]. »

YDIRE. Merci beaucoup. Là c'est très clair : au moment où il dit le mot « territoire », il pose les mains sur la table. Symboliquement, la table c'est notre territoire. Et moi, David Pujadas, regardez, je suis l'homme de la situation, je vous prépare, je vous préviens. Et regardez : mains posées sur la table, je suis déjà engagé, mon corps est engagé à protéger le territoire.

Légendes urbaines (créée en 2011)

Cette compagnie utilise l'espace théâtral comme un lieu de fabrique de représentations pour débusquer les mythes qui influencent notre société. Dans *Et c'est un sentiment qu'il faut que nous combattions je crois*, les acteurs se mettent en scène en incarnant et analysant tour à tour des journalistes existants, afin de montrer comment se construit une certaine vision médiatique de la banlieue.

1. Présentateur du journal télévisé de France 2.
2. Magazine d'information hebdomadaire.

Parcours 1

Étudier une scène de théâtre

1 Sur quels éléments s'appuie Ydire pour décrypter l'attitude du présentateur David Pujadas ? Surlignez les indices qui s'y rattachent.

2 Que veut démontrer Ydire par cette analyse ?

Mes ressources numériques

Regardez le spectacle. liennathan.fr/8e5y2f

Regardez des images du spectacle. liennathan.fr/54y6sb

Document 2 Deux scènes du spectacle

a

David Farjon.

b

David Farjon, Samuel Cahu, Sylvain Fontimpe, Ydire Saïdi, Magali Chovet, Paule Schwoerer.

Parcours 2

Étudier une mise en scène

3 Quels dispositifs scéniques (document 2) viennent appuyer le propos de la scène (document 1) ?

....

....

....

4 Quel est l'intérêt, selon vous, de faire représenter ici David Pujadas par un acteur ?

....

....

....

5 Comment la photographie b met-elle en avant le travail de la compagnie Légendes urbaines ?

....

....

....

Jouer une scène

6 Interprétez un présentateur d'une chaîne d'information (réel ou fictif), en montrant comment ses tournures, gestes, intonations trahissent ses partis pris. Vous travaillerez sur un sujet d'actualité de votre choix. Votre oral, d'une minute environ, peut être filmé ou joué devant la classe.

Avant de commencer

a. Sur quel sujet s'exprimera votre journaliste ?

....

....

b. Quelle orientation veut-il lui donner ? Comment allez-vous le montrer ?

....

....

BILAN

S'INFORMER, INFORMER, COMMUNIQUER

Je complète cette carte mentale, en fonction de tout ce que j'ai découvert dans cet objet d'étude (œuvres étudiées, thèmes et notions abordés, mots-clés, etc.). Je peux écrire, coller, dessiner.

Mon texte préféré est ....

car ....

....

J'ai également aimé ....

car ....

....

J'évalue mes compétences

Dans cet objet d'étude...

J'ai appris à...

....

Je sais mieux...

....

J'ai encore des difficultés à...

....

Pour progresser, je peux...

....

Pour aller plus loin...

Un film

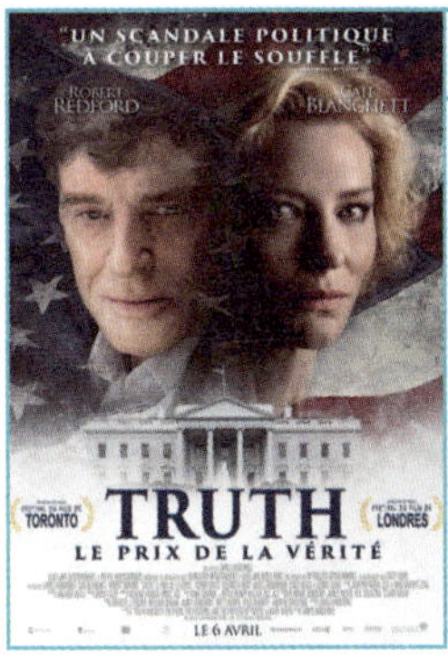

James Vanderbilt,
***Truth*,**
2015

Mary Mapes est journaliste pour la chaîne CBS. Elle enquête sur des rumeurs concernant George W. Bush, qui aurait bénéficié de passe-droits pour ne pas participer à la guerre du Vietnam. Mais la vérité n'est pas toujours aussi évidente qu'on le pense…

Une bande dessinée

Denis Robert
et Laurent Astier,
***L'Affaire des affaires*,**
2015

Cette bande dessinée raconte l'enquête de Denis Robert sur les paradis fiscaux et les pressions politiques ou les tentatives d'intimidation dont il a été victime.

Un roman

Guy de Maupassant,
***Bel-Ami*,**
1885

Georges Duroy est un jeune homme ambitieux mais désargenté. Engagé comme journaliste, il comprendra rapidement comment la presse et le pouvoir peuvent être liés et comment il peut s'en servir pour assurer son ascension sociale.

Une série

Aaron Sorkin,
***The Newsroom*,**
2012

Cette série met en scène les coulisses de l'émission *News Night*, obligée de changer de ligne éditoriale après des propos polémiques tenus par son présentateur, qui doit composer avec une nouvelle productrice qu'il connaît bien.

Un témoignage

François Ruffin,
***Les Petits Soldats du journalisme*,**
2003

L'auteur a étudié au Centre de formation des journalistes, l'une des écoles françaises les plus prestigieuses dans ce domaine. Il souligne les dérives d'une certaine approche du journalisme, qui peut menacer notre démocratie.

Un recueil de dessins

Cartooning for Peace,
***Le Dessin de presse dans tous ses états*,**
2016

L'association Cartooning for Peace milite pour la liberté d'expression et le droit à la caricature. Ce recueil réunit des dessins de membres de l'association, issus du monde entier.

Objet d'étude 3

Rêver, imaginer, créer

Sur cette page, j'écris, je colle, je dessine tout ce que j'associe aux mots de l'objet d'étude.

Lexique

Je note le sens des mots :

Rêver : ....

....

....

....

....

Imaginer : ....

....

....

....

....

Créer : ....

....

....

....

....

Pour ouvrir la réflexion

• René Magritte, ***Le Pays des miracles***, **1964.**

Pour se lancer !

1 Quelle impression ce tableau produit-il en vous ? Pourquoi ?

2 Comment comprenez-vous son titre ?

3 Quel lien pouvez-vous établir entre ce tableau et l'objet d'étude au programme : « Rêver, imaginer, créer » ?

Peter Pan

Document 1 — James Matthew Barrie, *Peter Pan*, 1911 (extrait 1)

Venu du Pays Imaginaire, Peter Pan s'est introduit dans la chambre de Wendy et ses frères pour récupérer son ombre et entame la conversation avec la jeune fille, qu'il a réveillée.

Wendy, qui aimait faire les choses comme elles doivent se faire, demanda à Peter quel âge il avait. En fait, ce n'était pas une bonne question à lui poser. C'était comme quand on vous pose une question de grammaire alors que vous avez étudié l'histoire de France.

— Je ne sais pas, répondit-il, mal à son aise. Mais je suis plutôt jeune.

En réalité, il n'en savait rien. Il n'avait guère que quelques intuitions à ce sujet. Il dit cependant, à tout hasard :

— Wendy, je me suis enfui le jour de ma naissance.

Wendy fut surprise mais très intéressée. Avec une délicatesse qui aurait été digne d'un salon[1], elle posa la main sur sa chemise de nuit pour lui indiquer qu'il pouvait venir s'asseoir près d'elle.

— C'était parce que j'ai entendu mon père et ma mère parler de ce que je deviendrais une fois que je serais un homme, expliqua-t-il à voix basse.

Il se montrait très agité tout à coup.

— Je ne veux jamais devenir un homme ! dit-il avec passion. Je veux rester un petit garçon et m'amuser. Je me suis enfui dans le parc de Kensington et j'ai longtemps vécu là avec les fées.

Elle le regarda avec une intense admiration, Il pensa que c'était parce qu'il s'était enfui mais, en réalité, c'était parce qu'il connaissait des fées.

Traduit de l'anglais par Michel Laporte, 2014.

James Matthew Barrie (1860-1937)

Écrivain et dramaturge écossais, il est marqué à l'âge de six ans par la mort de son frère David, qui lui inspire la création d'un monde où l'enfance est éternelle. Il crée ainsi le personnage de Peter Pan, dans différentes versions romanesques ou théâtrales.

Écoutez l'extrait 1.
liennathan.fr/h7i8e6

1. Les salons étaient les lieux de réunion de l'aristocratie et de la haute bourgeoisie.

Parcours 1

Lire un roman

1. Comment se fait-il, d'après vous, que Peter Pan ne connaisse pas son âge ?

2. Qu'est-ce qui l'a incité à fuir ses parents et le monde réel ? Soulignez les éléments du texte qui vous ont permis de répondre.

3. Précisez les différents éléments qui relèvent du merveilleux dans ce passage et entourez les indices qui vous ont permis de répondre.

Mener une recherche

4. Qu'appelle-t-on le syndrome de Peter Pan ?

Document 2 — Amélie Maxwell, *Le Mythe de Peter Pan ou l'angoisse du temps qui passe*, 2011

Du reste, qu'entendons-nous par enfant et adulte ? Pour le bien de notre réflexion, faisons la simple mais importante distinction suivante : l'adulte est généralement vu comme une personne très consciente, voire obsédée par le temps qui défile, alors que l'enfant ne s'en préoccupe généralement pas, croyant avoir une éternité de jeux devant lui. Par contre, si le temps n'a aucune importance aux yeux des enfants du seul fait qu'ils ignorent ce que c'est, Peter Pan est un cas à part. Sans parler de ses caractéristiques fantastiques, ce qui est particulier chez Peter Pan est ceci : bien qu'il n'ait « no sense of time » (Barrie), il est inquiet devant la possibilité qu'il doive un jour franchir une mystérieuse frontière l'ayant jusque là maintenu en enfance. En effet, il ne connaît pas son âge, mais il s'accroche de tout son être à l'enfance et trouve insupportable l'idée de devenir un homme, cette créature à connotation négative qui lui rappelle la précarité de l'innocence.

Document 3 — Arthur Rackham, illustration pour *Peter Pan dans les jardins de Kensington* de James Matthew Barrie, 1907

Parcours 2

Comparer des documents

5 Reformulez les deux idées essentielles présentes dans le roman qu'Amélie Maxwell met en avant dans son analyse.

1.

2.

6 Précisez tout ce qui rend le dessin d'Arthur Rackham fidèle à l'esprit du roman de J. M. Barrie.

CINÉMA

Adapter *Peter Pan* au cinéma

Walt Disney, *Peter Pan*, 1953
Ce film d'animation des studios Disney retrace les aventures de Peter Pan faisant découvrir le Pays Imaginaire aux enfants Darling. Il reprend la trame du roman de J. M. Barrie.

Paul John Hogan, *Peter Pan*, 2003
Ce film reprend l'histoire de Peter Pan créée par J. M. Barrie mais l'expérience du Pays Imaginaire devient l'occasion d'opposer Peter et Wendy : celle-ci réalise que la véritable aventure consiste à grandir et accuse Peter de nier la réalité, notamment les sentiments qui les unissent.

Joe Wright, *Pan*, 2015
Ce film imagine l'origine de Peter Pan : abandonné à sa naissance dans un orphelinat sordide puis enlevé par des pirates pour devenir l'esclave du cruel Barbe Noire, il finira par découvrir qui il est et en quoi son destin est lié au Pays Imaginaire.

Walt Disney, *Peter Pan*, 1953

1 Comment pourriez-vous qualifier l'affrontement représenté ici ? Justifiez votre réponse.

2 Les personnages correspondent-ils à ce que le roman (p. 258) vous laissait imaginer ? Pourquoi ?

Paul John Hogan, *Peter Pan*, 2003

Venu délivrer Wendy, ses frères et les enfants perdus, capturés par les pirates alors qu'ils s'apprêtaient à quitter le Pays Imaginaire, Peter Pan affronte Crochet.

CROCHET. Ta Wendy te quittait. Pourquoi resterait-elle ? Qu'as-tu à offrir ? Tu es inachevé. Elle préfère grandir, que de rester avec toi ! Jetons un coup d'œil dans l'avenir ! Que vois-je ? La ravissante Wendy. Dans la nursery. La fenêtre est fermée !

PETER. Je l'ouvrirai !

CROCHET. Il y a des barreaux.

PETER. Je crierai son nom !

CROCHET. Elle ne l'entend pas. Elle ne te voit pas. Elle t'a totalement oublié ! Mais que vois-je ? Il y a quelqu'un d'autre, à ta place. Ça s'appelle... Un mari.

Désespéré, Peter est terrassé par Crochet.

CROCHET. Tu meurs seul... et sans amour. Tout comme moi.

3 Quelles nouveautés apportent les films de P. J. Hogan et de Joe Wright par rapport au roman de J. M. Barrie ?

4 Diriez-vous que ces films trahissent le roman ? Pourquoi ?

Joe Wright, *Pan*, 2015

Le terrible Barbe Noire, qui règne sur le Pays Imaginaire, est intrigué par Peter, un nouveau venu qui, jeté dans le vide, a pu voler.

BARBE NOIRE. Derrière ce mur vit un peuple de sauvages. Ils ont une ancienne prophétie qui date du temps où les fées régnaient sur cette île. Cette prophétie parle d'un jeune garçon qui serait le fruit de l'amour entre un prince du peuple des fées et une humaine, d'un garçon qui aurait disparu de ce monde, jusqu'à ce qu'il ait l'âge de revenir et de mener une révolte contre moi. D'un garçon qui, selon la prophétie, saurait voler. Es-tu venu pour me tuer, Peter ?

PETER. Je ne crois pas aux histoires pour s'endormir.

Vers le CCF

Écrire un journal

5 Imaginez une page du journal intime du capitaine Crochet dans laquelle il livre les raisons de sa haine pour Peter Pan. Votre texte sera librement inspiré du roman de J. M. Barrie et de ses adaptations filmiques. Il comportera entre vingt et trente lignes.

Peter Pan

Document 1 — James Matthew Barrie, *Peter Pan*, 1911 (extrait 2)

Wendy, John et Michael Darling s'envolent avec Peter Pan et la fée Clochette vers le Pays Imaginaire.

De la sorte, avec quelques accrochages mais, dans l'ensemble, en s'amusant beaucoup, ils approchèrent du Pays Imaginaire. Et de fait, après bien des lunes, ils y arrivèrent. Le plus étrange, c'est qu'ils n'avaient pratiquement pas dévié de la ligne droite, pas tellement parce que Peter et Clochette les avaient guidés mais parce que le Pays Imaginaire était à leur recherche. C'est à cette condition qu'on parvient à voir enfin ses rivages magiques.

— C'est là, dit Peter.

— Où ? Où ?

— Là, vers où toutes les flèches sont pointées.

Et de fait, un million de flèches dorées le désignaient aux enfants, toutes lancées par leur ami le soleil qui voulait être sûr qu'ils trouveraient leur chemin avant de se retirer pour la nuit.

Wendy, John et Michael se hissèrent sur la pointe des pieds dans les airs pour lancer un premier coup d'œil à l'île. C'est étrange à dire mais ils la reconnurent tout de suite, et, jusqu'à ce que la peur les saisisse, ils la saluèrent, non pas comme une chose dont on a longuement rêvé et qu'on découvre enfin mais comme une amie familière chez qui on retourne pour passer les vacances.

— John, il y a le lagon !

— Wendy, regarde les tortues qui enterrent leurs œufs dans le sable !

— Tu sais, John, je vois ton flamant rose à la patte cassée !

— Regarde, Michael, voilà ta grotte !

— John, c'est quoi, là, dans les broussailles.

— C'est une louve avec ses louveteaux ! Wendy, je crois bien que le tien est là !

— Il y a mon bateau, John, avec ses bordages enfoncés !

— Non, ce n'est pas lui ! Le tien, nous l'avons brûlé !

— C'est lui, j'en suis certain ! Eh John ! je vois la fumée du camp indien !

— Où ? Fais-la-moi voir et, à la forme du panache, je te dirai s'ils sont sur le sentier de la guerre.

— Là, juste de l'autre côté de la Rivière Mystérieuse.

— Je la vois à présent. Oui, ils sont tout à fait sur sentier de la guerre.

Peter fut un peu fâché de voir qu'ils en savaient aussi long.

Traduit de l'anglais par Michel Laporte, 2014.

Écoutez l'extrait 2.
liennathan.fr/7pd4v4

Parcours 1

Lire un roman

1. Soulignez dans le texte tous les indices du merveilleux.

2. Entourez des déterminants ou pronoms possessifs se rapportant aux enfants Darling. Que retrouvent-ils au Pays Imaginaire ?

3. Comment expliquez-vous que cet univers leur soit familier ?

Document 2 Karine Bizard, *Peter Pan*, 2015

Cette photographie fait partie de la série Golden Age, *qui tente de « rappeler des odeurs, des goûts, des bruits, des sensations oubliées, quand nous n'avions pas encore nos masques d'adultes. »*

Parcours 2

Étudier une photographie

4 Fléchez et légendez dans la marge les éléments liés à l'enfance présents sur cette image.

5 Que lisez-vous sur le visage de cet enfant ?

Comparer des documents

6 Quels liens pouvez-vous établir entre la photographie et le texte de J. M. Barrie ?

Vers le CCF

Rédiger un récit

7 Imaginez, en une vingtaine de lignes, les rêves qui occupent l'esprit de l'enfant représenté sur la photographie.

Avant de vous lancer

a. Quelles peuvent être ses pensées ?

b. Quelles images a-t-il en tête ?

Pan, d'après la pièce *Peter Pan* de J. M. Barrie

Document 1 Irina Brook, *Pan*, 2011

Wendy a convaincu les* Lost Boys *(Garçons Perdus) de quitter le Pays de Jamais (autre traduction de* Neverland, *le Pays Imaginaire) et de venir vivre à Londres avec elle et son frère John.

WENDY. Peter ne vient pas !

JOHN. Peter ne vient pas ?

FLAGEOLET. Mais pourquoi, Peter ?

SOLDÉ. Oui, pourquoi ?

PETER. Parce que je veux rester un petit garçon, pour toujours, et m'amuser. *(Les enfants commencent à paniquer à l'idée qu'ils sont peut-être en train de commettre l'erreur de leur vie.)* J'espère que vous faites le bon choix.

PREMIER JUMEAU. Ben... on n'est pas vraiment sûrs...

DEUXIÈME JUMEAU. On n'est pas certains...

PETER. Mais si, allez-y ! Ça va être génial avec vos vraies mamans ! Elles vous mettront à l'école, vous aurez des cartables et des devoirs et des uniformes et des chaussures serrées. Tous les jours il pleuvra ; vous ne verrez plus jamais le soleil, ni le sable, ni la mer, ni les crocodiles.

SOLDÉ. Ni les pirates ?

PETER. Ni les pirates, ni les fées, ni les Indiens. Vous ne ferez plus jamais la course avec les étoiles, ni le « roi du château » avec les sirènes. Les animaux ne vous parleront plus. Mais c'est pas grave, vous serez tranquilles.

Acte III.

Irina Brook (née en 1962)
Actrice et metteuse en scène franco-britannique, fille du metteur en scène anglais Peter Brook et de l'actrice Natasha Parry, elle se forme à New York et monte à Paris ses premières pièces, très récompensées.

Peter Pan (Louison Lelarge) abandonné par Wendy, John et les *Lost Boys*.

Parcours 1

Étudier une scène

1 Quelle vision Peter Pan a-t-il de la vie en dehors du Pays de Jamais ? Soulignez les éléments qui vous ont permis de répondre.

....

....

....

....

2 Quels aspects du Pays de Jamais met-il en évidence ? Entourez les éléments qui vous ont permis de répondre.

....

....

....

....

Document 2 Irina Brook, *Pan*, 2011

Dans sa mise en scène, fondée sur « une sensation de jeu permanent », Irina Brook souhaite nous faire retrouver « notre envie et notre capacité de nous envoler, comme des enfants... ».

Johanna Hilaire, Nuno Roque, Babet, Kehinde Awaiye, Dimitri Lemaire, Raphaël Leguillon.

Nuno Roque.

Johanna Hilaire et Louison Lelarge.

Parcours 2

Étudier une mise en scène

3 D'après l'image, comment Peter Pan vit-il le départ des *Lost Boys* ?

4 Comment qualifieriez-vous l'ambiance générale de la pièce, d'après ces images ?

5 Quelles remarques vous inspire le choix des décors et des costumes ?

Formuler un bilan

6 Cette mise en scène vous semble-t-elle fidèle à l'œuvre de J. M. Barrie ? Justifiez votre réponse.

PARCOURS DE LECTURE

Peter Pan

Document 1 — James Matthew Barrie, *Peter Pan*, 1911 (extrait 3)

Écoutez l'extrait 3.
liennathan.fr/z7g2i5

Pour sauver Peter qui ignore ses avertissements, la fée Clochette boit à sa place le poison que lui destinait le capitaine Crochet.

D'instant en instant, sa lumière faiblissait, et il savait que si elle s'éteignait, Clochette cesserait d'exister. Elle aima tellement les larmes qu'il versait qu'elle tendit un de ses doigts mignons pour qu'elles coulent dessus.

Sa voix était si faible que, tout d'abord, il ne parvint pas à saisir ce qu'elle disait. Puis il comprit. Elle disait qu'elle pensait qu'elle pourrait aller bien à nouveau si les enfants croyaient aux fées.

Peter écarta les bras. Il n'y avait pas d'enfants dans les parages et c'était la nuit. Seulement il s'adressa à tous ceux qui pouvaient être en train de rêver du Pays Imaginaire et qui étaient donc plus près de lui que vous le pensez : des garçons et des filles en vêtements de nuit, et des papooses[1] tout nus dans leurs paniers suspendus aux arbres.

— Croyez-vous aux fées ? demanda-t-il.

Clochette s'assit dans son lit, presque avec vivacité, pour écouter quel serait son sort.

Il lui sembla bien qu'elle entendait des réponses affirmatives. Puis, de nouveau, elle n'en fut plus trop sûre.

— Qu'en penses-tu ? demanda-t-elle à Peter.

— Si vous croyez, leur cria-t-il, tapez dans vos mains ! Ne laissez pas Clochette mourir !

Beaucoup applaudirent.

Quelques-uns n'applaudirent pas.

Un petit nombre de brutes sifflèrent.

Les applaudissements cessèrent d'un coup, comme si des mères innombrables s'étaient ruées dans la nursery pour voir ce qui diantre[2] arrivait. Mais déjà Clochette était sauvée. D'abord sa voix se fit plus forte puis elle bondit hors du lit et, enfin, elle se mit à étinceler à travers la pièce, plus insolente et joyeuse que jamais.

Traduit de l'anglais par Michel Laporte, 2014.

1. Enfants indiens.
2. Juron pour marquer l'étonnement.

Parcours 1

Lire un roman

1 Par quel biais le contact est-il établi entre Peter Pan et les enfants du monde entier ? Soulignez le passage qui le mentionne.

....

....

2 D'après vous, pourquoi Peter Pan ne s'adresse-t-il qu'aux enfants ?

....

....

....

3 Comment expliquez-vous que croire aux fées puisse sauver Clochette ?

....

....

4 Cet extrait envisageant la mort vous semble :

- ☐ Tragique.
- ☐ Comique.
- ☐ Effrayant.
- ☐ Pathétique.

Entourez dans le texte les éléments qui appuient votre réponse.

Document 2 Régis Loisel, *Peter Pan*, tome 3, « Tempête », 1994

Les créatures du Pays Imaginaire ont fait venir Peter de Londres afin de sauver le trésor de l'île, convoité par les pirates.

Régis Loisel (né en 1951)
Ce scénariste et dessinateur de bandes dessinées développe des univers imaginaires, comme dans sa série d'heroic fantasy *La Quête de l'oiseau du temps*.

Parcours 2

Comparer des documents

5 Quels éléments du texte de J. M. Barrie retrouvez-vous dans la bande dessinée ?

....

....

6 Quels types de rêves ont fait disparaître les créatures imaginaires de l'esprit des hommes, d'après cette planche ?

....

....

7 Qu'est-ce qui caractérise les enfants, d'après la bande dessinée ?

....

....

Formuler un bilan

8 Comment expliquez-vous que le personnage de Peter Pan et son univers créés par J. M. Barrie soient devenus mythiques ?

....

....

....

....

....

....

....

Du réel à l'imaginaire

Document 1 Lyman Frank Baum, *Le Magicien d'Oz*, 1900

Dorothée vit dans le Kansas chez son oncle et sa tante. Alors qu'elle est seule dans la maison, un cyclone l'emporte dans les airs. Réveillée par un choc brutal, elle ouvre la porte et découvre un pays extraordinaire. Elle est accueillie par le maître de la Cité d'Émeraude, le Magicien d'Oz, qui lui explique comment il est arrivé dans ce lieu.

« Bref, un jour je montai dans mon ballon et les cordes se sont entortillées, m'empêchant de redescendre. Je suis monté aussi haut que les nuages, tellement loin qu'un courant d'air poussa le ballon et l'emmena de nombreux kilomètres plus loin. Pendant un jour et une nuit, je voyageai dans les airs, et au matin du second jour, je me réveillai et trouvai le ballon flottant au-dessus d'un étrange et magnifique pays.

Le ballon descendit progressivement, et je ne fus pas du tout blessé. Mais je me trouvai au milieu d'un peuple étrange qui, m'ayant vu venir des nuages, me prit pour un grand Magicien. Bien sûr, je les laissai penser ainsi, car je les effrayais, et ils promirent de faire tout ce que je souhaitais.

Juste pour m'amuser, et pour garder le bon peuple occupé, je leur ordonnai de bâtir cette Cité et mon Palais, et ils le firent volontiers. Alors, comme le pays était si vert et si beau, je pensai l'appeler la Cité d'Émeraude. Et pour que le nom convienne davantage, je donnai des lunettes vertes à toute la population. Ainsi, tout ce qu'ils voyaient était vert. »

« Mais tout ici n'est-il pas vert ? » demanda Dorothée.

« Pas plus que dans n'importe quelle autre cité, répondit Oz, mais vous portez des verres verts, tout vous paraît donc vert. La Cité d'Émeraude fut construite il y a de nombreuses années, lorsque j'étais un jeune homme et que le ballon m'amena ici, et je suis un très vieil homme désormais. Mais mon peuple porte des lunettes vertes depuis si longtemps que la plupart pensent que c'est réellement une Cité d'Émeraude, et c'est certainement un bel endroit, abondant en joyaux, métaux précieux, et toute bonne chose nécessaire pour rendre quelqu'un heureux. J'ai été généreux avec ces gens, et ils m'aiment, mais depuis que le Palais a été bâti, je me suis fait discret, et ne vois plus aucun d'entre eux.

L'une de mes plus grandes peurs était les Sorcières, car si je n'avais aucun pouvoir magique, je découvris rapidement que les Sorcières pouvaient réellement faire des choses fabuleuses. Il y en avait quatre dans ce pays, et elles dirigeaient les gens qui vivaient dans le Nord et le Sud, l'Est et l'Ouest. Heureusement, les Sorcières du Nord et du Sud étaient bonnes, et je savais qu'elles ne me feraient pas de mal ; mais les Sorcières de l'Est et de l'Ouest étaient terriblement mauvaises, et si elles n'avaient pas pensé que j'étais plus puissant qu'elles, elles m'auraient certainement détruit. Je vécus ainsi dans une peur mortelle durant de nombreuses années. Vous pouvez imaginer à quel point je fus heureux quand j'entendis que votre maison était tombée sur la Méchante Sorcière de l'Est. »

Traduit de l'anglais par Anne Delcourt, 2003.

Lyman Frank Baum (1856-1919)
Cet écrivain, acteur et réalisateur américain est célèbre pour son roman *Le Magicien d'Oz*, l'un des récits les plus populaires aux États-Unis.

Écoutez le texte.
liennathan.fr/9i8hx3

Parcours 1
Lire un roman

1 Où le Magicien d'Oz vit-il ? Justifiez votre réponse.

2 Surlignez les passages qui décrivent la Cité d'Émeraude. En quoi cette cité est-elle si merveilleuse ?

3 Selon vous, Oz est-il un magicien ? Surlignez dans le texte les éléments justifiant votre réponse.

Document 2 **Victor Fleming, photogramme du film *Le Magicien d'Oz*, 1939**

Parcours 2

Étudier un photogramme

4 Comment la Cité d'Émeraude est-elle représentée dans le film ?

....

....

....

....

....

5 Selon vous, cette représentation de la Cité d'Émeraude est-elle fidèle au texte de Lyman Frank Baum ?

....

....

....

....

....

Vers le CCF

Rédiger un écrit de réflexion

6 À votre avis, comment un écrivain peut-il entraîner le lecteur vers un pays imaginaire ? Vous répondrez dans un texte organisé d'une trentaine de lignes.

Avant de commencer

- Notez dans le cadre tous les titres de romans que vous connaissez qui entraînent le lecteur dans un pays imaginaire.

CORPUS Merveilleuses métamorphoses

Document 1

Lewis Carroll, *Alice au pays des merveilles*, 1865

Alors qu'elle s'ennuie, Alice voit passer un lapin blanc qui lui parle. Elle le suit lorsqu'il entre dans un terrier. Elle découvre un couloir, des portes fermées puis une clé ouvrant un tunnel menant vers un jardin merveilleux. Trop grande pour entrer dans ce jardin, elle aperçoit une bouteille dont elle boit le contenu. Elle se met alors à rétrécir. Désireuse de retrouver une taille normale, Alice demande conseil à une chenille qu'elle rencontre, assise sur un champignon.

Au bout de deux ou trois minutes, la Chenille sortit le houka[1] de sa bouche, bâilla une ou deux fois et se secoua ; puis elle descendit de dessus le champignon, glissa dans le gazon, et dit tout simplement en s'en allant : « Un côté vous fera grandir, et l'autre vous fera rapetisser. »

« Un côté de quoi, l'autre côté de quoi ? », pensa Alice.

« Du champignon », dit la Chenille, comme si Alice avait parlé tout haut ; et un moment après la Chenille avait disparu.

Alice contempla le champignon d'un air pensif pendant un instant, essayant de deviner quels en étaient les côtés ; et comme le champignon était tout rond, elle trouva la question fort embarrassante. Enfin elle étendit ses bras tout autour, en les allongeant autant que possible, et, de chaque main, enleva une petite partie du bord du champignon.

« Maintenant, lequel des deux ? », se dit-elle, et elle grignota un peu du morceau de la main droite pour voir quel effet il produirait. Presque aussitôt elle reçut un coup violent sous le menton ; il venait de frapper contre son pied.

Ce brusque changement lui fit grand'peur, mais elle comprit qu'il n'y avait pas de temps à perdre, car elle diminuait rapidement. Elle se mit donc bien vite à manger un peu de l'autre morceau. Son menton était si rapproché de son pied qu'il y avait à peine assez de place pour qu'elle pût ouvrir la bouche. Elle y réussit enfin, et parvint à avaler une partie du morceau de la main gauche.

« Voilà enfin ma tête libre », dit Alice d'un ton joyeux qui se changea bientôt en cris d'épouvante, quand elle s'aperçut de l'absence de ses épaules. Tout ce qu'elle pouvait voir en regardant en bas, c'était un cou long à n'en plus finir qui semblait se dresser comme une tige, du milieu d'un océan de verdure s'étendant bien loin au-dessous d'elle.

« Qu'est-ce que c'est que toute cette verdure ? », dit Alice. « Et où donc sont mes épaules ? Oh ! mes pauvres mains ! Comment se fait-il que je ne puis vous voir ? » Tout en parlant elle agitait les mains, mais il n'en résulta qu'un petit mouvement au loin parmi les feuilles vertes.

Comme elle ne trouvait pas le moyen de porter ses mains à sa tête, elle tâcha de porter sa tête à ses mains, et s'aperçut avec joie que son cou se repliait avec aisance de tous côtés comme un serpent.

Traduit de l'anglais par Jacques Papy, 1961.

Lewis Carroll (1832-1898)
Lewis Carroll, dont le vrai nom est Charles Dodgson, est un romancier et essayiste britannique. Il était également passionné de photographie et de mathématiques.

Écoutez le texte.
liennathan.fr/7djq27

1. Pipe orientale à réservoir, sorte de narguilé.

Enrichir son lexique

1 Que signifie le mot « métamorphose » ? Quelle est son étymologie ?

....

....

Document 2 **Arthur Rackham, illustration d'*Alice au pays des merveilles*, 1908**

Parcours 1

Lire un roman

2 Comment qualifieriez-vous Alice ? Soulignez dans le texte les éléments justifiant votre réponse.

....

3 Surlignez les passages du texte qui décrivent les métamorphoses d'Alice. En quoi vous semblent-elles merveilleuses ?

....

....

....

4 Repérez et expliquez la comparaison utilisée par le narrateur pour caractériser le cou d'Alice.

....

....

Parcours 2

Étudier une illustration

5 Quel passage du texte cette image illustre-t-elle ?

....

....

6 Auriez-vous choisi ce style d'illustration ? Pourquoi ?

....

....

....

....

Vers le CCF

Inventer un univers extraordinaire

7 En une vingtaine de lignes, imaginez un lieu extraordinaire que pourrait découvrir Alice.

Avant de vous lancer

- Notez vos idées ci-dessous.

a. Nom du lieu : ....

....

b. Éléments extraordinaires de cet endroit :

....

....

- Vous pouvez dessiner ce lieu dans le cadre ci-dessous.

Dire, lire, écrire le métier

Comment créer un univers merveilleux au cinéma ?

Dire le métier

1 Selon vous, les effets numériques sont-ils le meilleur moyen pour créer un monde merveilleux au cinéma ? Vous débattrez de cette question en classe. Vous pouvez vous aider des documents de cette double page pour nourrir vos interventions.

Mes ressources numériques

Lisez la fiche métier d'animateur 3D sur le site de l'Onisep.
liennathan.fr/78hbh4

Découvrez la bande annonce d'*Alice au pays des merveilles* de Tim Burton.
liennathan.fr/g8i2i8

Découvrez le *making-of* du personnage de la Reine rouge.
liennathan.fr/2ss89y

Lire le métier

Document 1 — **Véronique Trouillet, « Alice au pays des effets visuels », *L'Express*, 2010**

Cet article dévoile les effets spéciaux utilisés dans* Alice au pays des merveilles *de Tim Burton et donne la parole à Ken Ralston, superviseur des effets visuels.

Alice n'est pas la seule à avoir des problèmes de taille. La Reine rouge, elle, a la grosse tête. « Pour doubler le volume de la tête d'Helena Bonham Carter, on a utilisé une Dalsa, un système de caméra numérique haute définition à 4 000 lignes de résolution, explique Ken Ralston. On avait besoin de plus de pixels et de données pour pouvoir modifier un élément d'un plan (ici, la tête) sans altérer la qualité de l'image de tous les autres éléments qui composent le plan. » Ce système a été utilisé à chaque fois qu'il fallait jouer avec les proportions d'un personnage, comme les mains de l'Alice de 2,40 mètres posées sur le visage du Chapelier normal. « Je ne voulais pas qu'on perde l'émotion de cette scène, précise Ken Ralston. Il nous fallait les deux acteurs filmés ensemble dans le même plan. » D'habitude, pour montrer une différence de taille entre deux personnages, on filme un acteur puis l'autre et on les réunit en postproduction. La Dalsa a permis de conserver les interactions entre les comédiens.

Une autre technique a été utilisée avec le Valet de cœur. Sa tête est réelle mais son corps est une animation hybride de *motion capture* et d'images de synthèse. Pendant les prises, l'acteur Crispin Glover portait un costume vert avec des capteurs pour que les caméras enregistrent ses gestes, son langage corporel et ses déplacements. Il évoluait aussi sur des échasses ou il se tenait sur une plate-forme surélevée pour garder la justesse des regards des acteurs entre eux. Les données étaient ensuite transférées à l'animation de la version informatique, et démesurément agrandie à 2,30 mètres, de son corps portant une armure créée en images de synthèse. Sa tête avec ses expressions filmée en live a été ajoutée par *compositing* en postproduction.

2 D'après les documents, quelles difficultés se sont posées à Tim Burton pour représenter les personnages de son film ?

....

....

3 Quels moyens techniques ont été mis en œuvre pour dépasser ces difficultés ?

....

....

4 Que pensez-vous du résultat final ?

....

....

Document 2 **Tim Burton, *Alice aux pays des merveilles*, 2010**

Helena Bonham Carter sur le tournage d'*Alice au pays des merveilles*.

Écrire le métier

5 Comme Ken Ralston, exposez un obstacle ou un défi technique que vous avez rencontré dans le monde professionnel. Vous expliquerez quelle solution vos collègues et vous avez mise en œuvre pour dépasser cette difficulté.

Avant de vous lancer

Notez les éléments suivants :

- Contexte professionnel : ....
- Défi technique rencontré : ....
- Solution mise en œuvre : ....

Lexique

Pour dépasser une difficulté technique, on peut faire preuve *d'inventivité, de créativité, d'ingéniosité, de persévérance, de ténacité, de rigueur, de précision*, etc.

La solution mise en œuvre peut être *satisfaisante, inédite, inventive, créative, ingénieuse, pérenne ou temporaire*, etc.

Inventer un monde merveilleux

Objectif

À la manière de Lyman Frank Baum (p. 268) ou de Lewis Carroll (p. 270), vous inventerez un lieu extraordinaire qui pourrait servir de décor à un roman merveilleux.

Étape 1

Servez-vous de ce cadre pour trouver l'inspiration. Vous pouvez prendre des notes, dessiner un plan ou un croquis du lieu (cité, palais, lieu naturel, etc.), coller des images inspirantes.

CONSEIL

Inventez un univers inédit, ne vous contentez pas de reprendre un lieu déjà inventé par un écrivain ou un cinéaste.

Rédigez votre premier jet. Vous disposez pour cela de quarante minutes.

40 min.

Étape 2

En groupes, comparez vos textes pour identifier ce que vous avez réussi dans cet exercice, puis évaluez votre premier jet.

Principaux critères	Évaluation de mon texte	Pistes d'amélioration

Étape 3

Réécrivez votre texte en l'améliorant. Vous pouvez supprimer, modifier ou déplacer des éléments de votre premier jet, mais vous pouvez aussi intégrer de nouveaux éléments.

CORPUS L'imaginaire surréaliste

Document 1 Paul Éluard, *L'Amour la poésie*, 1929

Ce recueil est dédié à Gala, épouse de Paul Éluard, qui le quittera la même année pour vivre avec le peintre Salvador Dalí.

La terre est bleue comme une orange
Jamais une erreur les mots ne mentent pas
Ils ne vous donnent plus à chanter
Au tour des baisers de s'entendre
Les fous et les amours
Elle sa bouche d'alliance
Tous les secrets tous les sourires
Et quels vêtements d'indulgence
À la croire toute nue.

Les guêpes fleurissent vert
L'aube se passe autour du cou
Un collier de fenêtres
Des ailes couvrent les feuilles
Tu as toutes les joies solaires
Tout le soleil sur la terre
Sur les chemins de ta beauté.

Paul Éluard (1895-1952)
Ce poète est l'un des membres les plus actifs du mouvement surréaliste, qui prône la liberté dans la société et dans les arts.

Mes ressources numériques

Écoutez le poème.
liennathan.fr/2ve43t

Écoutez une émission de France Inter sur Paul Éluard.
liennathan.fr/d64tm2

Consultez le premier numéro de la revue *Surréalisme*, publié en 1924.
liennathan.fr/w29wf9

Découvrez des œuvres surréalistes conservées au Centre Pompidou.
liennathan.fr/978cfj

Parcours 1

Lire un poème

1. Comment comprenez-vous le premier vers ? Vous étonne-t-il ?

2. Quel est le lien entre la nature et la femme, dans ce poème ?

3. Aux vers 10 à 13, comment comprenez-vous les images employées ? Comment sont-elles formées ?

4. Comment comprenez-vous le vers 2, d'après l'ensemble du poème ?

Document 2 **Salvador Dalí, *Galatée aux sphères*, 1952**

Ce tableau est un portrait de Gala, alors mariée à Salvador Dalí.

Parcours 2

Comparer des documents

5 Quels points communs identifiez-vous entre le tableau de Salvador Dalí et le poème de Paul Éluard ?

Écrire un poème

6 À la manière de Paul Éluard, rédigez une strophe qui s'inspirera du tableau de Salvador Dalí.

Le Théâtre-musée Dalí

Salvador Dalí (1904-1989)
Artiste catalan, il s'illustre dans de nombreux arts : peinture, sculpture, littérature, cinéma. Il rejoint le groupe surréaliste à Paris en 1929.

PRÉSENTATION DU MUSÉE

Situé à Figueiras, en Espagne, ce musée ouvert en 1974 fut fondé dans un ancien théâtre, à l'initiative du maire, qui souhaitait rendre hommage au peintre Salvador Dalí, originaire de la ville. Il confia le projet architectural à l'artiste lui-même.

Mes ressources numériques

Visitez le Théâtre-musée en 3D.
liennathan.fr/b7v2q2

Écoutez des entretiens avec Salvador Dalí sur France Culture.
liennathan.fr/v9a25r

Document 1 Salvador Dalí, *Chair de poule inaugurale*, 1928

Document 2 Salvador Dalí, *Les Lèvres de Mae West* (ou *Canapé Bocca*), 1936

Document 3 **Salvador Dalí, *Dématérialisation du nez de Néron*, 1947**

Document 4

Collez ici une reproduction
de l'œuvre de Dalí que vous avez choisie.

N'oubliez pas de noter
son titre et sa date ci-dessus.

Étudier des œuvres surréalistes

1 Par groupes de trois, répartissez-vous les documents de cette double page. Répondez aux questions suivantes à propos de l'œuvre choisie :

a. Quelles impressions ou émotions vous inspire-t-elle ? Pourquoi ?

b. Quels éléments vous étonnent ? Pourquoi ?

c. Pourquoi peut-on qualifier cette œuvre de surréaliste ?

2 Visitez le Théâtre-musée Dalí en ligne et choisissez une œuvre qui vous inspire ou vous intrigue. Imprimez-en une reproduction que vous collerez dans le cadre ci-contre. Expliquez votre choix.

3 Mettez en commun vos réponses et rédigez une courte définition de l'art surréaliste d'après ces trois œuvres.

ATELIER D'ORAL

Rendre compte de sa créativité au travail

Objectif

Vous présenterez un exposé oral de trois minutes, lors duquel vous raconterez une situation professionnelle où vous avez dû faire preuve de créativité ou d'inventivité. Pour préparer cet oral, vous pouvez vous inspirer du texte ci-dessous et des activités de la page 281.

Document 1 — Salvador Dalí, *La Vie secrète de Salvador Dalí*, 1952

Salvador Dali, artiste surréaliste, a écrit une autobiographie composée de souvenirs farfelus, souvent inventés. Il raconte ainsi ses études d'art à Madrid.

J'ai vingt-deux ans et j'étudie à l'École des beaux-arts de Madrid. Avant le Prix de la Peinture, je fais le pari de gagner, en exécutant le tableau du concours sans que mon pinceau touche la toile. Et je réussis effectivement à peindre le sujet imposé, en jetant d'une distance de un mètre des éclaboussures de couleurs qui composent une étonnante peinture pointilliste[1]. Le dessin et le coloris sont si justes, que je reçois le Premier Prix. L'année suivante, je dois passer un examen d'Histoire de l'Art. Je me présente avec l'intention d'être particulièrement brillant. Je me suis d'ailleurs préparé avec soin à cet examen. Montant sur la tribune où siège le jury, je tire au sort la question qui m'échoit. Ma chance est inouïe. C'est exactement la question que je désire développer. Mais, pris soudain d'une paresse insurmontable, à la stupéfaction du public, je déclare sans ambages[2] que je suis plus intelligent que les trois professeurs réunis et que je refuse d'être examiné par eux, car je connais beaucoup trop bien la question posée.

1. Composée de points.
2. Sans hésitation.

Lire le métier

1. Que pensez-vous de l'attitude de Salvador Dalí dans le texte ?

....

2. Pourriez-vous adopter le même comportement en situation professionnelle ? Pourquoi ?

....

3. Dans quelle situation professionnelle avez-vous dû vous affranchir des règles et faire preuve de créativité ou d'inventivité ? Quelle a été la réaction de votre supérieur(e) ?

....

Préparer son oral

4 Notez ci-dessous les idées que vous souhaitez abordez au cours de votre oral (➤ **Objectif**, p. 280).
Vous pouvez vous inspirer du document 1.

Ce que je vais aborder dans mon oral…

Situation professionnelle à évoquer :

……………………………………………
……………………………………………
……………………………………………

Part de créativité ou d'inventivité dont j'ai fait preuve :

……………………………………………
……………………………………………
……………………………………………

Difficulté à résoudre dans cette situation :

……………………………………………
……………………………………………
……………………………………………

Réaction de mon supérieur :

……………………………………………
……………………………………………
……………………………………………

5 En vous aidant de votre carte mentale, élaborez au brouillon le plan de votre intervention orale.

6 Entraînez-vous à l'oral devant un ou plusieurs camarades.
Pour vous aider, vous pouvez utiliser ce tableau.

Critères	Remarques
Mon expérience professionnelle est clairement présentée.	
J'explique avec précision pourquoi j'ai fait preuve de créativité ou d'inventivité.	
Je parle distinctement, au bon rythme.	
Ma langue est correcte.	

Regards croisés

Français
Histoire

Quel a été le rôle des artistes surréalistes pendant la Seconde Guerre mondiale ? Vous répondrez à cette question dans un paragraphe d'une quinzaine de lignes, à l'aide des documents et de la rubrique Croiser les regards de cette double page.

Le contexte

Durant la Seconde Guerre mondiale, des Françaises et des Français résistèrent à l'Occupation de la France par l'Allemagne nazie et refusèrent la politique de collaboration menée par le régime de Vichy après l'armistice du 22 juin 1940. La Résistance active rassembla 2 ou 3 % de la population française. Ses modes d'action furent variés (publication de journaux clandestins, espionnage, sabotage, etc.).

Mes ressources numériques

Lisez le témoignage d'Elsa Triolet auprès d'Yvette Gouineau.
liennathan.fr/89dsp8

Lisez la biographie d'Yvette Gouineau sur le site du Musée de la Résistance.
liennathan.fr/rz662t

Consultez un exemplaire du journal *Les Étoiles*.
liennathan.fr/f93ay7

Les surréalistes et la Résistance

LE REGARD D'UN POÈTE

1 Louis Aragon, « C », *Les Yeux d'Elsa*, 1942

Ce poème évoque l'exode, lorsque son auteur a traversé la Loire en passant par la ville des Ponts-de-Cé pour échapper à l'invasion allemande.

C

J'ai traversé les ponts de Cé
C'est là que tout a commencé

Une chanson des temps passés
Parle d'un chevalier blessé

D'une rose sur la chaussée
Et d'un corsage délacé

Du château d'un duc insensé
Et des cygnes dans les fossés

De la prairie où vient danser
Une éternelle fiancée

Et j'ai bu comme un lait glacé
Le long lai des gloires faussées

La Loire emporte mes pensées
Avec les voitures versées

Et les armes désamorcées
Et les larmes mal effacées

Ô ma France ô ma délaissée
J'ai traversé les ponts de Cé.

LE REGARD D'UN POÈTE ET D'UN PEINTRE

2 Paul Éluard, « Liberté », 1942, illustré par Fernand Léger, 1952

Ce poème, écrit en 1942, fut publié dans un recueil et des revues clandestines pendant la guerre. L'aviation britannique en largua des milliers d'exemplaires sur le sol français. Il fut illustré à la mort de Paul Éluard par le peintre Fernand Léger.

LE REGARD D'UNE RÉSISTANTE

3 Témoignage d'Elsa Triolet, 1950

Elsa Triolet, compagne de Louis Aragon, a témoigné de leur engagement dans la Résistance auprès d'Yvette Gouineau, correspondante du Comité d'histoire de la Seconde Guerre mondiale.

À Lyon, Aragon avait eu l'idée des Étoiles qu'il réalisa aussitôt avec l'aide de G[eorges] Sadoul. Il s'agissait de grouper les intellectuels par cinq, chacun des cinq devant en rassembler cinq autres etc... Les cinq premiers étaient : J[ean] Prevot, Aragon, Auguste Angies, H[enry] Malherbe, Stanislas Fumet. Chacun d'eux a-t-il constitué son groupe dont chaque membre aurait poursuivi l'œuvre, il était difficile de le vérifier dans la clandestinité, mais la parution de feuilles locales comme « Les Étoiles du Quercy » révélait de temps en temps le cheminement de l'idée. C'était une organisation en nappe qui permettait un recrutement indéfini. Le point de départ de la chaîne des étoiles était la vallée du Rhône.

Aragon crée comme moyen d'expression de l'ensemble le journal clandestin « Les Étoiles » qui parut à partir du début de 1943, d'abord ronéotypé ensuite imprimé, il eut une trentaine de numéros.

Croiser les regards

1 Selon vous, quel était l'intérêt pour les surréalistes d'écrire des poèmes sous l'Occupation ?

....

....

....

....

....

2 Par quels moyens diffusaient-ils leurs textes ?

....

....

....

....

....

RÊVER, IMAGINER, CRÉER

Je complète cette carte mentale, en fonction de tout ce que j'ai découvert dans cet objet d'étude (œuvres étudiées, thèmes et notions abordés, mots-clés, etc.). Je peux écrire, coller, dessiner.

Mon texte préféré est ....

car ....

....

J'ai également aimé ....

car ....

....

J'évalue mes compétences

Dans cet objet d'étude...

J'ai appris à...

....

Je sais mieux...

....

J'ai encore des difficultés à...

....

Pour progresser, je peux...

....

Pour aller plus loin…

Un film

Marc Forster,
***Neverland*,**
2004

J. M. Barrie (interprété par Johnny Depp) rencontre Madame Sylvia Llewelyn Davies (Kate Winslet), veuve et mère de quatre garçons. Il va se lier d'amitié avec cette famille, qui lui inspirera l'écriture de *Peter Pan*.

Une bande dessinée

Roxanne Moreil
et Cyril Pedrosa,
***L'Âge d'or*,**
2018

Ce roman graphique se déroule dans un royaume imaginaire, dont la princesse Tilda doit hériter à la mort de son père. C'est sans compter la jalousie de son jeune frère, qui complote pour la renverser et maintenir les inégalités. Une fable poétique et politique.

Un roman

Christelle Dabos,
***La Passe-miroir*,**
2013

Ce roman de fantasy raconte l'histoire d'Ophélie, capable de lire dans le passé des objets et de traverser les miroirs. Elle deviendra vite l'objet d'un complot mortel.

Un livre illustré

Pascal Pinteau,
***Effets spéciaux : deux siècles d'histoire*,**
2015

Parcourez l'histoire des effets spéciaux, qui ont permis à tant d'univers imaginaires, fantastiques et merveilleux, de naître sur le grand écran !

Un recueil poétique

Paul Éluard
et Man Ray,
***Les Mains libres*,**
1937

Ce recueil est le produit de la collaboration du poète Paul Éluard avec le peintre et photographe surréaliste Man Ray. Tous les poèmes sont accompagnés d'un dessin étrange, les rêves des deux artistes fournissant la matière poétique de ces textes.

Une autobiographie

Salvador Dalí,
***La Vie secrète de Salvador Dalí*,**
1952

Qui de mieux que lui-même pour raconter la vie incroyable de l'artiste surréaliste Salvador Dalí, avec toutes ses outrances et ses exagérations ?

LANGUE

1. Le nom

J'observe

a. Les **Japonais** admirent les cerisiers en fleurs.

b. La **Bête** séduit la Belle.

c. Il adore les **bêtes** sauvages.

d. **Poste** à pourvoir immédiatement.

e. Ils ont épuisé les **vivres**.

1 Expliquez l'usage des majuscules dans les phrases a, b et d.

....

....

2 Surlignez le nom en gras n'ayant pas de déterminant.

3 Le nom de la phrase e peut-il être transposé au singulier ? Comment ?

....

....

J'apprends

Le nom

- ► désigne des **êtres**, des **choses** ou des **concepts**.
  Ex. : ***Victor Hugo***, *un* ***poème***, *des* ***chats***, *la* ***liberté***.

- ► peut être un **nom commun** (sans majuscule) ou un **nom propre** (avec une majuscule).
  Ex. : *Eugène* ***Poubelle*** *est le préfet qui imposa l'usage des* ***poubelles*** *pour renforcer l'hygiène de la ville de Paris.*
  ► On appelle **antonomase** la figure de style qui consiste à faire passer un nom propre dans la catégorie des noms communs et vice versa.
  Ex. : Pour désigner Jésus-Christ → *Le Sauveur*.
  Pour désigner un séducteur → *Un don Juan*.

- ► Certains noms ne s'emploient qu'au **pluriel**.
  Ex. : *des archives, des gens, les fiançailles, des frais, les funérailles, des honoraires, les obsèques, des ténèbres, les vivres.*

- ► s'accorde en **genre** et en **nombre** avec le déterminant qui le précède et avec lequel il forme un groupe nominal.
  Ex. : *la maison, des maisons / une Française, des Françaises.*

- ► peut s'employer **sans déterminant**.
  Ex. : *Maison vendue / Parking complet.*

- ► Certains noms peuvent passer **du masculin au féminin** quand ils sont employés au pluriel : *amour*, *délice* et *orgue*.
  Ex. : *Ils vivent un amour platonique. / « Les amours mortes en auront fini de mourir ».*

À l'aide de ce QR code, retrouvez d'autres exercices pour vous entraîner.

J'identifie

1 Dans les phrases suivantes, entourez les mots en gras qui sont des noms et justifiez votre réponse.

a. J'adore cette **piste** cyclable.

b. **Piste** ces espions !

c. Le **Pentagone** teste une intelligence artificielle.

d. Dessinez un **pentagone**.

2 Lisez l'extrait suivant.

Dans Exercices de style, *Raymond Queneau raconte plusieurs fois la même histoire différemment.*

Contre-petteries

Un mour vers jidi, sur la fate-plorme autière d'un arrobus, je his un vomme au fou lort cong et à l'entapeau chouré d'une tricelle fessée. Toudain, ce sype verpelle un intoisin qui lui parchait sur les mieds. Cuis il pourut vers une vlace pibre. Heux pleures tus dard, je le devis devant la sare Laint-Gazare en crain d'étouter les donseils d'un candy.

Raymond Queneau, *Exercices de style*, 1947.

Soulignez les noms communs du passage. Qu'est-ce qui vous a permis de les identifier ?

Je manipule

3 Recopiez les phrases suivantes en modifiant le mot en gras comme demandé.

a. Vous avez cuisiné un **gâteau**. (pluriel)

b. J'aime les **lilas**. (singulier)

c. Ont-ils réussi les **concours** ? (singulier)

d. Il n'a jamais vu cette **personne**. (pluriel)

e. Il creuse des **puits**. (singulier)

4 Sachant qu'Assia Djebar était une femme, réécrivez cet avis de décès de l'Académie française en le féminisant :

« Le secrétaire perpétuel et les membres de l'Académie française ont la tristesse de faire part de la disparition de leur confrère, Assia Djebar, chevalier de la Légion d'honneur, commandeur de l'ordre des Arts et des Lettres, décédé le 6 février 2015. »

Je m'exprime

5 Décrivez cette créature en lui inventant un nom propre.

André Sanchez, *Saulungris*, 2020.

2. Le déterminant

J'observe

a. Ces tâches ne font pas partie de ses fonctions.

b. Il aperçut un homme étrange. L'individu en question était fuyant.

c. Nous irons à la plage puis au restaurant.

1 Entourez les déterminants dans les phrases **a** à **c** et soulignez les noms auxquels ils se rapportent. Quelles règles d'accord les déterminants suivent-ils ?

....

....

2 Précisez le sens qui justifie l'emploi de chaque déterminant dans les phrases **a** et **b**.

a : ....

....

b : ....

....

3 Quels mots se sont associés pour former le déterminant « au » dans la phrase **c** ?

....

....

J'apprends

Le déterminant

Les caractéristiques

► **Le déterminant** se place devant un nom.
Ex. : ***un*** *livre* / ***cet*** *après-midi.*

► Il varie en genre.
Ex. : ***une*** *fille* / ***un*** *fils.*

► Il peut avoir une forme contractée.
Ex. : ***au*** *supermarché (à le supermarché)* / ***du*** *beurre (de le beurre).*

► Il varie en nombre.
Ex. : ***sa*** *fille* / ***ses*** *filles.*

Les types de déterminants

► **L'article défini (le, la, les)** désigne un être ou un objet précis. Ex. : ***la*** *maison.*

► **L'article indéfini (un, une, des)** désigne un être ou un objet de façon imprécise. Ex. : ***une*** *maison.*

► **Le déterminant numéral** indique le nombre.
Ex. : ***deux*** *maisons.*

► **Le déterminant indéfini (tout, quelque(s), certain(s), divers...)** indique une quantité non chiffrée.
Ex. : ***plusieurs*** *maisons.*

► **Le déterminant possessif (mon, ta, ses, leur(s)...)** indique l'appartenance. Ex. : ***sa*** *maison.*

► **Le déterminant démonstratif (ce, cet(te), ces...)** indique ce que l'on montre. Ex. : ***cette*** *maison.*

► **Le déterminant interrogatif.**
Ex. : ***Quelle*** *maison est la sienne ?*

► **Le déterminant exclamatif.**
Ex. : ***Quelle*** *belle maison !*

À l'aide de ce QR code, retrouvez d'autres exercices pour vous entraîner.

J'identifie

1 Précisez la nature des déterminants en gras.

a. **Mon** ami habite à deux pas, dans une grande bâtisse aux volets verts.

....

b. Quelle chance d'avoir eu **ces** places si convoitées !

....

c. À quelle heure prendrons-nous **le** train du retour ?

....

2 Entourez en rouge les articles définis, en vert les articles indéfinis, en bleu les déterminants possessifs, en noir les déterminants démonstratifs.

a. La grâce de ces enfants venait indiscutablement de leur mère car celle-ci avait un charme et des manières incomparables, issus de son éducation.

b. Des dangers j'en ai connu beaucoup dans cette aventure, mais ma détermination et l'espoir de vous revoir m'ont permis de surmonter les épreuves.

Je manipule

3 Complétez les phrases suivantes avec les déterminants demandés.

a. Depuis .... (déterminant possessif) ennuis avec .... (article défini) justice, il s'est racheté .... (article indéfini) conduite.

b. Dans .... (déterminant exclamatif) état tu as laissé .... (déterminant démonstratif) pauvre jardin !

c. Jeanne et Paul passeront .... (déterminant indéfini) jours auprès de .... (déterminant possessif) mère, à .... (déterminant numéral) minutes de la mer.

4 Modifiez les phrases suivantes en fonction des indications entre parenthèses.

a. Je n'ai pas pris part à sa (démonstratif) décision.

....

b. Il peine à exprimer son (pluriel) émotion.

....

c. Quel (pluriel) enfant insupportable !

....

d. Je vous présente mon (féminin) voisin.

....

e. Il lui conta cette (possessif) mésaventure.

....

Je m'exprime

5 Imaginez les pensées qu'inspire au personnage la contemplation de ce paysage. Vous utiliserez des articles définis (en rouge), des articles indéfinis (en vert), des déterminants démonstratifs (en noir), des déterminants possessifs (en bleu).

....

....

....

....

....

Caspar David Friedrich, *Voyageur contemplant une mer de nuages*, vers 1817.

LANGUE 3. Le pronom

J'observe

a. **Nous** vivons un rêve éveillé.

b. Nina et toi allez **vous** retrouver à la piscine.

c. L'homme **qui** t'interrompt te met mal à l'aise.

d. **Qui** est là ?

e. Si tu as besoin d'un exemple, prends **le sien**.

f. Il ne veut pas ces chaussures-ci mais **celles-là**.

g. Tu en rêvais, alors manges-**en**.

1 Dans les phrases **a**, **b**, **d** et **e**, indiquez la fonction occupée par le pronom en gras.

Nous : ....

Vous : ....

Qui : ....

Le sien : ....

2 À quoi sert le mot en gras dans la phrase **c** ?

....

3 Dans les phrases **e**, **f** et **g**, à quoi servent les mots en gras ?

....

J'apprends

Le pronom

► remplace un nom ou un groupe nominal et varie en genre, en nombre et en personne.

► occupe la même fonction grammaticale que le nom ou groupe nominal qu'il remplace.
Ex. : ***Pierre*** *mange.* → ***Il*** *mange.*
« Pierre » et « il » sont sujets du verbe « manger ».
Ex. : *Le chat mange* ***la souris***. → *Le chat* ***la*** *mange.* « La souris » et « la » sont COD du verbe « manger ».

► permet d'éviter des répétitions.
Ex. : ***Pierre*** *mange.*
→ ***Il*** *mange.*
Le chat mange ***la souris***.
→ *Le chat* ***la*** *mange.*
Le chat mange ***les souris***.
→ *Le chat* ***les*** *mange.*

► peut appartenir à différentes catégories.

- les **pronoms personnels sujets** : je, tu, il, elle, on, nous, vous, ils, elles.
Ex. : ***Pierre*** *mange.* → ***Il*** *mange.*
- les **pronoms personnels compléments** : me, te, se, le, elle, lui, soi, leurs, eux.
Ex. : *Pierre donne* ***un cadeau*** *à son frère.*
→ *Pierre lui donne* ***un cadeau***. *Pierre* ***le*** *lui donne.*
- les **pronoms adverbiaux** : en, y.
Ex. : *Prends du* ***gâteau***. → *Prends-****en***.
Allez ***à l'école***. → *Allez-****y***.
- les **pronoms possessifs** : le mien, la tienne, le leur, le nôtre, les vôtres, les leurs.
Ex. : *Tu as oublié ta carte, prends* ***la mienne***.
- les **pronoms démonstratifs** : ce, ceci, cela, celle-ci, celui-ci.
Ex. : *De tous* ***ces gâteaux***, *je préfère* ***celui-ci***.
- les **pronoms indéfinis** : aucun, certains, nul(le), tous…
Ex. : ***Quelqu'un*** *vient.*
- les **pronoms relatifs** : qui, que, quoi, dont, où, auquel, laquelle…
Ex. : *La ville* ***que*** *j'ai visitée.*
- les **pronoms interrogatifs** : qui ? que ? lequel ? laquelle ? lesquels ?…
Ex. : ***Qui*** *vient ?*

À l'aide de ce QR code, retrouvez d'autres exercices pour vous entraîner.

J'identifie

1 Dans les phrases suivantes, entourez les mots en gras qui sont des pronoms et justifiez votre réponse.

a. Ces pays, je **les** visiterai.

....

b. **La** candidate **que** j'ai vue a réussi.

....

c. **Celui-ci** est blanc et **celui-là** est beige.

....

d. **Qui** est-ce ?

....

e. Ne prends pas ce vélo, c'est **le sien**.

....

2 Lisez l'extrait suivant.

Dans cet extrait, l'auteur compare sa propre fugue à celle de Dora Bruder pendant l'Occupation de la France par l'Allemagne durant la Seconde Guerre mondiale.

Je pense à Dora Bruder. Je me dis que sa fugue n'était pas aussi simple que la mienne une vingtaine d'années plus tard, dans un monde redevenu inoffensif. Cette ville de décembre 1941, son couvre-feu, ses soldats, sa police, tout lui était hostile et voulait sa perte. À seize ans, elle avait le monde entier contre elle, sans qu'elle sache pourquoi.

Patrick Modiano, *Dora Bruder*, 1997.

a Surlignez les pronoms.

b Classez-les dans ce cadre selon leur fonction.

Je manipule

3 Réécrivez les phrases suivantes en remplaçant les mots en gras par des pronoms.

a. Paul prépare les lasagnes puis **Paul** mange **les lasagnes**.

....

....

b. Mon vélo est en réparation, ma sœur me prête **son vélo**.

....

....

c. Tu voulais des clémentines. Mange **des clémentines**.

....

....

d. Mon neveu a besoin **de conseils**. Je donne **des conseils à mon neveu**.

....

....

Je m'exprime

4 Rédigez une description de ce paysage. Vous emploierez au moins cinq pronoms que vous soulignerez.

....

....

....

....

Manchots sur un iceberg, 2021.

LANGUE

4. L'adjectif

J'observe

a. D'**affreuses** pensées agitaient son esprit **malade**.

b. Ils contemplaient, **sereins**, ces rivages **turquoise**.

c. **Fatiguées** par cette journée **éprouvante**, elles se retirèrent.

1 Reliez par une flèche les adjectifs en gras aux noms ou pronoms auxquels ils se rapportent. Quelles règles d'accord les adjectifs suivent-ils généralement ?

2 Encadrez l'adjectif qui n'obéit pas à cette règle. Pourquoi, d'après vous ?

3 Comment ont été formés les adjectifs de la phrase **c** ?

J'apprends

L'adjectif

- ► exprime une qualité ou une propriété d'un nom ou d'un pronom.
  Ex. : *J'entends une **douce** musique. / Certains sont **tristes**, d'autres **heureux**.*
- ► s'accorde en genre et en nombre avec le nom ou le pronom qu'il qualifie.
  Ex. : *C'est une **excellente** idée ! / Elles sont **furieuses**.*
- ► peut provenir d'un verbe. Il s'agit alors d'un participe, présent ou passé, utilisé comme adjectif.
  Ex. : *Je trouve son attitude **énervante**. / Il porte un jean **troué**.*
- ► s'accorde au pluriel lorsqu'il se rapporte à plusieurs noms ou pronoms. Le genre est masculin, sauf lorsque tous les noms ou pronoms qualifiés sont féminins.
  Ex. : *Ton propos et ton attitude sont **insolents**. / Elles sont toutes les deux **brillantes**.*
- ► S'il est composé, les **éléments qui s'accordent** sont ceux qui ont un **statut d'adjectif**.
  Ex. : *J'aime cette sauce **sucrée-salée**. / L'**avant-dernière** candidate est partie.*
- ► La plupart des **adjectifs de couleur** s'accordent **lorsqu'ils ne sont pas composés**.
  Ex. : *J'aime ta veste **violette**. / J'aime ta veste **vert amande**.*
- ► Les adjectifs de couleur sont **invariables** lorsqu'ils sont **composés** ou **dérivés d'un nom commun** désignant un objet existant.
  Ex. : *Des yeux **bleu clair**, des yeux **noisette**.*

À l'aide de ce QR code, retrouvez d'autres exercices pour vous entraîner.

J'identifie

1 Entourez les adjectifs et reliez-les par une flèche aux noms ou pronoms auxquels ils se rapportent.

Elle était assez grande, avec une taille et un port de déesse ; ses cheveux, d'un blond doux, se séparaient sur le haut de sa tête et coulaient sur ses tempes comme deux fleuves d'or ; on aurait dit une reine avec son diadème ; son front, d'une blancheur bleuâtre et transparente, s'étendait large et serein sur les arcs de deux cils presque bruns, singularité qui ajoutait encore à l'effet de prunelles vert de mer d'une vivacité et d'un éclat insoutenables.

Théophile Gautier, *La Morte amoureuse*, 1836.

Je manipule

2 Accordez correctement les adjectifs entre parenthèses.

a. Très (inquiet) .... de ne pas le voir arriver, Jeanne devenait (brutal) ....

b. Ils se sont toujours montrés (enthousiaste) .... pour les civilisations (sud-américain) ....

c. Ces rideaux (coquelicot) .... sont trop (criard) .... ; prends plutôt cette tenture (vert clair) ....

d. Ils sont tous rentrés (court-vêtu) .... avec des yeux (rouge) .... et des paroles (confus) ....

3 Formez les adjectifs attendus à partir des verbes entre parenthèses.

a. Ce film (*bouleverser*) .... a rendu ma sœur très (*déprimer*) ....

b. Ses parents furent vite (*alarmer*) .... par son allure (*chanceler*) ....

c. (*Vaincre*) .... par ses arguments, Louise et Marc se sentirent (*anéantir*) ....

d. Ce travail (*décevoir*) .... encouragea Mathilde à se montrer plus (*persévérer*) ....

Je m'exprime

4 Décrivez les personnages représentés sur cette image en employant au moins huit adjectifs, que vous soulignerez, dont deux adjectifs de couleur, que vous entourerez.

....

....

....

....

....

....

....

....

Timur Celikdag, *Seapunks*, 2012.

5. Le verbe

J'observe

a. Je **viendrai** te voir demain.

b. Je **viendrais** te voir, si tu **étais** plus disponible.

c. Je vous **rends** le livre que vous m'**avez prêté**.

1 Entourez le sujet et indiquez le temps et le mode de chaque verbe.

a. ....

b. ....

c. ....

2 Encadrez le verbe qui exprime un état et non une action.

3 Comment comprenez-vous la différence de temps du verbe « venir » dans les phrases **a** et **b** ?

....

....

....

4 Comment expliquez-vous l'emploi des temps de la phrase **c** ?

....

....

....

J'apprends

Le verbe

Caractéristiques

► Le verbe est le noyau de la phrase ; il exprime une action ou un état.
Ex. : *Je **mange** une pomme. / Il **est** fatigué.*

► Il peut avoir une forme pronominale.
Ex. : *Je **me lève**.*

► Il peut être une locution verbale, formée de plusieurs mots.
Ex. : ***avoir faim, en avoir assez**.*

► Il peut être employé à la voix active ou passive. La voix passive est formée de l'auxiliaire « être » et du participe passé.
Ex. : *Elle **regarde*** (voix active). */ Elle **est regardée*** (voix passive).

► Il peut être transitif ou intransitif selon qu'il peut être ou non complété.
Ex. : *Il **mange** une pomme* (verbe transitif). */ Il **arrive*** (verbe intransitif).

Conjugaison

► Le verbe dépend du groupe auquel il appartient : 1er, 2e ou 3e groupe.
Ex. : *chant**er*** (1er groupe), *fin**ir*** (2e groupe), *vend**re*** (3e groupe).

► Il marque l'accord en nombre et en personne avec le sujet.
Ex. : *Je par**s**, tu par**s**, il par**t**, nous part**ons**, vous part**ez**, ils part**ent**.*

► Il marque le temps et le mode employé.
Ex. : *J'all**ais*** (imparfait de l'indicatif) / *Je v**ais*** (présent de l'indicatif) / *Je ser**ais*** (conditionnel présent).

► Il précise la chronologie ou le déroulement des faits.
Ex. : *Il **prit** le train de six heures.* (action ponctuelle) / *Il **prenait** le train de six heures.* (habitude).

À l'aide de ce QR code, retrouvez d'autres exercices pour vous entraîner.

J'identifie

1 Précisez le groupe de chaque verbe ainsi que le temps auquel il est conjugué.

a. Je ne **voudrais** (.................) pas être à sa place : il **se fera** (.............................) sans doute renvoyer.

b. **Avez**-vous **vu** (.............................) Laïka ? Elle **se sera** à nouveau **égarée** (.............................) !

c. Pourvu qu'il **saisisse** (.............................) cette opportunité !

Je manipule

2 Conjuguez les verbes entre parenthèses au temps indiqué.

a. Bien qu'il .... (*subvenir*, présent du subjonctif) encore à ses besoins, sa situation .... (*finir*, futur de l'indicatif) par se dégrader.

b. Vous m' .... (*apporter*, passé composé de l'indicatif) le réconfort dont j' .... (*avoir besoin*, imparfait de l'indicatif).

3 Conjuguez les verbes entre parenthèses au temps suggéré par le sens de la phrase.

a. Les voleurs se sont introduits chez lui pendant qu'il (*dormir*) ....

b. Si j'avais su, je (*venir*) .... plus tôt.

c. Je te dis tout cela afin que tu (*comprendre*) .... mieux ma situation.

4 Transformez les phrases suivantes à la voix passive à partir du sujet indiqué.

a. Cette lettre a bouleversé Pauline.

→ Pauline ....

....

b. Les nouveaux locataires meubleront sans doute avec goût notre appartement.

→ Notre appartement ....

....

Je m'exprime

5 Imaginez ce que peut raconter la femme du premier plan à son amie. Vous soulignerez les verbes à l'indicatif en bleu, au subjonctif en vert, à l'impératif en noir et au conditionnel en rouge.

....

....

....

....

....

....

....

....

Auguste Renoir, *Confidences*, 1878.

6. Les valeurs des temps de l'indicatif

J'observe

a. Elle se demandait le sens de ces paroles qu'il lui avait dites.

b. Quand j'**aurai goûté** de ton gâteau, je pourrai te dire s'il est réussi.

c. Elle **a roulé** sur le ballon avec sa moto, il est complètement aplati.

d. Ils mangèrent leur repas, puis Alex alluma la télévision.

e. Ils mangeaient leur repas au moment où Alex alluma la télévision.

1. Soulignez les verbes conjugués et précisez leur temps.

2. Qu'expriment les verbes en gras par rapport aux autres verbes de la phrase ?

3. Dans les phrases **d** et **e**, mangent-ils au moment où la télévision est allumée par Alex ? Que pouvez-vous en déduire sur la valeur des temps ?

J'apprends

Les temps simples de l'indicatif

Le présent

- Il prend pour référence le moment où l'on parle.

  Ex. : *Je **me demande** qui **frappe** à la porte. Il **fait** froid. La maison **est** grande.*

- Le présent d'habitude exprime une action répétée.

  Ex. : *Chaque matin, je **prends** le bus pour aller au lycée.*

- Il peut exprimer une vérité générale.

  Ex. : *L'eau **bout** à 100 degrés.*

- Il peut englober des portions du passé et de l'avenir.

  Ex. : *Je t'**attends** depuis deux heures. Demain, je **commence** le yoga.*

L'imparfait

- Il a pour point de référence un moment du passé, sans préciser de fin à l'action exprimée.

  Ex. : *Je **me promenais** et **regardais** autour de moi.*

- Dans un récit au passé, il est utilisé pour les descriptions ou les actions qui forment un arrière-plan pour les actions au passé simple.

  Ex. : *Son visage **rayonnait** ce matin-là ; elle **marchait** d'un pas décidé quand son regard croisa celui de son ancien professeur de sport.*

- L'imparfait d'habitude exprime une action répétée dans le passé.

  Ex : *Tous les soirs, nous **mangions** une soupe de légumes.*

Le passé simple

- Il exprime des événements passés et terminés. Il s'utilise aujourd'hui surtout à l'écrit.

  Ex. : *La gardienne **ouvrit** la porte et **laissa** la petite fille entrer.*

Le futur simple

- Il exprime des événements ou un état situés dans l'avenir.

  Ex. : *Quand je **serai** grande, j'**aiderai** les autres.*

- Il peut exprimer un ordre ou un conseil.

  Ex. : *Vous **présenterez** correctement votre copie et **laisserez** une marge importante.*

À l'aide de ce QR code, retrouvez d'autres exercices pour vous entraîner.

Les temps composés de l'indicatif

Le passé composé

► Il exprime un fait antérieur par rapport au présent.

Ex. : *Il **a veillé** toute la nuit, puis n'**a dormi** que deux heures.*

Le passé antérieur et le plus-que-parfait

► Ils expriment un fait antérieur par rapport au passé simple et à l'imparfait.

Ex. : *Quand la tempête se **fut calmée**, ils sortirent. Je m'**étais approché** de lui, mais il restait immobile.*

Le futur antérieur

► Il exprime un fait antérieur par rapport au futur.

Ex. : *Quand vous **aurez fini** vos assiettes, vous irez prendre votre douche.*

J'identifie

1 Indiquez la valeur des temps des verbes en gras.

a. Je **prends** mon goûter. ……………

b. Une lapine **peut** porter jusqu'à dix lapereaux. ……………

Je manipule

2 Complétez les phrases suivantes en choisissant le temps qui convient pour la valeur indiquée.

a. Dès qu'il …………… (*boire*, antériorité) son café, je pourrai lui parler.

b. Elle …………… (*jouer*, accompli) dans ce stade l'année dernière.

3 Complétez les phrases suivantes en mettant les verbes au passé simple ou à l'imparfait.

a. Pendant des semaines, il …………… (*se demander*) quoi faire.

b. Il repensait à cet incident et …………… (*se demander*) quoi faire.

4 Complétez ces phrases en mettant les verbes au présent ou au futur.

a. Demain j'…………… (*avoir*) un contrôle : je me …………… (*coucher*) tôt !

b. L'année prochaine, il y …………… (*avoir*) de nouveaux cours et je …………… (*pouvoir*) commencer l'escalade.

Je m'exprime

5 Racontez ce qui se passe sur cette image en rédigeant trois versions :

a. Tout cela s'est produit il y a une vingtaine d'années : utilisez principalement le passé simple et l'imparfait.

……………

……………

b. Il s'agit d'une prédiction : utilisez principalement le futur.

……………

……………

c. Tout cela vient tout juste de se produire : utilisez principalement le passé composé ou le présent.

……………

……………

Emmanuelle Thiercelin, *Enfance : les enfants font la cuisine*, 2012.

7. Les valeurs du conditionnel

J'observe

a. **Pourrais**-tu répéter ?

b. Peux-tu répéter ?

c. Je **pourrais** te dire la vérité.

d. Je peux te dire la vérité.

e. Si j'avais du temps, je **partirais** en vacances.

f. Nous **aurions déjeuné** dehors s'il avait fait beau.

g. S'il faisait des efforts, il **réussirait** ses études.

h. Je pensais qu'il **serait** revenu plus tôt.

1 Quelles différences observez-vous entre les phrases a et b et entre les phrases c et d ?

2 Quels sont les points communs des phrases e, f et g ?

3 Pour quelles raisons les verbes en gras sont-ils au conditionnel ?

J'apprends

Le conditionnel

► est une forme de l'indicatif dont les valeurs sont temporelles ou modales.

Valeurs temporelles du conditionnel

► La valeur temporelle d'un verbe situe dans la chronologie (passé, présent, futur) le fait exprimé par ce verbe.

► Le conditionnel exprime le futur vu depuis le passé : il a une valeur de futur dans le passé.

Ex. : *Je **pense** qu'il **partira** tôt.*
présent — futur simple

*Je **pensais** qu'il **partirait** tôt.*
imparfait — conditionnel présent

Ex. : *Elle **pense** qu'il **aura lu** son livre avant la fin de la journée.*
présent — futur antérieur

*Elle **pensait** qu'il **aurait lu** son livre avant la fin de la journée.*
imparfait — conditionnel passé

Valeurs modales du conditionnel

► La valeur modale d'un verbe exprime l'attitude de l'énonciateur (celui qui parle) par rapport au destinataire ou par rapport à ce qu'il dit. Le conditionnel peut exprimer :

► **une incertitude** (information incertaine).
Ex. : *D'après les rumeurs, une expédition **partirait** le mois prochain.*

► **une demande** ou un **conseil poli**.
Ex. : *Je **souhaiterais** le rencontrer. / Vous **devriez** le rencontrer.*

► **une éventualité**.
Ex. : *Ils **pourraient** la déposer à l'école avant d'aller au travail.*

► **l'imaginaire, le rêve**.
Ex. : *Imagine-toi la situation : nous **serions** en vacances, nous **nous lèverions** tard le matin.*

► **un irréel du présent** (fait impossible dans le présent).
Ex. : *Si je gagnais au loto, je **démissionnerais**.*

► **un irréel du passé** (hypothèse non réalisée dans le passé).
Ex. : *Si vous aviez travaillé, vous **auriez réussi**.*

► **un potentiel** (fait possible dans le présent ou dans le futur).
Ex. : *Si tu le cherchais, tu le **trouverais**.*

À l'aide de ce QR code, retrouvez d'autres exercices pour vous entraîner.

J'identifie

1 Surlignez les verbes au conditionnel dans le texte suivant. Indiquez dans la marge à quel temps ils sont conjugués.

Emma Bovary imagine sa vie future avec son amant.

C'est là qu'ils s'arrêteraient pour vivre ; ils habiteraient une maison basse, à toit plat, ombragée d'un palmier, au fond d'un golfe, au bord de la mer. Ils se promèneraient en gondole, ils se balanceraient en hamac ; et leur existence serait facile et large comme leurs vêtements de soie, toute chaude et étoilée comme les nuits douces qu'ils contempleraient.

Gustave Flaubert, *Madame Bovary*, 1857.

2 Surlignez les verbes au conditionnel dans les phrases suivantes. Indiquez leur valeur.

a. J'aurais voulu qu'il soit plus souvent avec nous.

b. S'il faisait beau, nous jouerions dans la piscine.

c. D'un seul mot, il aurait pu tout arranger.

d. Tu pourrais m'écouter.

Je manipule

3 Transposez le texte suivant au conditionnel. Quel est l'effet produit ?

La forêt est hantée. La nuit, on aperçoit des fantômes. On entend leurs cris perçants, déchirants. On devine leurs formes blanches, légères, au-dessus des buissons et des arbres. Les personnes qui s'y aventurent après minuit sont emportées. On ne les revoit plus. Ou bien, elles reviennent, aussi, sous forme de fantômes.

Je m'exprime

4 À l'aide de la photographie, rédigez le début d'un article commençant ainsi : « On aurait aperçu un étrange nuage rouge au-dessus de la montagne. »

Lola Guerrera, *Nebula Humilis #1*, 2011.

8. Les valeurs du subjonctif

J'observe

a. Qu'il s'en **aille** !

b. **Puisses**-tu avoir raison !

c. Que je l'**épouse** ? Jamais !

d. Il n'y a que cette couleur qui **aille** à mon teint.

e. Bien qu'il **soit** fatigué, il ne désespère jamais.

f. Nous partirons avant qu'il ne **revienne**.

g. Nous voulons tous qu'il **réussisse**.

h. Je refuse qu'il **vienne** à la maison.

1 Dans les phrases **a** à **c**, dans quel type de proposition le subjonctif est-il employé ?

2 Dans les phrases **d** à **g**, dans quel type de proposition le subjonctif est-il employé ?

3 Qu'exprime le subjonctif dans chacune de ces phrases ?

J'apprends

Les valeurs du subjonctif

dans les propositions indépendantes

- **L'ordre** Ex. : *Qu'elle se dépêche !*
- **Le souhait** Ex. : *Puisse-t-il réussir son examen !*
- **La supposition** Ex. : *Qu'il fasse beau ou pas, je sortirai.*
- **Un sentiment fort** (indignation, surprise) Ex. : *Moi, que je la punisse pour si peu ?*

dans les propositions subordonnées…

- **complétives**, lorsque la proposition principale exprime une volonté ou un sentiment.
  Ex. : *Je regrette qu'il **parte**. / Je suis désolé que tu **aies perdu**.*
- **circonstancielles** :
  - **de temps**, introduites par *avant que, jusqu'à ce que* et *en attendant que*. Ex. : *Il range le parasol avant qu'il ne **se mette** à pleuvoir.*
  - **de but**. Ex. : *Elle l'accompagne pour qu'il ne **se perde** pas.*
  - **de concession**. Ex. : *Tu portes un t-shirt bien qu'il **fasse** froid dehors.*
  - **de condition**, introduites par un autre mot que si : *à moins que, pourvu que, pour peu que.* Ex. : *Il aura son train pourvu qu'il **parte** à temps pour la gare.*
- **relatives** :
  - lorsque l'antécédent est indéfini. Ex. : *Je cherche un livre qui **plaise** aux enfants.*
  - lorsque l'antécédent fait l'objet d'une restriction ou d'une sélection. Ex. : *C'est le plus beau cadeau qu'on ne m'**ait** jamais **fait**.*

À l'aide de ce QR code, retrouvez d'autres exercices pour vous entraîner.

J'identifie

1 Dans les phrases suivantes, quelle est la valeur du subjonctif ?

a. J'aimerais qu'il fasse enfin un effort.

b. Je l'accompagne pour qu'il ne se perde pas.

c. Il nous faut partir avant qu'il y ait une tempête !

d. Qu'il parle ou qu'il se taise !

2 Dans les phrases suivantes, indiquez si le verbe en gras est au subjonctif et justifiez votre réponse.

a. Je veux un copain qui **aime** les animaux.

b. C'est un garçon qui **aime** les animaux.

c. Ma planche de surf **rentre** dans cette voiture.

3 Dans quels types de propositions subordonnées les verbes au subjonctif, en gras, sont-ils employés dans les phrases suivantes ?

a. Nous voulons tous qu'il se **calme**.

b. Je refuse qu'ils nous **parlent** ainsi.

c. Qu'elle **finisse** sa soupe !

d. Je cherche une voiture qui **roule** sur la glace.

Je manipule

4 Conjuguez le verbe entre parenthèses au subjonctif.

a. Qu'ils (*faire*) .... leur travail en silence.

b. Il faut que nous (*dire*) .... la vérité.

c. Je veux un mari qui (*reconnaître*) .... quand il se trompe.

d. J'attends que le printemps (*revenir*) ....

e. Nous voulions que tu (*mettre*) .... des habits plus chauds.

f. Que tu (*comprendre*) .... ou pas, j'ai décidé de te quitter.

g. Il faut que tu (*voir*) .... ce pays merveilleux.

Je m'exprime

5 Votre meilleur(e) ami(e) part faire de l'alpinisme. Vous lui écrirez une lettre pour lui donner des conseils, des souhaits et des recommandations. Vous utiliserez au moins cinq verbes au subjonctif, que vous surlignerez. Vous pouvez vous inspirer de l'image.

Mark Weber, *Alpiniste dans le Snake River Canyon*, 2021.

9. La phrase simple

J'observe

a. Je vous attends.

b. Je vous attends patiemment à cet endroit depuis une heure.

c. Quelle perte de temps !

d. Vite !

1 Les phrases **a** et **b** sont toutes deux des phrases simples. Quelle définition en donneriez-vous d'après ces deux exemples ?

....

....

....

2 Quelles différences observez-vous entre les phrases **a** et **b** ?

....

3 Quelle est la particularité des phrases simples **c** et **d** ? Quelle différence observez-vous ?

....

J'apprends

Une phrase

- est un ensemble de mots assemblés selon des règles de construction précises.
- débute par une majuscule et se finit par un signe de ponctuation forte (point, point d'exclamation, point d'interrogation, points de suspension) à l'écrit.
- est délimitée par deux pauses de la voix à l'oral et se caractérise par un ton ascendant puis descendant lorsqu'elle est déclarative, ascendant lorsqu'elle est interrogative ou exclamative.

Une phrase simple

- relie un groupe nominal, ayant la fonction de sujet, à un unique groupe verbal, organisé autour d'un seul verbe conjugué.
  Ex. : *Le garçon joue au ballon.*
- Une phrase simple ne comporte pas de sujet lorsque le verbe est à l'impératif.
  Ex. : *Cessez vos bavardages !*
- peut comporter des éléments supplémentaires donnant des précisions : c'est le rôle des compléments circonstanciels, ce sont des compléments de phrase. On peut les déplacer ou les supprimer, sans que la phrase perde son sens.
  Ex. : *Tous les jours, à la sortie de l'école, le garçon joue au ballon avec ses amis. / Le garçon joue au ballon, tous les jours, à la sortie de l'école, avec ses amis.*

Une phrase non verbale

- ne contient aucun verbe.
- peut être nominale, organisée autour d'un nom.
  Ex. : *Quelle belle histoire !*
- peut être constituée d'un seul mot-phrase.
  Ex. : *Oui.* (adverbe) / *Aïe !* (interjection).

À l'aide de ce QR code, retrouvez d'autres exercices pour vous entraîner.

J'identifie

1 Entourez les verbes conjugués et soulignez les phrases simples.

Lol sourit dans ma direction. Viens. Elle me laisse le temps d'approcher encore. Je suis de biais par rapport à Tatiana qui ne regarde que Lol. Je viens silencieusement, je glisse entre les autres. Je suis arrivé assez près pour entendre. Je m'arrête. Pourtant Lol ne répond pas encore. Elle lève les yeux sur moi dans l'intention d'informer Tatiana de ma présence. C'est fait.

Marguerite Duras, *Le Ravissement de Lol V. Stein*, 1964.

2 Soulignez en rouge les phrases simples, en vert les phrases nominales et en bleu les mots-phrases.

Stop ! Cessez de m'importuner à tout bout de champ avec vos plaintes stériles et égoïstes. Je n'en peux plus. Vous éprouvez du plaisir à me torturer de la sorte ? Vous recherchez et appréciez mon tourment ? Bravo. Vous avez gagné. Je suis consternée et épuisée. Belle victoire, en vérité !

Je manipule

3 Supprimez tous les éléments non essentiels de ces phrases et réécrivez-les en ne conservant que leurs composants fondamentaux.

a. Non loin des cuisines gigantesques, depuis le vaste cellier, des odeurs nous parvenaient, agréables mais fortes, au point de nous faire chavirer.

b. Dans le ciel, très haut, au-dessus du donjon, encore perceptibles malgré l'heure tardive, les rapaces tournoyaient, dans l'attente confiante du festin à venir.

c. Avec ses yeux exorbités, ses cheveux défaits, sa voix caverneuse et ses gestes sauvages, cette femme m'épouvantait sans parvenir à me dégoûter.

4 Rétablissez les signes de ponctuation forte et les majuscules de façon à construire cinq phrases simples.

du haut de ses quinze ans il toisait le monde avec une arrogance sans pareille il arborait des airs de triomphe dans toutes les situations et devant n'importe qui personne ne restait indifférent devant tant d'aplomb une telle aisance fascinait aussi bien des inconnus que sa famille et ses amis de qui tenait-il donc cette belle assurance

Je m'exprime

5 Décrivez cette image en employant cinq phrases simples.

Antoine Repessé, *#365 Unpacked*, 2017.

10. La phrase complexe : juxtaposition,

J'observe

a. Je viens de croiser le garçon qui t'a parlé hier.
b. Veux-tu jouer dans la cour ou préfères-tu rester à l'intérieur ?
c. J'ai tout de suite pensé qu'il ne se sentait pas bien.
d. Expliquez-nous comment procéder : nous n'avons jamais fait cela.
e. En automne, lorsque les arbres prennent de si belles couleurs, j'aime me promener en forêt.
f. Il fait un temps magnifique, allons nous promener !
g. Pourras-tu nous dire combien tu as dépensé ?
h. Les chaussures que tu portais hier me plaisent beaucoup.

1 Dans chaque phrase, soulignez les verbes conjugués.

2 Classez les phrases en plusieurs catégories, en expliquant les critères choisis.

J'apprends

La phrase complexe

► est constituée de deux propositions ou plus, chacune contenant un verbe conjugué. Ces propositions peuvent être…

Juxtaposées

► Elles sont simplement reliées par un **signe de ponctuation faible** : une virgule, un point-virgule ou deux-points.
Ex. : *J'attends patiemment l'heure de rentrer : je trouve facilement des occupations. / Il est sorti faire des courses, il n'y avait plus de lait.*

Coordonnées

► Elles sont reliées par une **conjonction de coordination** (mais, ou, et, donc, or, ni, car) ou un **adverbe de liaison** (alors, puis, ensuite…).
Ex. : *Prends ton parapluie* ***et*** *mets tes bottes.*
► Lorsque les deux verbes de la phrase complexe ont le même sujet, la coordination permet de ne pas le répéter.
Ex. : *J'attends patiemment l'heure de rentrer* ***et*** *trouve facilement des occupations.*

Subordonnées

► Elles entretiennent un lien de dépendance et sont reliées par un mot subordonnant qui peut être :

► une **conjonction de subordination** (que, quand, si, parce que, alors que, bien que…).
Ex. : *Il rentre* ***parce qu'****il pleut.*

► un **pronom relatif** (qui, que, où, dont, auquel, par lequel…).
Ex. : *Il m'a apporté le livre* ***qui*** *lui a plu.*

► un **mot interrogatif** (comment, quel, pourquoi, combien…).
Ex. : *Je me demande* ***quand*** *il sera l'heure de rentrer.*

À l'aide de ce QR code, retrouvez d'autres exercices pour vous entraîner.

J'identifie

1 Dans les phrases suivantes, délimitez les propositions à l'aide de crochets, entourez ce qui les relie puis indiquez s'il s'agit de coordination, de subordination ou de juxtaposition.

a. J'emporte les parapluies, Marine prend les manteaux.

....

b. Cet élève, qui a bien organisé son travail, a fait beaucoup de progrès.

....

c. Je voulais emporter un pique-nique mais il ne fait pas suffisamment beau.

....

d. Je me demande bien pourquoi il est venu me parler.

....

Je manipule

2 Complétez les phrases suivantes en respectant l'indication entre parenthèses.

a. On voit bien que les soldes ont commencé .... il y a beaucoup de monde dans les magasins. (juxtaposition)

b. Veux-tu manger maintenant .... préfères-tu attendre encore un peu ? (coordination)

c. Je vais me dépêcher d'acheter le jeu .... tu m'as parlé avec tant d'enthousiasme. (subordination)

d. Je ne reviendrai plus dans ce magasin .... les prix sont trop élevés. (subordination)

3 Réécrivez les phrases suivantes pour les transformer en propositions coordonnées.

a. Il s'est précipité vers eux ; ils semblaient avoir besoin d'aide.

....

....

b. Il est très gentil. Il n'a rien à me dire.

....

....

4 Réécrivez les phrases de l'exercice 3 pour les transformer en une proposition principale et une proposition subordonnée.

a. ....

....

b. ....

....

Je m'exprime

5 Décrivez cette image en utilisant au moins une fois la juxtaposition, la coordination et la subordination.

....

....

....

....

....

Peachy, peinture murale sans titre critiquant l'artiste Damien Hirst à Ilfracombe, 2021.

11. Les propositions subordonnées

J'observe

a. Je veux **que tu quittes ma maison.**
b. Tu demandes **si je suis devenu fou.**
c. Tu désires **que je t'explique la situation.**
d. Tu regrettes **que les choses tournent mal.**
e. Je trouve **que tu as du culot.**
f. Je juge **que tu t'es mal comporté.**
g. J'ai dit **que tu devais partir.**

1 À quelle classe grammaticale appartiennent les mots en couleur ?

....

....

2 À quoi servent les groupes de mots en gras et noir ?

....

....

....

3 Quels mots les introduisent ?

....

....

4 Peut-on déplacer ou supprimer ces groupes de mots ?

....

....

J'apprends

Les propositions subordonnées complétives

► dépendent d'une proposition principale.
Ex. : *Je refuse* ***que l'on me parle ainsi.***
principale — subordonnée

► ne sont ni déplaçables ni supprimables, car la phrase perdrait son information essentielle.
Ex. : *Je dis* ~~***qu'il est sympathique***~~.

► fonctionnent comme un nom.
Ex. : *Je veux* ***qu'il parte***.
= *Je veux* ***son départ***.

► peuvent être introduites par une conjonction (si, quand, où…) : il s'agit alors de propositions subordonnées interrogatives indirectes.
Ex. : *Je me demande* ***s'il est là.***

► peuvent être introduites par la conjonction **que** et complètent certains verbes.
Ex. : *Je dis* ***qu'il est beau***. (verbe de parole)
Ex. : *Je trouve* ***qu'il est beau***. (verbe de jugement)
Ex. : *Je regrette* ***qu'il soit beau***. (verbe de sentiment)
Ex. : *Je veux* ***qu'il soit beau***. (verbe de volonté)
Ex. : *J'apprends* ***qu'il est beau***. (verbe de connaissance)

À l'aide de ce QR code, retrouvez d'autres exercices pour vous entraîner.

J'identifie

1 Dans les phrases suivantes, indiquez si les groupes de mots en gras sont des propositions subordonnées complétives ou non et justifiez votre réponse.

a. Elle attend **que son fils revienne**.

……………………………………

b. Nous irons dans le lieu **que tu auras choisi**.

……………………………………

c. C'est une belle idée **que tu as eue !**

……………………………………

d. **Que tu as grandi !**

……………………………………

e. Nous regrettons tous **qu'il soit parti**.

……………………………………

Je manipule

2 Complétez le texte suivant en ajoutant des propositions subordonnées complétives.

Après une dispute, ils se retrouvent.

……………………………………

Il reconnaît.

……………………………………

Il regrette.

……………………………………

Il répète.

……………………………………

Elle refuse.

……………………………………

Elle espérait.

……………………………………

Il insiste.

……………………………………

Mais elle déclare que.

……………………………………

Il constate.

……………………………………

Elle lui demande.

……………………………………

Il répond.

……………………………………

Elle décide.

……………………………………

Je m'exprime

3 Deux amies ne se sont pas vues depuis très longtemps et se retrouvent par hasard. Écrivez leur échange en employant au moins cinq propositions subordonnées complétives. Surlignez-les. Vous pouvez vous inspirer de l'image.

……………………………………

……………………………………

……………………………………

……………………………………

……………………………………

……………………………………

……………………………………

12. Les propositions subordonnées relatives

J'observe

a. Paris est une ville **où j'aimerais vivre**.

b. Mon père, **qui a vécu à l'étranger**, revient en France.

c. Ma sœur, **qui l'attendait depuis des années**, ira le chercher.

d. Les glaces **que je préfère** sont au chocolat.

e. Le chanteur **dont je te parle** est très célèbre ici.

f. Les valeurs **auxquelles je crois** sont l'honnêteté et la générosité.

g. Les personnes **qui partent** ne pourront revenir.

1. À quelle classe grammaticale appartiennent les mots en couleur ?
2. À quoi servent les groupes de mots en gras et noir ?
3. Peut-on déplacer ou supprimer ces groupes de mots ?
4. Quelle est la fonction des mots soulignés dans la proposition qu'ils introduisent ?

J'apprends

Les propositions subordonnées relatives

- dépendent d'une proposition principale.
  Ex. : *Je regarde un magazine* (principale) ***qui me plaît beaucoup.*** (subordonnée)
- fonctionnent comme des adjectifs : elles apportent des précisions au nom qu'elles complètent et peuvent permettre de l'identifier.
  Ex. : *Prends la bouteille **qui est sur la table de la cuisine**.*
- sont rarement déplaçables.
- sont introduites par des pronoms relatifs (qui, que, quoi, dont, où, lequel, laquelle, desquels, auxquelles, etc.). Ces pronoms ont une fonction dans la subordonnée.
  Ex. : *J'aime la femme **qui** arrive.* → sujet
  Ex. : *J'aime l'ami **que** tu vois.* → COD
  Ex. : *Les personnes **dont** tu me parles sont inconnues.* → COI
  Ex. : *C'est une ville **où** je me sens bien.* → complément de lieu
  Ex. : *C'est l'année **où** je suis né.* → complément de temps
- sont supprimables, mais la phrase peut alors perdre des informations essentielles.
  Ex. : *J'aime les gens ~~**qui sont honnêtes**~~.*

À l'aide de ce QR code, retrouvez d'autres exercices pour vous entraîner.

J'identifie

1 Dans les phrases suivantes, surlignez les propositions subordonnées relatives.

a. Je veux un copain qui me fasse rêver.

b. Il m'emmènera dans un pays que je ne connais pas.

c. Ce sera un pays où les oiseaux chanteront la nuit.

d. Nous marcherons sur une plage dont le sable sera chaud.

e. Nous mangerons des glaces qui seront délicieuses.

f. Ce pays dont je te parle n'existe peut-être pas.

g. Mais c'est un pays auquel je rêve souvent.

2 Lisez l'extrait suivant.

Ils aperçurent enfin quelques rochers en forme de pyramides, que le navire contourna bientôt pour entrer dans un golfe immense et tranquille, entouré d'un peuple de hauts sommets dont les pentes basses semblaient couvertes de mousses.

Guy de Maupassant, *Une vie*, 1883.

a. Surlignez les propositions subordonnées relatives du texte.

b. Relevez les mots introducteurs de ces subordonnées et indiquez leur fonction.

....

....

c. Lesquelles sont supprimables ?

....

Je manipule

3 Réécrivez le texte suivant en utilisant des propositions subordonnées relatives.

C'est une très vieille ville. Elle a connu de nombreux événements. Le palais est particulièrement célèbre. Les remparts et le château sont également appréciés des touristes. On y trouve des pâtisseries. La nuit, la ville ne s'endort pas. Les habitants vont sur les toits. Jusqu'au matin, on danse et on discute.

....

....

....

....

Je m'exprime

4 Collez dans le cadre la photographie d'un lieu que vous appréciez. Décrivez-le en utilisant au moins trois adjectifs et trois propositions subordonnées relatives. Surlignez-les.

....

....

....

....

....

....

....

Collez votre photographie ici.

13. Les propositions subordonnées

J'observe

a. **Comme il fait beau**, je pars me promener.

b. Je refuse de le croire **parce qu'il ment souvent**.

c. **Si j'avais un peu d'argent**, je partirais en voyage.

d. Je cuisine une tarte **avant que les enfants ne reviennent**.

e. **Dès que le soleil se lève**, je jardine.

f. **Pour que cela ne se reproduise plus**, je te demande de faire attention.

g. Je prendrai un bateau **s'il n'y a pas de pluie**.

1 Classez les propositions en gras selon leur sens. Vous les surlignerez dans des couleurs différentes.

....

....

2 Quels mots les introduisent ?

....

3 À quels modes sont conjugués les verbes de ces propositions ?

....

4 Peut-on les supprimer ou les déplacer ?

....

J'apprends

Les propositions subordonnées circonstancielles

► dépendent d'une proposition principale.
Ex. : *Le train partira* (principale) ***quand le chef de gare sifflera.*** (subordonnée)

► sont déplaçables.
Ex. : ***Quand on l'appelle****, le chien vient. / Le chien,* ***quand on l'appelle****, vient. / Le chien vient* ***quand on l'appelle****.*

► sont introduites par des conjonctions (que, si, quand, comme, dès que, pour que, avant que…).

► sont supprimables sans altérer le sens de la phrase.
Ex. : *Je te déteste* ~~***parce que tu es cruel***~~.

► précisent les circonstances de l'action de la proposition principale.

Ex. : *Il partira* ***quand il sera prêt / dès qu'il le voudra / pendant que tu seras absente****.* → temps

Ex. : *Il partira* ***parce que tu le rejettes / puisque tu pars aussi / étant donné qu'on l'ignore****.* → cause

Ex. : *Il partira* ***pour qu'on le laisse tranquille / dans l'espoir qu'on l'oublie****.* → but

Ex. : *Il partira* ***s'il sent qu'on le rejette****.* → condition

Ex. : *Il partira* ***bien que tous l'aiment****.* → concession

À l'aide de ce QR code, retrouvez d'autres exercices pour vous entraîner.

J'identifie

1 Dans les phrases suivantes, surlignez les propositions subordonnées circonstancielles et précisez les indications qu'elles fournissent (temps, cause, etc.).

a. Je suis heureux dès que l'été revient.

....

b. Chaque fois que tu mens, je le devine.

....

c. S'il est là, nous discuterons tous ensemble.

....

d. J'aimerais, si tu l'acceptes, que nous nous marions.

....

e. Puisqu'il ne fait pas d'efforts, nous allons le punir.

....

f. Pour que tout soit bien clair, tu le rappelleras.

....

g. Nous sommes coincés à l'intérieur aussi longtemps qu'il pleut.

....

Je manipule

2 Dans chacune de ces phrases, ajoutez au moins une proposition subordonnée circonstancielle.

a. La forêt est magnifique.

....

b. Le chien s'est enfui.

....

c. Nous partirons au Japon.

....

d. Le train est resté arrêté toute la nuit.

....

e. Le restaurant a dû fermer.

....

Je m'exprime

3 Décrivez cette photographie en utilisant au moins trois propositions subordonnées circonstancielles. Surlignez-les.

....

....

....

....

....

....

....

....

....

....

Robert Doisneau, *La Voiture fondue*, 1944.

14. Les termes de reprise

J'observe

Les seuls qui pourraient en dire quelque chose, ce sont John, Matthew et Lane Gensburg, les trois frères que **cette femme âgée** a élevés pendant dix-sept ans. Aujourd'hui, ce sont **eux** qui paient son loyer ; ils lui ont trouvé ce logement lorsqu'ils l'ont découverte, quelques années plus tôt, dans l'indigence absolue, dans la détresse. Oui, **leur ancienne nurse** faisait les poubelles.

Gaëlle Josse, *Une femme en contre-jour*, 2019.

1 Indiquez la classe grammaticale des mots et expressions en gras et noir. À quoi servent-ils ?

....

....

2 À qui font référence les mots en couleur ? Soulignez trois autres mots ou expressions qui les désignent.

....

....

J'apprends

Les termes de reprise

► Pour éviter les répétitions et faire progresser un texte, on utilise des termes de reprise, ou substituts.

Les reprises nominales

► Le même nom, mais avec un **changement de déterminant**.

Ex. : ***Un repas*** *a été organisé.* ***Ce repas*** *s'est très bien passé.*

► Une **périphrase** (une expression développée).

Ex. : ***Molière*** *est né en 1622.* ***Ce dramaturge*** *est célèbre dans le monde entier.*

► Un **synonyme** ou un terme générique.

Ex. : ***le pantalon*** / ***ce vêtement***.

Les reprises pronominales

► **Un pronom personnel**.

Ex. : *J'ai remarqué une jeune fille.* ***Elle*** *se rendait à l'école. Je* ***l'****avais vue. Je* ***lui*** *avais offert des fleurs.*

► **Un autre type de pronom** : adverbial, démonstratif, relatif, indéfini, possessif.

Ex. : *Voici* ***mon ancienne école****. J'****y*** *ai passé toute mon enfance.*

Les autres types de reprise

► Un **adverbe**.

Ex. : *J'ai reçu un colis et me demande ce qu'il y a* ***dedans***.

► Un **verbe** (associé à un pronom).

Ex. : *Je n'ai pas le courage de passer l'aspirateur, peux-tu le* ***faire*** ?

À l'aide de ce QR code, retrouvez d'autres exercices pour vous entraîner.

J'identifie

1 Dans les phrases suivantes, soulignez les termes de reprise.

a. Il m'a préparé un plat délicieux hier soir, pour le dîner. Je m'en suis resservi deux fois.

b. J'ai enfin rencontré le petit ami de ma sœur. C'est un joueur de hockey, il est très grand. Je le trouve très sympathique.

c. Inutile d'apporter davantage de gobelets : ma sœur en a trouvé hier, il y en a déjà trop !

d. Ta nouvelle robe te va très bien, elle met en valeur la couleur de tes yeux. Où as-tu trouvé cette merveille ?

Je manipule

2 Réécrivez les phrases suivantes en évitant les répétitions, grâce à des termes de reprise.

a. Albert Camus est un écrivain du XXe siècle. Albert Camus a écrit des romans, du théâtre mais aussi de la philosophie. Maria Casarès a entretenu une longue correspondance avec Albert Camus.

....

....

....

b. L'équipe de France et l'équipe d'Angleterre vont s'affronter ce soir au Stade de France. L'équipe de France est considérée comme favorite, mais de nombreux observateurs pensent au contraire que l'équipe de France n'est pas sûre de gagner.

....

....

....

3 Complétez le texte en utilisant des termes de reprise pour les groupes nominaux en gras.

Le **tableau** ci-dessous, peint par **Rembrandt** en 1669 durant la dernière année de sa vie, est l'une de ses dernières .... ; il s'agit d'un autoportrait. .... porte un manteau rouge sombre et un béret, les mains croisées devant .... En 1967, ... a été nettoyée, ce qui a permis de révéler la date et la signature de .... L'analyse aux rayons X a révélé que .... avait d'abord peint ses mains ouvertes, l'une tenant un pinceau. La composition finale du .... permet d'attirer l'attention du spectateur vers le visage du ....

Je m'exprime

4 Après avoir fait une recherche, rédigez une courte biographie d'un des auteurs de votre cahier. Évitez les répétitions en recourant à différents types de reprises.

....

....

....

....

....

....

....

Rembrandt, *Autoportrait*, 1669, National Gallery, Londres.

15. Organiser un texte

J'observe

Le film *Harry Cover* met en scène un jeune magicien un peu naïf. Il va affronter un méchant sorcier, Lord Jamémort, qui cherche un objet magique afin de détruire le monde.

Dans ce film, on apprécie **d'abord** les effets spéciaux, toujours spectaculaires. Les sorts sont vraiment impressionnants. **De plus**, de nombreux animaux magiques enflamment notre imagination. **Surtout**, le héros n'est pas trop caricatural et on peut éprouver de l'empathie pour lui.

Toutefois, on est fatigué de ces histoires répétitives **mais aussi** de ces méchants toujours habillés en noir qui ont pour seule obsession de détruire le monde. **Enfin**, Harry peut attendrir au début, mais il apparaît très vite impulsif et irréfléchi.

1. Expliquez pourquoi on a découpé ce texte en trois paragraphes.

2. À quelle classe grammaticale appartiennent les mots en gras ? À quoi servent-ils ?

3. Combien de personnages ce texte évoque-t-il ? Surlignez les expressions les désignant, en utilisant une couleur par personnage.

J'apprends

Pour organiser un texte

- On peut le découper en paragraphes. Chaque paragraphe développe une idée précise et claire.
- On peut **reprendre** des noms pour éviter les répétitions et structurer le texte.
  - Par d'autres **noms**.
    Ex. : ***Louis XIV*** *s'installe à Versailles.* ***Le roi*** *veut un grand palais qui fera de lui* ***le plus grand souverain d'Europe****.*
  - Par des **pronoms**.
    Ex. : ***Le chat*** *a grimpé sur le toit.* ***Il*** *est coincé. Je vais* ***le*** *chercher.*
- On peut utiliser des **liens logiques**, qui sont des adverbes ou des conjonctions. Ils permettent de :
  - **justifier** son propos (*car, puisque, parce que, en effet,* etc.).
  - **énumérer** ou **ajouter** des éléments (*d'abord, ensuite, puis, également, de plus, en outre, par ailleurs, enfin, d'une part, d'autre part,* etc.).
  - montrer une **opposition** (*mais, toutefois, néanmoins, cependant, or, pourtant*).
  - **nuancer** son propos (*certes, bien que, même si,* etc.).
  - **conclure** (*ainsi, enfin, c'est pourquoi, finalement,* etc.).

À l'aide de ce QR code, retrouvez d'autres exercices pour vous entraîner.

J'identifie

1 Dans les phrases suivantes, surlignez les reprises des mots soulignés et indiquez leur classe grammaticale (nom, pronom, etc.).

a. Bob est de retour. Je suis tellement content de voir mon grand frère !

b. Il aimerait partir en janvier mais c'est un mois très froid dans ce pays.

c. J'ai cherché les boulangeries mais toutes sont fermées.

2 Lisez le texte suivant.

Avec le confinement, de nombreux salariés ont découvert le télétravail. Maintenant que la vie reprend son cours normal, une question se pose : faut-il maintenir ou renoncer au travail à la maison ?

Pour le salarié, le travail à distance présente de nombreux avantages : d'abord, on perd moins de temps dans les transports, on évite les embouteillages et les pannes de train. De plus, on peut organiser comme on l'entend son temps de travail. Enfin, l'ambiance au bureau est parfois pesante. Rester à la maison permet de rester zen et serein.

Toutefois, il est souvent difficile pour les salariés de jongler entre leur travail et leur vie privée. De même, on se déconcentre plus facilement à la maison et quand le travail est fini, il n'est pas toujours facile de faire la coupure entre le boulot et les loisirs.

a Justifiez le découpage de ce texte paragraphes.

b Surlignez les liens logiques et indiquez dans la marge leur rôle (ajouter, opposer, etc.)

c Entourez deux synonymes de télétravail.

Je manipule

3 Dans chacune de ces phrases, ajoutez le ou les liens logiques appropriés.

a. C'est le meilleur restaurant de la ville. Il est très cher.

b. Tu vas tout droit, tu contournes le petit lac, tu suis le chemin, tu es arrivé.

c. Nous ne reviendrons plus à cette fête. Les manèges sont décevants.

Je m'exprime

4 Aimeriez-vous passer une semaine au phare de Tévennec ? Votre réponse présentera des liens logiques ainsi que des reprises nominales et pronominales.

Le phare de Tévennec, 2013.

LANGUE

16. La formation des mots

J'observe

1 Surlignez les mots qui appartiennent à la même famille. Comment sont-ils formés ?

a. Port **b.** Sport **c.** Portuaire **d.** Aéroport

J'apprends

La formation des mots

- Il existe trois manières de créer des mots nouveaux en français.
- Tous les mots dérivés et composés formés à partir du même radical forment une famille de mots.
- Reconnaître les familles de mots peut vous aider à orthographier un mot que vous ne connaissez pas ou à en deviner le sens.

La dérivation (préfixe + radical + suffixe)

- ajout d'un ou plusieurs affixes au radical, porteur du sens principal.

• **Préfixe :** ne modifie pas la classe grammaticale mais apporte une nuance de sens.
Ex. : *anormal, préhistoire*.

• **Suffixe :** modifie le plus souvent la classe grammaticale.
Ex. : *délicat**esse*** (nom formé par l'ajout du suffixe **-esse** à l'adjectif « délicat »), *heureuse**ment*** (adverbe formé par l'ajout du suffixe **-ment** à l'adjectif « heureux »).

• **Préfixe + suffixe :** un mot peut subir plusieurs dérivations.
Ex. : ***in**habit**able**, **dés**hydrata**tion***.

L'emprunt (mot étranger → langue française)

- appropriation d'un mot étranger, avec ou sans modifications.

- **Langues anciennes** (latin et grec).
Ex. : *ex æquo, forum, icône*.
- **Langues modernes** (comme l'italien, l'anglais ou l'arabe). Ex. : *incognito, spaghetti, parking, chewing-gum, zéro, algèbre*.

La composition (radical + radical)

- association de deux unités lexicales (de diverses natures grammaticales) qui peuvent exister de manière autonome.

• **Composition populaire :** le mot composé est formé de deux unités lexicales existant en français.
Les éléments peuvent être :
- **soudés**.
Ex. : *portefeuille, bonhomme*.
- **unis** par un trait d'union.
Ex. : *porte-clés, après-midi*.
- **juxtaposés**.
Ex. : *chaise longue*.
- **reliés** par une préposition (avec ou sans trait d'union).
Ex. : *pomme de terre, arc-en-ciel*.

• **Composition savante :**
le mot composé est formé par l'association de radicaux grecs ou latins.
Ex. : *anthropologie* (*anthropos*, « homme » + *logos*, « étude »), *biologie* (*bio*, « vie » + *logos*, « étude »).

Pour aller plus loin

Lisez cet article qui s'intéresse aux mots nouveaux et à la grande inventivité de la langue française.

À l'aide de ce QR code, retrouvez d'autres exercices pour vous entraîner.

J'identifie

1 Dans les listes suivantes, rayez l'intrus et justifiez votre réponse.

a. vert, reverdir, vertige, verdâtre.

Radical identifié : ....

....

b. paysagiste, pays, paysage, payer.

Radical identifié : ....

....

c. rayonnant, rayon, rayonner, crayon.

Radical identifié : ....

....

2 Analysez la formation des mots suivants : surlignez le radical et soulignez les préfixes ou suffixes utilisés.

a. lentement
b. cohabitation
c. présidentiel
d. multirisque

3 Identifiez les langues auxquelles les mots suivants ont été empruntés. Vous pouvez vous aider d'un dictionnaire.

parking : ....

piano : ....

football : ....

mesquin : ....

bambin : ....

4 Choisissez deux mots parmi ces mots nouveaux : expliquez leur formation oralement et faites des hypothèses sur leur sens possible (sans vous aider d'un dictionnaire).

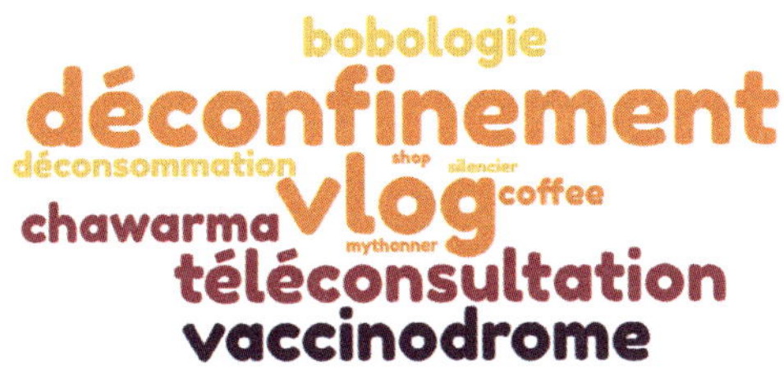

Je manipule

5 Formez le contraire des mots suivants en ajoutant un préfixe.

digne : ....

conseiller : ....

intelligible : ....

loyal : ....

lisible : ....

6 À partir des verbes suivants, formez des noms communs en ajoutant des suffixes.

prononcer : ....

obéir : ....

comprendre : ....

agir : ....

corriger : ....

Je m'exprime

7 À vous de proposer un mot nouveau, emprunté à une langue étrangère, que vous utilisez et qui exprime selon vous une idée, une nuance de sens qui n'existe pas en français. Vous lui donnerez une définition précise.

....

....

....

....

....

LANGUE 17. Les relations entre les mots : polysémie,

J'observe

accélérer ❍	❍ joli
s'amuser ❍	❍ signe de l'alphabet
beau ❍	❍ rapidement
lentement ❍	❍ jouer
lettre ❍	❍ message
	❍ ralentir

1 Reliez les mots ci-contre. Selon quels principes pouvez-vous les associer ?

....

....

....

J'apprends

Les relations…

… entre les différents sens d'un mot

La polysémie

► En français, les mots sont très souvent polysémiques : ils ont plusieurs sens, liés entre eux, notamment :

- **un sens propre** (sens premier du mot, souvent concret).
Ex. : *Le renard* ***a dévoré*** *la poule.*
- **un sens figuré** (sens imagé, tiré du sens propre).
Ex. : *Il* ***a dévoré*** *son roman.*

… de sens entre les mots

Synonymes

► Ce sont des mots de même classe grammaticale, de sens identique ou proche.
Ex. : *magnifique/splendide, pitié/compassion.*

► Il existe des synonymes de différents registres de langue.
Ex. : *voiture/bagnole.*

Antonymes

► Ce sont des mots de même classe grammaticale, de sens contraire ou opposé.
Ex. : *froid/chaud, tristesse/gaieté.*

► Les antonymes se forment parfois par dérivation, avec un préfixe.
Ex. : *heureux/malheureux.*

Champ lexical

► C'est un ensemble de mots qui se rapportent à un même thème.
Ex. : *bois, forêt, tronc, feuilles, racines.*

Pour vous aider
Consultez un dictionnaire en ligne.

À l'aide de ce QR code, retrouvez d'autres exercices pour vous entraîner.

J'identifie

1 Reliez chaque mot de la colonne du milieu à son synonyme et à son antonyme. Vous pouvez vous aider d'un dictionnaire.

orgueilleux ❍	❍ douteux ❍	❍ désinvolte
incertain ❍	❍ réfléchi ❍	❍ banal
sérieux ❍	❍ arrogant ❍	❍ humble
bizarre ❍	❍ insolite ❍	❍ incontestable

2 **a** Lisez le texte suivant et surlignez les mots appartenant au même champ lexical.

Beau temps. On a mis tous les enfants à cuire ensemble sur la plage. Les uns rôtissent sur le sable sec, les autres mijotent au bain-marie dans les flaques chaudes.

Colette, « En baie de somme », *Les Vrilles de la vigne*, 1908.

b Le thème de ce champ lexical est : ……………………

Je manipule

3 Utilisez chacun des mots suivants dans une phrase où il gardera son sens propre puis dans une autre où il prendra un sens figuré.

a. Souris : ……………………

……………………

b. Source : ……………………

……………………

4 Indiquez un synonyme et un antonyme pour les mots suivants. Vous pouvez vous aider d'un dictionnaire.

	Synonyme	Antonyme
Adorer :		
Adroitement :		

5 Évitez les répétitions en proposant des synonymes pour les mots en gras.

Dans cet article, le journaliste **montre** …………………… que l'information est essentielle. Pour cela, il **montre** …………………… l'évolution du droit de la presse.

6 Classez les mots suivants en fonction des champs lexicaux auxquels ils appartiennent.

apercevoir • *entendre* • *verdoyant* • *lumineux* • *la brise* • *rouge* • *éclatant* • *exhaler* • *distinguer*

La vue	L'ouïe	L'odorat

Je m'exprime

7 En vous aidant de l'exercice précédent, décrivez le paysage de ce tableau de Gauguin. Vous utiliserez au moins huit mots du champ lexical des sens, que vous soulignerez.

……………………

……………………

……………………

……………………

……………………

Paul Gauguin, *Fatata te Moua*, 1892.

LANGUE

18. Les registres de langue

J'observe

a. pluie / ondée / saucée

b. paumé / perdu / désarçonné

c. pleurer / sangloter / chialer

1. Quel lien unit les mots de chaque liste?

....

....

2. Qu'est-ce qui les différencie ?

....

....

J'apprends

Les registres de langue

Registre familier

- syntaxe relâchée (notamment pour poser des questions et marquer la négation).
- expressions argotiques (voire vulgaires).

Ex. : *Tu kiffes le film ?*
J'suis crevée, je peux plus taffer.

Registre courant

- syntaxe correcte.
- registre neutre.

Ex. : *Est-ce que tu aimes bien le film ?*
Je suis fatiguée, je ne peux plus travailler.

Registre soutenu

- syntaxe complexe.
- vocabulaire recherché.

Ex. : *Cette œuvre cinématographique te sied-elle ?*
Je suis éreintée. Aussi ne puis-je travailler davantage.

Pour aller plus loin

Écoutez un podcast dans lequel des linguistes s'intéressent à l'oralité et s'attaquent à l'idée reçue selon laquelle les jeunes parleraient mal.

À l'aide de ce QR code, retrouvez d'autres exercices pour vous entraîner.

J'identifie

1 Reliez les mots de chaque colonne, de manière à faire apparaître les synonymes aux registres de langue familier, courant et soutenu.

grailler ❍	❍ fatigant ❍	❍ s'assoupir
relou ❍	❍ s'endormir ❍	❍ las
pioncer ❍	❍ fatigué ❍	❍ se sustenter
crevé ❍	❍ manger ❍	❍ importun

2 Identifiez le registre de langue des phrases suivantes.

a. On est à la bourre, j'ai trop le seum.

....

b. La décision prise est-elle adéquate ?

....

c. La réunion n'aura pas lieu en présentiel.

....

3 Olivier tente de fixer l'écran, sans ciller, mais vu sa tronche, collapse intérieurement. Ce mec lui-même est un écran, on voit tout passer dessus. Là, il nous voit dans la dèche.

Maria Pourchet, *Feu*, 2021.

a Quel registre de langue apparaît dans cet extrait ?

....

b Surlignez-en toutes les marques.

c Quel est l'effet produit par l'emploi de ce registre ?

....

....

....

Je manipule

4 À l'aide d'un dictionnaire, proposez un synonyme de registre soutenu pour chacun des mots suivants (appartenant aux registres familier ou courant).

digne : ....

se tromper : ....

kiffer : ....

5 Transformez les phrases suivantes pour adopter un registre de langue soutenu.

a. Chépa.

....

b. Tu veux quoi ?

....

Je m'exprime

6 Imaginez un court dialogue entre ces deux personnages, après leur avoir attribué à chacun un registre de langue.

....

....

....

....

....

....

....

....

Yvan Attal, *Le Brio*, 2017.

FRANÇAIS PROFESSIONNEL

Rédiger son CV

Dans votre CV, mettez en valeur votre sens des responsabilités.

ÉTAPE 1 : Analyser un CV

• Remplissez les marges du CV : dites quel est l'intérêt de chaque rubrique et quels sont les pièges à éviter.

Document **Un modèle de CV**

Samuel Duval
4, rue des Chrysanthèmes
94 000 Créteil
samuel.duval@cap.net
+33 6 02 43 XY ZW

EXPÉRIENCES PROFESSIONNELLES

2021-2022 : Cuisinier au restaurant le « Le Fontainebleau », Sucy-en-Bry (94), cuisine gastronomique française.

2019 : Cuisinier à la brasserie « La Guinguette », Maisons-Alfort (94).

2018 : Commis à la brasserie « Au fil des flots », Alforville (94).

FORMATION

2017 : Stage en cuisine, restaurant « Les Rives bleues », Saint-Maur-des-Fossés » (94), cuisine traditionnelle française.

2016 : CAP cuisine.

COMPÉTENCES

> Élaboration des menus
> Gestion des achats et des stocks
> Contrôle de la qualité des produits
> Respect des normes d'hygiène et de de sécurité

LOISIRS

> Pêche
> Émissions culinaires

➤ **Donnez toujours votre prénom avant votre nom.**

➤ **Donnez une adresse électronique qui donne une image sérieuse de vous.**

ÉTAPE 2 : Faire le bilan de ses expériences

- Faites le bilan de vos expériences en complétant le schéma suivant :

MON PARCOURS

Formation

....

Lieu ....

Expériences professionnelles

Mes responsabilités

....

Emplois saisonniers

....

Stages

....

Loisirs et centres d'intérêt

....

ÉTAPE 3 : Rédiger son CV

- Rédigez votre CV avec un traitement de texte.
Pour cela, sélectionnez vos expériences les plus marquantes.

- Choisissez vos expériences professionnelles et les étapes de votre formation de la plus récente à la plus ancienne.

CONSEIL

Adoptez une présentation sobre et lisible.

Évaluez votre CV

	☹	😐	☺	Remarques
J'ai adapté mon CV au poste visé.				
Ma mise en page est claire et efficace.				
J'ai pris soin de vérifier mon orthographe.				

Rédiger une lettre de motivation

Vous rédigerez une lettre de motivation en expliquant avec précision pourquoi votre expérience, vos compétences, vos qualités et les responsabilités que vous avez exercées vous destinent au poste proposé.

Document **Modèle de lettre de motivation**

Antoine Bonnot
12, rue Auguste Comte
69007 Lyon
04.12.45.XY.ZW
antoine.bonnot@cap.fr

Monsieur le Directeur
des Ressources humaines
Hypermarché Aupré
45, boulevard des Lilas
69005 Lyon

Lyon, le 28 septembre 2022

Objet : candidature au poste de charcutier

Monsieur,

C'est avec un vif intérêt que j'ai pris connaissance de votre offre d'emploi, parue sur votre site, pour le rayon boucherie-charcuterie de votre hypermarché. Je suis particulièrement motivé par la perspective de travailler à vos côtés et de proposer aux clients des produits traditionnels.

Intéressé par ce métier depuis de longues années, j'ai passé mon CAP boucher-charcutier il y a deux ans au lycée Alain-Fournier. Lors de ma formation, j'ai eu l'occasion de travailler dans plusieurs boucheries, où j'ai pu apprendre à préparer des produits de qualité. Par ailleurs, j'ai pris un grand plaisir à conseiller les clients dans le choix d'un produit.

Rigoureux, autonome et appliqué dans mon travail, mais aussi ouvert et agréable avec les clients, je suis prêt à mettre mes compétences à votre service. Je serais très heureux de vous rencontrer afin de vous exposer plus longuement mes motivations.

Je vous remercie de l'attention que vous porterez à ma candidature et vous prie d'agréer, Monsieur, l'expression de mes salutations distinguées.

Antoine Bonnot

Bonnot

ÉTAPE 1 : Comprendre les codes de la lettre de motivation

1 Remplissez les blocs dans la marge en identifiant les différents éléments qui la composent.

ÉTAPE 2 : Identifier ses atouts personnels

2 Cherchez une offre de stage ou d'emploi concernant votre secteur d'activité. Que pourriez-vous mettre en valeur dans votre lettre de motivation ? Remplissez le schéma ci-dessous.

MA CANDIDATURE

1 Ma formation

....
....
....
....
....

2 Mes expériences

....
....
....
....
....

3 Mes compétences

....
....
....
....
....

4 Mes qualités

....
....
....
....
....

5 Mes motivations

....
....
....
....
....

CONSEILS

- La lettre de motivation ne doit pas faire plus d'une page pour être lisible.
- Aérez la mise en page à l'aide des paragraphes et des marges.
- Noubliez pas les formules de politesse.

ÉTAPE 3 : Rédiger la lettre

3 Rédigez votre lettre en vous aidant de votre schéma et du modèle de la page 324.

Évaluez votre lettre de motivation

	☹	😐	☺	Remarques
J'ai adapté ma lettre au poste visé.				
Mon argumentation est claire et efficace.				
J'ai respecté les codes de la lettre.				
J'ai pris soin de vérifier mon orthographe.				

FRANÇAIS PROFESSIONNEL

Prendre contact avec l'entreprise

Le téléphone et le courriel sont souvent les deux premiers contacts avec votre futur employeur, qui jugera votre posture professionnelle et vos compétences de communication.

POSSIBILITÉ 1 : Prendre contact par téléphone

1 Selon vous, quelle est la meilleure phrase pour se présenter, si vous appelez un standard ou un secrétariat pour une candidature spontanée ?

- ☐ Est-il possible de parler au directeur des ressources humaines ? Je suis à la recherche d'un stage.
- ☐ Bonjour, Sophie Duval à l'appareil, je voudrais parler au responsable du recrutement, s'il vous plaît.
- ☐ Bonjour Madame/Monsieur, je m'appelle Sophie Duval, je prépare actuellement un CAP et suis à la recherche d'un stage. Pourriez-vous s'il vous plaît me passer le service des ressources humaines ?
- ☐ Madame/Monsieur, je me nomme Sophie Duval et je requiers votre sollicitude afin de pouvoir m'adresser à la direction des ressources humaines.

2 Vous appelez la personne en charge du recrutement de l'entreprise.

a. Quelles sont les informations pratiques que vous devez penser à lui donner ?

....

....

b. Quelles sont les erreurs à éviter lors d'une prise de contact par téléphone ?

....

....

c. Quelles sont les qualités dont vous devez faire preuve pour laisser une bonne impression ?

....

....

CONSEILS

• Vérifiez que l'annonce de votre boîte vocale soit neutre et que votre prénom et votre nom soient clairement audibles. Optez pour une phrase classique comme « Bonjour, vous êtes sur le répondeur de Sophie Duval, vous pouvez me laisser un message avec vos coordonnées et je vous rappellerai dès que possible. »

3 Voici des expressions familières à ne pas employer lors d'un entretien téléphonique pour trouver un stage ou un emploi. Cherchez des équivalents plus acceptables dans ce contexte.

- okay : ....
- un boulot/un taf : ....
- ouais : ....
- je sais pas : ....
- salut : ....
- au jour d'aujourd'hui : ....
- chuis grave motivé : ....

4 Quelle est la meilleure manière de conclure une conversation téléphonique ?

- ☐ À bientôt et très bonne journée.
- ☐ Merci Madame/Monsieur de m'avoir accordé du temps. Je reste à votre disposition si nécessaire. Au revoir Madame/Monsieur.
- ☐ Vous avez l'air très aimable et je suis ravi(e) de venir faire mon stage chez vous. Au revoir Madame/Monsieur.

5 Par groupe de deux, préparez une improvisation sur la recherche de stage par téléphone, en choisissant parmi les propositions suivantes, qui mettent en scène un(e) étudiant(e) appelant...

- une personne très désagréable au standard.
- un(e) responsable très bavard(e), qui ne lui laisse pas la parole.
- un(e) responsable qui ne veut plus s'occuper de stagiaires à cause d'une mauvaise expérience.

POSSIBILITÉ 2 : Prendre contact par courriel

1 Lesquelles de ces adresses électroniques donnent une image sérieuse pour une recherche de stage ou d'emploi ?

- ❑ petitecocotte@hotmail.com
- ❑ sophieduvaldu93@free.fr
- ❑ sophie@hotmail.com
- ❑ sophie.duval@gmail.com
- ❑ sduval@yahoo.fr
- ❑ sosodv@sfr.com

2 Quel objet vous semble acceptable pour l'envoi d'un courriel à un(e) responsable du recrutement ?

- ❑ Objet : recrutez-moi !
- ❑ Objet : je suis très motivé(e)
- ❑ Objet : coiffeuse
- ❑ Objet : stage
- ❑ Objet : candidature à l'offre n°23C (apprenti(e) coiffeur/coiffeuse)
- ❑ Objet : je souhaiterais proposer ma candidature pour l'annonce publiée sur votre site.

3 Quelle est la meilleure manière de s'adresser à un(e) responsable du recrutement au début d'un courriel ?

- ❑ Bonjour
- ❑ Madame/Monsieur…
- ❑ Madame la responsable du recrutement / Monsieur le responsable du recrutement…
- ❑ Chère Madame/Cher Monsieur…
- ❑ Ma chère Madame/Mon cher Monsieur…
- ❑ Bonjour Madame/Bonjour Monsieur…

4 Classez ces formules de politesse de la plus familière à la plus formelle.

- ❑ Très cordialement
- ❑ Respectueusement
- ❑ Bien à vous
- ❑ Bises
- ❑ À bientôt
- ❑ Je vous prie d'agréer, Madame, Monsieur, l'expression de mes salutations respectueuses.

5 **a.** Voici un courriel adressé à un responsable du recrutement. Quelles en sont les maladresses ?

> Objet : Stage
>
> Mon cher monsieur,
>
> L'offre de stage n°C23, publiée sur le site de votre entreprise, a retenu mon attention. Actuellement élève en CAP cuisine, je suis la personne parfaite pour votre entreprise : vous ne regretterez pas de me recruter. Vous trouverez ci-joint mon CV et ma lettre de motivation.
>
> J'attends votre réponse avec impatience.
>
> Cordialement,
>
> Éric Michaud

……………………………………………………………………

……………………………………………………………………

……………………………………………………………………

……………………………………………………………………

……………………………………………………………………

b. Réécrivez-le pour qu'il soit moins maladroit.

……………………………………………………………………

……………………………………………………………………

……………………………………………………………………

……………………………………………………………………

……………………………………………………………………

……………………………………………………………………

……………………………………………………………………

……………………………………………………………………

CONSEILS

- L'objet du courriel doit être explicite et concis.
- Si vous joignez votre CV et une lettre de motivation, faites-le au format PDF et donnez un nom simple et clair aux deux fichiers.
- Vous pouvez donner le lien vers votre profil sur les réseaux sociaux professionnels.
- Si vous ne connaissez pas le sexe de la personne à qui vous écrivez, employez les deux termes « Madame, Monsieur » dans les formules de politesse.

Passer un entretien d'embauche

Vous vous préparerez à un entretien d'embauche, en faisant le bilan de vos atouts, de vos expériences et des responsabilités que vous avez exercées.

Document **Didier Cros, *La Gueule de l'emploi*, 2011**

Ce documentaire suit le déroulement d'une procédure de recrutement collectif. Une dizaine de candidats sont mis en concurrence pour obtenir un poste présenté comme « intéressant », mais dont ils ignorent le détail. La dernière étape est un entretien individuel lors duquel les recruteurs découvrent le CV des candidats.

Extrait 1

Didier. – Qu'est-ce qui va faire que vous allez devenir meilleur ? Dites-moi.

Gérard. – Je pense que j'en ai les qualités. Du moins, je l'espère.

Didier. – Lesquelles ?

Gérard. – Déjà, je suis persévérant, je suis enthousiaste, convaincant, j'ai le sens de la répartie.

Rogers. – Gérard, pardon. Juste un conseil que je vais vous donner. Tout ça c'est des mots qui ne veulent pas dire grand-chose, à partir du moment où ce n'est pas étayé par des choses concrètes.

Extrait 2

Didier. – Et vous, en contrepartie, qu'est-ce que vous allez leur amener ? Qu'est-ce que vous leur amenez dans la corbeille ? On vous offre un job, s'ils vous disent « oui », qu'est-ce que vous leur amenez ?

Julie. – Une commerciale très enthousiaste et qui ramènera du chiffre.

ÉTAPE 1 : Analyser les enjeux d'un entretien d'embauche

a. Quel reproche Rogers fait-il à Gérard ? Qu'aurait-il dû faire pour convaincre les recruteurs ? (extrait 1)

. . . .

b. Les motivations de Gérard peuvent-elles intéresser les recruteurs ? Pour quelles raisons ? (extrait 1)

. . . .

c. La présentation de Julie vous convainc-t-elle ? Pourquoi ? (extrait 2)

. . . .

d. Quelles qualités permettent de réussir un entretien d'embauche ?

. . . .

ÉTAPE 2 : Préparer sa candidature

- Remplissez le schéma ci-dessous, en donnant si possible des exemples précis.

MA CANDIDATURE

❶ Mes qualités
. . . .
. . . .

❷ Mes expériences
. . . .
. . . .

❸ Mes points faibles
. . . .
. . . .

❹ Ce que je peux apporter à l'entreprise
. . . .
. . . .

❺ En quoi suis-je responsable au travail ?
. . . .
. . . .

ÉTAPE 3 : Simuler l'entretien

- Par équipe de trois, vous simulerez un entretien d'embauche. Deux élèves joueront les recruteurs, le troisième le candidat.

CONSEILS
- Pour un entretien, habillez-vous et coiffez-vous de manière sobre et correcte, sans pour autant vous déguiser.
- Ayez toujours une attitude respectueuse.

Évaluez votre entretien

	☹	😐	☺	Remarques
J'ai répondu clairement aux questions.				
J'ai mis en valeur mes qualités.				
Je me suis exprimé(e) avec conviction.				
J'ai utilisé un vocabulaire adapté à la situation.				

FRANÇAIS PROFESSIONNEL

Rédiger son rapport de stage

Pour rédiger votre rapport de stage, vous direz quelle a été la nature de votre travail. Vous décrirez avec précision les activités que vous avez effectuées et vous expliquerez ce que ce stage vous a apporté.

Document **Marc Fitoussi, *Maman a tort*, 2016**

Anouk (Jeanne Jestin) effectue un stage dans la société d'assurances où travaille sa mère. Personne ne lui confie de tâche intéressante. En fouillant les dossiers de sa mère, elle comprend que la société ment à ses clients pour gagner de l'argent. À la fin du film, Anouk lit son rapport de stage à Bénédicte, sa tutrice (Nelly Antignac), et Mathilde, une collègue (Camille Chamoux).

ANOUK *(lisant la conclusion de son rapport)*. — « Ce stage a donc été une expérience très enrichissante, qui m'a permis de découvrir un nouvel univers. J'ai rencontré des gens très sympathiques, qui m'ont appris beaucoup de choses que je ne connaissais pas. »

BÉNÉDICTE. — Parfait.

MATHILDE. — Moi, ce serait moi, je mettrais vingt sur vingt.

BÉNÉDICTE. — Oui parce que c'est très bien tourné. Peut-être que t'es pas obligée de parler du fait que tu t'es blessée. Ça, je sais pas si c'est très intéressant.

ANOUK. — Mmh, oui, d'accord, j'effacerai. Et puis pour le titre, je pensais mettre « L'enfant du placard ». Mais c'est peut-être pas non plus très...

BÉNÉDICTE. — Non, c'est pas...

ANOUK. — Ah, non, ben oui parce que je suis plus une enfant.

BÉNÉDICTE. — Voilà.

(Bénédicte et Mathilde remplissent la fiche d'évaluation du stage d'Anouk.)

BÉNÉDICTE. — « Présentation », là on va mettre très satisfaisant. « Attitude relationnelle », ouais là on va mettre très satisfaisant. Et « autonomie », là je vais mettre satisfaisant.

ÉTAPE 1 : Réfléchir aux enjeux du rapport de stage

a. Le stage d'Anouk était-il « une expérience enrichissante » ? Pourquoi ?

b. Selon vous, faut-il être absolument sincère quand on écrit son rapport de stage ?
Pour quelles raisons ?

ÉTAPE 2 : Présenter le contexte du stage et de l'entreprise

a. Expliquez le contexte dans lequel vous avez fait ce stage (diplôme préparé, date de stage, etc).

b. Décrivez l'entreprise (groupe, secteur, types de produits et/ou de services proposés, nombre de salariés, chiffre d'affaires, etc.).

c. Présentez le service et les personnes qui vous ont accueilli(e).

Nom du service : ....

Les personnes qui vous ont accueilli(e) et leur rôle : ....

d. Dans le cadre ci-dessous, dessinez l'organigramme de votre service, en précisant quels ont été vos rapports professionnels avec les différentes personnes qui y travaillent.

Préparer la soutenance du rapport

La soutenance de votre rapport doit vous permettre d'expliquer au jury les compétences et les connaissances professionnelles acquises lors de votre stage. Il ne s'agit ni de lire ni de réciter un texte rédigé, mais d'exposer oralement, dans une langue correcte, ce que cette période de formation en entreprise vous a apporté.

ÉTAPE 1 : Préparer un diaporama (facultatif)

a. Choisissez un seul modèle de diapositives, qui ne devront pas être trop nombreuses (une vingtaine au maximum).

b. Adoptez une police et un corps lisibles, prévoyez des diapositives aérées.

c. Privilégiez les mots-clés au lieu de phrases rédigées, afin de ne pas lire.

d. Précisez la source des images insérées dans le diaporama.

ÉTAPE 2 : Préparer vos notes pour l'oral

a. Utilisez des fiches de petit format, que vous numéroterez (en fonction de votre diaporama si vous en avez un).

b. N'utilisez que le recto des fiches.

c. Changez de fiche pour chaque nouvelle partie.

d. Privilégiez les mots-clés au lieu de phrases rédigées, afin de ne pas lire.

e. Notez les informations que vous n'avez pas pu écrire dans votre diaporama si vous en avez réalisé un.

ÉTAPE 3 : S'entraîner à l'oral

a. Utilisez un téléphone pour vous enregistrer ou vous filmer lors des répétitions.

b. Soyez vigilant(e) à votre débit, à votre articulation, à votre niveau de langue.

c. Entraînez-vous à vous détacher de vos fiches.

Évaluez votre entretien

	☹	😐	☺	**Remarques**
Mon propos est audible, clair et fluide.				
La langue est correcte.				
Ma posture est naturelle, je ne lis pas mon texte.				

ÉTAPE 4 : Préparer l'entretien

• Imaginez quatre questions que le jury pourrait vous poser et notez la réponse que vous pourriez donner.

1. Question : ....

Réponse : ....

2. Question : ....

Réponse : ....

3. Question : ....

Réponse : ....

4. Question : ....

Réponse : ....

CONSEILS

Les questions peuvent porter sur :
- les normes et les procédures professionnelles ;
- les métiers observés ;
- le fonctionnement de l'entreprise ou du service ;
- les postures professionnelles ;
- les notions du cours en lien avec votre expérience ;
- une étude de cas.

CRÉDITS TEXTES

p. 20 Édouard Glissant, *Mémoires des esclavages,* © Éditions Gallimard, 2007 ; William M. « La citoyenneté par la révolte : le cas des Antilles françaises », *Humanisme 2012/1 (N°295) ;* **p. 24** Georges Navel, *Travaux,* © Éditions Stock, 1945 ; **p. 29** couverture des *Damnés de la commune, tome 1*, Raphaël Meyssan, © Éditions Delcourt ; **p. 34** Daniel Rondeau et Roger Stéphane, *Des hommes libres, 1940-1945, La France libre par ceux qui l'ont faite, témoignage de Pierre Messner, résistant ayant rejoint de Gaulle à Londres,* © Éditions Grasset 1998 ; **p. 46** Françoise Berger et Gilles Ferragu, *Le xxe siècle, Hachette supérieur*, 2016 ; **p. 47** Annie Ernaux, *Les Années,* © Éditions Gallimard ; **p. 48** François Mitterrand, *Le Coup d'État permanent,* © Éditions Plon, 1964 ; **p. 51** Couverture du *Sac de billes de Joseph Joffo*, 1973 © Éditions Librairie Générale Française, 1982 ; Couverture de *Joséphine Baker de Catel et Bocquet*, © Éditions Casterman, 2016 ; **p. 58** Charles de Gaulle, *Mémoires d'espoir,* © Éditions Plon, 1970 ; **p. 59** Dominique Barjot, *Penser et construire l'Europe (1919-1992)* © Armand Colin, 2007, Paris ; **p. 71** Couverture de Jean Monnet, *Bâtisseur d'Europe* de catherine Cazale et Jeanine Puchol, © L'An II, 2006 ; **p. 76** Jean-Pierre Stroobants, Cécile Ducourtieux, Alain Salles et Philippe Ricard, « L'UE, du « non » de 2005 à la peur du « no » britannique », *Le Monde*, 27 mai 2015 ; **p. 77** Agnès Rotival, « L'Italie atteinte par le virus anti-européen », *La Croix*, 21 avril 2020 ; **p. 78** Jean-Baptiste François, « Eurobaromètre : un satisfecit sur l'UE en trompe-l'œil », *La Croix*, 17 octobre 2018 ; **p. 79** *Le Parisien* avec AFP, « Droits LGBT : l'UE menace la Hongrie d'une procédure d'infraction », *Le Parisien*, 7 juillet 2021 ; **p. 80** Laurent Gaudé, *Nous, l'Europe, banquet des peuples*, © Éditions Actes Sud, 2019 ; **p. 87** *The Conversation*, 25 mars 2019 ; **p. 89** Couverture d'*Eldorado* de Laurent Gaudé, © Éditions Actes Sud, 2007 ; **p. 95** Y. Eudes, *L'Atlas de l'eau et des océans, Le Monde-La Vie, hors-série, n°22*, 2017 ; **p. 99** Lina Sankari, « Malacca : cœur de toutes les rivalités en Asie du Sud-Est », *L'Humanité, 29 janvier 2016 ;* **p. 101** « Transports et mobilités », Réseau Action Climat France, 2019 ; **p. 104** Roland Routier, *Afriques noires*, 2001, © Hachette supérieur ; **p. 109** Couverture de *Vers l'ouest avec la nuit* de Beryl Markham, 1942, © Éditions Phébus Libretto, 2010 ; Couverture de *Trains de légende, « L'Orient-Express », tome 1*, de Richard D. Nolane et Diego Olmos Alminana, 2014, © Éditions Soleil ; **p. 112** Chadra Arab, Zhour Bouzidi, *The Conversation*, 10 juin 2020 ; **p. 114** Argan Aragon, *Migrations clandestines. D'Amérique centrale vers les États-Unis*, 2014, © Éditions Presses Sorbonne Nouvelle ; **p. 115** Jeanine Cummins, *American Dirt*, traduction Christine Auché et Françoise Adelstain, 2020, © Éditions Philippe Rey ; **p. 118** « Les achats, deuxième motif de déplacement en France », *Le Parisien*, 30 janvier 2020 ; **p. 122** Jean-Christophe Gay, *La Nouvelle-Calédonie, un destin peu commun*, © Éditions IRD, 2014 ; **p. 127** Couverture d'*Exodes de Jean-Marc Ligny*, © Éditions L'Atalante, 2012 ; Couverture de *L'Odyssée d'Hakim de Fabien Toulmé,* © Éditions Delcourt, 2018 ; **p. 132** « Face à la pandémie retrouve des petites villes pourrait être le remède aux déserts médicaux », *Le Monde*, 16 mars 2021 ; **p. 134** Sébastien Birden, « Montesson, Carrières-sur-Seine, Sartrouville : vers une protection de la plaine maraîchère », *Le Parisien*, 29 mai 2018 ; **p. 136** « Face à la pandémie, l'attractivité retrouvée des petites villes pourrait être le remède aux déserts médicaux », *L'Observatoire des inégalités, 2017 ; « Lyon Sud : de la Guillotière à Gerland, entre gentrification, métropolisation et renouvellement urbain », Géoimage, 2020 ;* **p. 138** Alain Musset, *Station Metropolis direction Coruscant*, 2019, © Le Belial Eds ; **p. 139** René Barjavel, *Ravage*, 1943 © Éditions Denoël ; **p. 142** Élodie Chermann, « Calme, coût de la vie, espace... Les villes moyennes tiennent leur revanche », *Le Monde*, 21 février 2021 ; **p. 145** Couverture de *Back in town, Gloire aux trottoirs, tome 1*, d'Anne Baraou, 2010 © Éditions Dargaud ; **p. 148** Philippe Subra, « Ce que le débat public nous dit de son territoire et de son aménagement », *Géocarrefour*, 2006 ; **p. 150** Géraldine Langlois, *La Gazette des communes*, septembre, 2021 **; p. 151** Justine Leclercq, radio France Bleu Azur, 22 mars 2021 ; **p. 152** Matthieu Jeanne, « Un conflit d'aménagement dans les «beaux quartiers» parisiens », *Géographies des mobilisations*, 2019 **; p. 154** ARBE, Agence régionale pour la biodiversité et l'environnement, 2021 ; **p. 156** Aurélien Bellanger, *Le Grand Paris*, 2017, © Éditions Gallimard ; **p. 161**, Pascal Galinier, « Angoulême, le village gaulois se réinvente en campus numérique », *Le Monde*, 7 février 2020 ; **p. 163** Couverture Aurélien Bellanger, *Le Grand Paris*, 2017, © Éditions Gallimard ; **p. 170** June Raclet, « Municipales 2020 : le plus jeune candidat de France est azuréen », France 3 Région ; **p. 172** Greta Thunberg, *Rejoignez-nous*, traduction Flore Vasseur, Kero, **©** L'œil de la photographie, 2019 ; **p. 173** « Cédric, secouriste à la Croix Rouge Française », © Jeune benevole.org **p. 176** Jean-François Pacelli, « 103 jeunes corses effectuent leur service national universel », *Corse Matin*, 26 juin 2021 ; **p. 177** Julie Brault, « Var : un pyromane présumé sous les verrous après avoir tenté de déclencher un incendie », *Le Parisien*, 23 août 2021 ; **p. 183** « Les lycéens lancent une consultation sur les épreuves », *LCI*, 28 avril 2021 ; **p. 196, 198, 202 et 204** Patti Smith, *Just Kids, traduction de l'américain par Héloïse Esquié*, © Éditions Gallimard 2010 ; **p. 201** Charles Duchaussois, *Flash ou le grand voyage*, 1971 © Éditions Fayard ; **p. 201** Pascal Burckner, « La révolution sexuelle », *L'Express*, 2002 ; **p. 208** Virginia Woolf, Un lieu à soi, traduction Marie Darrieussecq, 2016, © Éditions Gallimard ; **p. 210** Mona Chollet, *Chez soi*, 2016, © Éditions La Découverte ; **p. 212 et 214** Henrik Ibsen, *Une maison de poupée, traduction du norvégien par Albert Savine*, 1906 © Éditions Stock ; **p. 218** Matthew B. Crawford, Éloge du carburateur, traduction de l'anglais Marc Saint-Upéry, 2010, © Éditions La Découverte ; **p. 220** Jean-Laurent Cassely, *La Révolte des premiers de la classe*, 2017, © Éditions J'ai lu ; **p. 223** Couverture de *Autoportraits, de Rembrandt au Selfie de Musée des beaux-arts de Lyon*, 2016 © Éditions Snoeck ; couverture de *Je selfie donc je suis d'Elsa Godart*, 2016 © Éditions Albin Michel ; couverture de *Ma part de Gaulois de Magyd Cherfi*, 2018, © Éditions Actes sud ; couverture de *Culottées de Pénélope Bagieu*, 2017, © Éditions Gallimard ; **p. 226** Arnaud Mercier, « Révolution numérique : les journalistes face au nouveau tempo de l'info », © INA, la revue des médias, 2016 ; **p. 228 (doc1)** Samuel Étienne, « Le journalisme en questions », letudiant.fr, 2007 ; (doc 2) Pierre-Jean Benghozi, Bertrand Gié, Valéry Michaux, Daniel Schneidermann, « Mutation, révolution, transformation de la presse », *Le Journal de l'école de Paris du management*, 2015 ; **p. 231** Léa Baron, « Edward Snowden : le lanceur d'alerte qui défie l'Amérique », TV5Monde.com, 2013 ; **p. 234** Olivia Dufour, « La vérité, ce songe inaccessible », Blog « La Plume d'Aliocha », 2011 ; **p. 237(doc. 2)** Dominique Wolton, *War Game*, 1992, © Éditions Flammarion ; (doc. 3) Florence Aubenas, *Le Quai de Ouistreham*, 2010, © Éditions Points ; **p. 238** François Ruffin, *Les Petits soldats du journalisme*, 2003, © Éditions Hachette Pluriel Référence ; **p. 240** Anne-Sophie Novel, *Les Médias, le monde et nous*, 2019, © Éditions Actes sud ; **p. 246** Georges Perec, *L'Infra-ordinaire*, 1989, © Éditions du Seuil ; **p. 247** Bertrand Vidal, « Post catastropham omne animal triste est », *Sociétés, n°126*, 2014 ; **p. 249** François Dufour, « Vie privée - vie publique : nous, rédacteurs en chef ! », *Le Monde*, 2014 ; **p. 252** *Et c'est un sentiment qu'il faut que nous combattions je crois, Compagnie Légendes urbaines*, 2019 ; **p. 255** Couverture de *L'Affaire des affaires de Denis Robert et Laurent Astier*, 2015, © Éditions Dargaud ; Couverture de Bel Ami de Maupassant, 1885, © Éditions Galliamard, 2021 ; Couverture des *Petits soldats du journalisme de François Ruffin*, 2003, © Éditions Hachette Pluriel Référence ; Couverture de *Dessin de presse dans tous ses états de Cartooning for Peace*, 2016, © Éditions Gallimard ; **p. 258, 262 et 266** James Matthew Barrie, *Peter Pan*, 1911, traduction de l'anglais par Michel Laporte, 2014 © Éditions Livre de Poche ; **p. 259** Amélie Maxwell, « Le mythe de Peter Pan ou l'angoisse du temps qui passe », *Belphégor*, 10 mars 2011, © http://journals.openedition.org/belphegor/389 ; **p 264** Irina Brook, *Pan*, 2011 ; **p. 267** Régis Loisel, Peter Pan, « Tempête », tome 3, 2012, © Éditions Vents d'Ouest **; p. 268** Lyman Frank Baum, *Le Magicien d'Oz, 1900, traduction de l'anglais par Anne Delcourt*, © Éditions Flammarion, Librio, 2003 ; **p. 270** Lewis Carroll, *Alice aux pays des merveilles*, 1865, traduction de l'anglais de Jacques Papy, © Éditions Fayard, 1961 ; **p. 272** Véronique Trouillet, « Alice au pays des effets visuels », *L'Express*, 2010 ; **p. 276** Paul Éluard, *L'Amour la poésie*, 1929, © Éditions Gallimard ; **p. 280** Salvador Dalí, *La Vie secrète de Salvador Dalí*, adaptation française de Michel Déon, © Éditions de la Table Ronde, 1952 ; **p. 282** Louis Aragon, *Les Yeux d'Elsa, 1942,* © Éditions Seghers ; **p. 283** Témoignage d'Elsa Triolet recueilli par Yvette Gouineau, 1950, Archives nationales, 72AJ/45, dossier n° 7, pièce n° 6, « Témoignage de Mme Elsa Triolet, recueilli par Mlle Gouineau pour la Commission d'Histoire les 12/10/49, 04/01/50 et avec Aragon le 16/06/50 » (16 pages), p. 8-10 ; **p. 285** Couverture de *L'Âge d'or* de Roxanne Moreil et Cyril Pedrosa, 2018, © Éditions Dupuis ; Couverture de *La Passe-miroir* de Christelle Dabos, 2013, © Éditions Gallimard Jeunesse ; couverture de *Effets spéciaux : deux siècles d'histoire de Pascal Pinteau*, 2015 © Éditions Bragelonne ; Couverture de *Les Mains libres de Paul* Éluard et Man Ray, 1927, © Éditions Gallimard, 2009 ; Couverture de *La Vie secrète de Salvador Dalí* de Salvador Dalí, © Éditions Gallimard ; **p. 287** Raymond Queneau, *Exercices de style*, 1947, © Éditions Gallimard ; **p. 291** Patrick Modiano, *Dora Bruder*, 1997, © Éditions Gallimard ; **p. 303** Marguerite Duras, *Le Ravissement de Lol V. Stein*, 1964 © Éditions Gallimard ; **p. 312** Gaëlle Josse, *Une femme en contre-jour*, 2019, © Les éditions noir sur blanc.

CRÉDITS PHOTOGRAPHIQUES

Couverture haut Adobe Stock photo ; **bas** Shutterstock/Peter Stein

p. 12 Bridgeman images/ Photo Josse/ Leemage ; **p. 13** Bridgeman images ; **p. 15 g** Bridgeman images / Selva/ Leemage ; **p. 15 d** Kharbine-Tapabor/ Im ; **p. 16** AKG-Images ; **p. 17** Bibl. Assemblée nationale ; **p. 18** BIS / Ph. Coll Archives Bordas ; **p. 21** AKG-Images ; **p.** Bis / Ph.(c) musée de Castres ; **p. 24** Kharbine-Tapabor ; **p. 29 m g** Christophel collection © Gaumont - Curiosa Films - France 3 Cinema - Pictanovo - Gabriel - Umedia/DR ; **p. 29 bas d** AFP ; **p. 29 bas g** Gamma Rapho/ Keystone France ; **p. 30** Roger-Viollet/ Lapi ; **p. 31** Bridgeman images ; **p. 33** BIS / © Archives Nathan ; **p. 34** BIS / Ph. Coll. Archives Larbor ; **p. 35** AFP ; **p. 36** Adoc-photos ; **p. 39** Josse / Leemage ; **p. 42 g** Bridgeman images ; **p. 42 d** Le Parisien ; **p. 43 g** Roger-Viollet ; **p. 43 d** AKG-Images/ Imagno ; **p. 45** BIS Archives Larbor © Adagp, Paris 2022 ; **p. 47** AFP ; **p. 48** Gamma Rapho ; **p. 51 m d** TCD/ Bouteiller/Prod DB © Légende Films / DR ; **p. 52** Bridgeman images / Caricadoc ; **p. 53** Archives Bundesregierung ; **p. 55** Photothèque de la ville de Luxembourg ; **p. 57** DR ; **p. 58** 262 ht g Kharbine-Tapabo; **p. 59** Adobe Stock photo / Wantanddo ; **p. 63** Le Monde ; **p. 67** Plantu ; **p. 71 m d** France TV Ddistribution ; **p. 71 bas d** France TV Ddistribution ; **p. 72** AFP/ Belg Photo ; **p. 73 ht g** AFP/ Justin Tallis ; **p. 73 ht d** Shutterstock ; **p. 74** Chappatte, Der Spiegel www.chappatte.com ; **p. 75** Shutterstock ; **p. 76** CHAPPATTE, Le Temps, Suisse www.chappatte.com ; **p. 79** AFP/ Nikolay Doychinov ; **p. 81** Commission europeenne ; **p. 83** Andia/ Fourmy ; **p. 85 numérique** Ville de Reims ; **p. 86** Reuters/ Pascal Rossignol ; **p. 87** AFP/ Daniel Mihaikescu ; **p. 89 bas g** Christophel collection© Ce Qui Me Meut/ BAC Films/ DR ; **p. 92** Gamma Rapho / François Lochon ; **p. 93** Adobe Stock photo / Tiago conte/ EyeEm ; **p. 96** ISTOCK/ Sky_Blue ; **p. 97 ht g, ht d m, m d, m g** Shutterstock ; **p. 100** Google Earth ; **p. 101** REA/ Thomas Grabka ; **p. 103** Photo12/ Alamy/ Adam Jan Figel ; **p. 105** Cosmos/ Dieter Telemans ; **p. 107** AFP/ Jurgen Effner/ DPA/ Picture Alliance ; **p. 109** Christophel collection © Scott Rudin Productions / Michael De Luca Productions/ DR ; **p. 110** Getty images France/ Design Pics RF ; **p. 111** Drone images Alsace/ Jm Bannwarth ; **p. 113** Libération ; **p. 114** Christophel collection / DR ; **p. 117** Capucine Bailly / Cosmos ; **p. 122** HEMIS/ Matthieu Colin ; **p. 123** Ville d'Orly ; **p. 127** Christophel collection © Quad Productions / Ten Films / Gaumont / TF1 Films Production / Korokoro/ DR ; **p. 128** Shutterstock / Deborde ; **p. 129** AFP/ Emin Akyel ; **p. 131** Getty images France / Ivan ; **p. 133** Teddy Picaudé - Châlons Agglo ; **p. 134** Geoportail ; **p. 135** REA/ Laurent Grandguillot ; **p. 137** Assemblée la Guillotière ; **p. 138** Jean-François Liesenborghs : **p. 140** Photo12/ Alamy/ Robbert Frank Hagens **p. 141** AGE Fotostock/ Thierry Grun ; **p. 143** Geoportail ; **p. 145 bas d** Christophel collection ; **p. 146** Laurent Villeret ; **p. 147** Patrice Blot ; **p. 149** Nantes Renaissance ; **p. 150** Materalia ; **p. 153** Photononstop/ Jacques Loïc ; **p. 159 m d** ONU ; **p. 163 m g** ONU ; **p. 163 bas d** Shutterstock / Julia Kuznetsova ; **p. 163 bas g** Getty images France / Image Source ; **p. 166** AFP/ Thomas Samson ; **p. 167** Ministère de l'Éducation nationale ; **p. 168** BIS / Ph. Jeanbor © Archives Larbor ; **p. 169** AFP/ Alain Jocard ; **p. 170** Shutterstock ; **p. 171** Adobe Stock photo / Darren Baker ; **p. 173** Maison des sapeurs-pompiers de France ; **p. 174** Sécurité Civile et Gestion des Crises ; **p. 175 ht g** Adobe Stock photo /Jasckal ; **p. 175 ht d** Shutterstock / Leonard Zhukovsky ; **p. 175 m g** Shutterstock / NeydtStock ; **p. 177** Ministère de l'Éducation nationale ; **p. 180** Quentin Vernault/ Hans Lucas ; **p. 181 ht g** Observatoire de la Laicité ; **p. 181 ht d** Observatoire de la Laicité ; **p. 183** Harcèlement de Rue ; **p. 184** Observatoire de la Laicité ; **p. 185** Le Parisien ; **p. 191** Echeverri Marcela / Juan Pablo ; **p. 192 ht d, ht g** Metro pictures ; **p. 192 m g** Courtesy Galerie MAGNIN-A, Paris (c) Omar Victor Diop ; **p. 194 ht g** Photo12/ Alamy/ Alex Segre ; **p. 194 ht g** National Portrait Gallery, London © Estate of Doris Clare Zinkeisen ; **p. 194 bas d** National Portrait Gallery, London ; **p. 195** Bridgeman images ; **p. 196 ht d** Opale / Beowulf Sheehan ; **p. 197** AKG-Images © 2022 Banco de México Diego Rivera Frida Kahlo Museums Trust, Mexico, D.F/ Adagp, Paris ; **p. 199** Getty images France/ Newsday LLC/ Contributeur ; **p. 200** Bridgeman images / Rue des Archives/ Agip ; **p. 203** Art and Commerce, Robert Mapplethorpe ; **p. 205** Gérard Malanga ; **206 Et 223 bg** Art and Commerce, Robert Mapplethorpe ; **p. 208** Bridgeman images ; **p. 209** Bridgeman images/ Philadelphia Museum of Art The Alex Simpson, Jr., Collection, 1943 ; **p. 210** Stéphane Burlot/ Hans Lucas ; **p. 211** © Birgit Jürgenssen, Estate Birgit Jürgenssen / Bildrecht Vienna, 2022; Courtesy Galerie Hubert Winter © Adagp, Paris, 2022 ; **p. 212 h d** AKG-Images ; **p. 212 m d** Opale / Pascal Victor / ArtComPress ; **p. 212 bas g** Agathe Poupeney/ Divergence ; **p. 213** OPALE/ Pascal Victor/ ArtComPress ; **p. 215** Agathe Poupeney/ Divergence ; **p. 216 ht g** Christophel collection/ © CG Cinema/ DR ; **p. 216 m g** AFP/ Valerie Macon ; **p. 216 bas** CG Cinema/ DR ; **p. 217 ht g, mg, bg, hd, md** Christophel collection © CG Cinema/ DR ; **p. 218 ht** Bruno Levy/ Divergence- images ; **p. 219** Despatin/ Gobeli ; **p. 220** VU l'Agence/ Serge Picard ; **p. 223** Christophel collection / © Elemiah/ DR ; **p. 225** © Liu Bolin, Courtesy Galerie Paris-Beijing ; **p. 226** Mehdi Chebil/ Hans Lucas ; **p. 228 ht** GAMMA Rapho/Serge Benhamou ; **p. 228 m** Opale/ Panconi ; **p. 229** Osama Hajjaj ; **p. 231** Laurent Guiraud/ Tamedia © Davide Dormino ; **p. 232 g** Famille chrétienne ; **p. 232 d** Le Nouvel Observateur ; **p. 235** SIPA/ Facelly ; **p. 236** AFP/ Ahmad Al-Basha ; **p. 237 ht g** OPALE/ Hannah Assouline ; **p. 237 ht d** Opale/ Leextra/ Patrice Normand ; **p. 238** OPALE/ Hannah Assouline ; **p. 240** AFP/ Pierre Andrieu ; **p. 241** Opale/ Beowulf Sheenan/Pen America ; **p. 242** Christophel collection/ The Granger Collection ; **p. 244** BIS / Ph. Jeanbor © Archives Larbor ; **p. 245** Christophel collection / © Gaumont - Curiosa Films - France 3 Cinema - Pictanovo - Gabriel - Umedia/ DR **p. 246** Bridgeman images/ Gerald Bloncourt/ Rue des Archives ; **p. 247** Libération ; ; **p. 248** AFP/ Thomas Coex ; **p. 249** Alamo/ Marc Soyez ; **p. 250 m g** AFP/ Pierre Verdy ; **p. 250 ht** Christophel collection © 4 Proof film/ DR ; **p. 250 m d Et 250 bd** © 4 Proof film/ DR ; **p. 251 bas g et 251 hd,md, bd** © 4 Proof film/ DR ; **p. 253 ht g, ht d** Jérémie GASTON-RAOUL ; **p. 255 ht g** Christophel collection / ©Sony Pictures Classics/ RatPac Entertainment/ DR ; **p. 255 m d** DR ; **p. 257** Photothèque R. Magritte/ Adagp Images, Paris, 2022 ; **p. 258** Bridgeman images/ Heritage Images/Leemage ; **p. 259** Christophel collection © Fine Art Images/Heritage Images **p. 260 ht g** Christophel Collection/ Walt Disney/ DR ; **p. 260 m g** Christophel collection ; **p. 260 bas g** Christophel collection © Berlanti Productions / Warner Bros Pictures/DR ; **p. 260 ht d, bas d** Christophel collection / Walt Disney/ DR ; **p. 261 m g, bas g** Christophel collection © Universal Pictures / Columbia Pictures Corporation/ DR ; **p. 261 m d, bas d** Christophel collection © Berlanti Productions / Warner Bros Pictures/DR ; **p. 263** Karine Bizard ; **p. 264 bas** Patrick Lazic ; **p. 264 ht** AFP ; **p. 265 ht g, d, mg** Patrick Lazic ; **p. 267** Gamma Rapho/ Jean-Marc Zaorski ; **p. 268 ht et 274** Bridgeman images/ Fototeca/ Leemage ; **p. 269** Aurimages/ Everett ; **p. 270 et 274** Bridgeman images / Granger collection ; **p. 271** Bridgeman images / The Advertising Archives ; **p. 273 ht** Aurimages Walt Disney Pictures/ Everett **p. 273 bas** Christophel collection © Walt Disney Pictures/ DR ; **p. 276** BIS/ph. © Archives Larbor ; **p. 277** BIS / Ph. José F. Martin © Archives Larbor © Salvador Dalí, Fundació Gala-Salvador Dali / Adagp, Paris 2022 ; **p. 278 ht g** Istock/ Vladislav Zolotov ; **p. 278 bas d** Gamma Rapho / Jean-Luc Manaud © Salvador Dalí, Fundació Gala-Salvador Dali / Adagp, Paris 2022 ; **p. 278 ht d** Bridgeman images / Aisa Leemage © Salvador Dalí, Fundació Gala-Salvador Dali / Adagp, Paris 2022 **p. 278 m g et 280** Bettmann/ Getty/ Salvador Dali, Fundació Gala-Salvador Dali/Adagp, Paris 2022 ; **p. 279** Bridgeman images / Aisa Leemage © Salvador Dalí, Fundació Gala-Salvador Dali / Adagp, Paris 2022 ; **p. 283** BIS / Ph. Coll. Archives Larbor - Adagp, Paris 2022 ; **p. 285** Photo12/ DR ; **p. 287** André SANCHEZ/ Neutral Grey/ SAIF images ; **p. 289** BIS / Ph. Ralph Kleinhempel © Archives Larbor ; **p. 291** Biosphoto/ Groupe PHOTONONSTOP/ Auscape/ Jean-Paul Ferrero ; **p. 293** Celikdag Timur ; **p. 295** AKG-Images ; **p. 297** Emmanuelle Thiercelin/ Divergence ; **p. 299** Lola Guerrera/ VOZ'Image ; **p. 301** Age Fotostock/ Mark Weber ; **p. 303** Antoine Repesse ; **p. 305** Photo12/ Alamy/ Natasha Quarmby ; **p. 307** Shutterstock ; **p. 311** Gamma Rapho/ Robert Doisneau ; **p. 313** AKG-Images/ Erich Lessing **p. 315** Only France/ Yannick Le Gal ; **p. 319** AKG-Images ; **p. 321** Christophel Collection © Chapter 2 / Moonshaker II / Pathe / France 2 Cinema / CN6 productions/ DR ; **p. 328 ht g** Prod DB © Zadig Productions/DR ; **p. 328 b d** Prod DB © Zadig Productions/DR ; **p. 330 ht d** Prod DB © Avenue B productions – Versus productions – SND – France3 Cinéma/DR ; **p. 330 bas g** Prod DB © Avenue B productions – Versus productions – SND – France3 Cinéma/DR.

Cet ouvrage peut contenir des liens hypertextes vers des sites Internet. L'Editeur prend le plus grand soin dans la sélection des liens hypertextes pour leur intérêt pédagogique et leur sérieux. Néanmoins, l'Editeur ne saurait garantir la pérennité, les contenus et les services qui sont proposés. Il appartient aux Utilisateurs d'être vigilants sur les liens hypertextes et de signaler à l'Editeur tout problème pour lui permettre de faire évoluer l'ouvrage.

© Nathan 2022 – 92, avenue de France, 75013 Paris
ISBN : 978-2-09-167604-3

Édition : Karine Le Forestier
Couverture : Vincent Rioult
Conception maquette : Séverine Tanguy
Mise en page : Delitgraph
Iconographie : Katia Davidoff
Cartographie : Légendes Carto - Clément Mellet
Relecture et corrections : Karine Tercier
Fabrication : Emmanuelle Perrier

N° projet : 10279485 - Dépôt légal : Avril 2022
Achevé d'imprimer en Mars 2022 en Italie par L.E.G.O. S.p. A., Lavis (TN)